독서수필, 독후감 대백과
# 아무리 유익한 책이라도 절반은 독자가 만드는 것이다

김종윤 엮음

주식회사 자유지성사

**엮은이 김종윤**

전라북도 남원에서 태어나
한국외국어대학교 법학과를 졸업하였다.
1993년「시와 비평」으로 등단하여
장편소설 〈슬픈 어머니〉,〈어머니의 일생〉,〈아버지는 누구일까〉
〈날마다 이혼을 꿈꾸는 여자〉등이 있으며,
〈어린이 문장강화(전13권)〉이 있다.

독서수필, 독후감 대백과
아무리 유익한 책이라도 좋은 독자가 만드는 것이다
\-\-\-\-\-\-\-\-\-\-\-\-\-\-\-\-\-\-\-\-\-\-\-\-\-\-\-\-\-\-\-\-\-\-\-\-
초판 인쇄일 : 2022년 4월 15일
초판 발행일 : 2022년 4월 19일

엮은이 : 김종윤
발행인 : 김종윤
펴낸곳 : 주식회사 자유지성사
등록번호 : 제 2 - 1173호
등록일자 : 1991년 5월 18일

서울특별시 송파구 위례성대로 8길 58, 202호
전화 : 02) 333- 9535 / 팩스 : 02) 6280- 9535
E-mail : fibook@naver.com
ISBN : 978 - 89 - 7997 - 433 - 1 (73800)
\-\-\-\-\-\-\-\-\-\-\-\-\-\-\-\-\-\-\-\-\-\-\-\-\-\-\-\-\-\-\-\-\-\-\-\-
발행인의 허락없이 무단전재나 복제를 할 수 없습니다.
파본은 구입하신 서점에서 교환하여 드립니다.

## |추|천|사|

어려서부터 책을 좋아한 어린이가 있었습니다.
"엄마, 또 책 읽어 주세요."
그 어린이는 눈만 뜨면 책을 한아름 안고 엄마 곁으로 갔습니다.
엄마는 몹시 바빴습니다. 하지만 아이가 들고 온 책을 한번도 거절하지 않았습니다. 엄마는 물 묻은 손을 앞치마에 닦으며 아이와 함께 편안한 자세로 책 읽을 준비를 했습니다.
먼 훗날, 아이는 성인이 되었습니다. 그리고 태어난 자기 아이한테 열심히 책을 읽어 주었습니다. 그러면서 옛날, 어머니가 읽어 주었던 동화의 내용들이 얼마나 큰 보물이 되었는지를 깨달았습니다.
그것은 바로 사랑과 긍정, 집념, 그런 것들이었습니다.
우리가 독후감을 쓰는 목적도 바로 그것입니다. 그 책 속에 숨어 있는 좋은 점들을 한 번 더 새김질해 '정신'과 '마음'으로 좋은 피가 흐르도록 하려는 것이 목적입니다.
책을 읽은 후에 느낌과 생각을 적는 것이 독후감입니다. 쉽게 말하면 독후감은 일종의 '독서수필'인 셈입니다. 내용에 곁들여 자신의 생각을 솔직하게 적는 '일기'이기도 하지요.
독후감을 잘 쓰는 어린이를 보면 굉장히 논리정연한 사

고를 할 줄 압니다. 그리고 넓은 세계관과 따뜻한 마음을 지녔습니다. 글을 쓰는 동안 자연스럽게 자기 철학이 생성된 탓입니다.

많은 어린이들은 독후감을 마치 내용을 줄여 쓰는 것 정도로 인식하고 있습니다.

그래서 올바른 독후감을 쓰게 하자는 목적으로 이 책은 만들어졌습니다.

이 책의 장점은 여러 가지입니다.

첫째, 창작, 명작, 전래, 과학, 위인, 환경등 다양하게 장르를 나누어 필요한 것들을 골라 읽게 했습니다.

둘째, 책벌레들의 독후감 원고 중에서 좋은 것들만 골라 엮었습니다.

셋째, 앞부분은 저학년, 뒷부분은 고학년 독후감으로 꾸며져 있어 초등 학교 전 학년 동안 사용할 수 있게 했습니다.

이 책이 초등 학교 학생들은 물론 학부모와 선생님들의 필독서가 되리라는 것을 믿어 의심치 않습니다.

문학박사 박진환

## 창작동화

팔랑이의 한가위 〈신라 시대의 무덤에서 나온 팔랑이〉를 읽고 **김지인** 14

지태와 미혜의 숙제 〈살아 있는 코끼리와 돼지〉를 읽고 **김지인** 16

선물을 정말로 받고 싶어요 〈경재와 하모니카〉를 읽고 **김수원** 19

연을 좋아하는 진이 〈진이와 연〉을 읽고 **박주원** 23

용감한 진돗개들 〈진돌이와 진순이〉를 읽고 **김지용** 27

인형을 사랑하는 은희 〈은희의 인형〉을 읽고 **전가영** 29

낙서판 속의 궁전 〈낙서 궁전〉을 읽고 **강효정** 31

장애인의 아픔 〈아픔을 함께 나누는 대회〉를 읽고 **윤재영** 33

세준이의 낭비 〈우산과 몽당연필과 용돈〉을 읽고 **양인화** 35

다섯 마리의 새끼 강아지 〈엄마의 걱정〉을 읽고 **고용훈** 38

신기한 종이컵 전화기 〈고양이와 쥐의 웃음〉을 읽고 **황준두** 40

행운이 많은 로타 〈난 뭐든지 할 수 있어요〉를 읽고 **윤재영** 42

살아 있는 것 같은 초상화 〈살아 있는 초상화〉를 읽고 **김지용** 46

실버와 신기한 조약돌 〈당나귀 실버스터와 요술 조약돌〉을 읽고 **박동혁** 50

착한 마음씨를 가진 아저씨 〈엿장수〉를 읽고 **김은비** 54

말자는 어떤 아이일까? 〈말자야, 왜 우니?〉를 읽고 **김정희** 58

불평 많은 아기 코끼리 〈금빛 날개를 단 아기 코끼리〉를 읽고 **김정아** 61

착한 언니 몽실이 〈몽실 언니〉를 읽고 **안지현** 68

아빠의 실수 〈잘못된 선물〉을 읽고 **윤수정** 71

기홍이의 가게 〈사람 없는 가게〉를 읽고 **이수미** 74

다정한 토끼들 〈홍당무〉를 읽고 **이기영** 78

선생님을 기다리는 강훈이 〈선생님의 거울〉을 읽고 **박설원** 81

혜순아, 왜 우니? 〈다리 부러진 인형〉을 읽고 **이영선** 84
꽃 마당을 떠나가는 날 〈이사 가는 날〉을 읽고 **박설원** 87
고마워, 나무야! 〈아낌없이 주는 나무〉를 읽고 **이수미** 92
다정한 자매 〈영미와 순미〉를 읽고 **장은애** 96
똑똑한 엄마 오리 〈오리들의 행차〉를 읽고 **박혜림** 98
푸른 도깨비 두호 〈몽당 도깨비〉를 읽고 **박혜림** 101
살구와 추억 〈살구는 익는데〉를 읽고 **정은선** 104
착하고 어진 아주머니 〈방개 아주머니〉를 읽고 **김정화** 108
참새 쫓는 돼지 〈못난 돼지〉를 읽고 **류민아** 113
가장 소중한 보물 〈네 가지 보물〉을 읽고 **김정희** 117

## 명작동화

똑똑한 고양이 〈장화 신은 고양이〉를 읽고 **김지현** 124
집 없는 레미 〈집 없는 아이〉를 읽고 **강한별** 125
가짜 왕자와 진짜 왕자 〈가짜 왕자〉를 읽고 **박설경** 127
고마운 난쟁이들 〈난쟁이와 구둣방〉을 읽고 **박설경** 130
훌륭한 개 파트라슈 〈플랜더스의 개〉를 읽고 **김수원** 132
행복한 마음 〈소공녀〉를 읽고 **오세정** 136
용감한 호두까기 인형 〈호두까기 인형〉을 읽고 **홍승표** 139
행복한 알라딘 〈요술 램프〉를 읽고 **장은영** 141
지크프리트 왕자와 오데트 공주 〈백조의 호수〉를 읽고 **양인화** 143
임금님은 바보 〈벌거숭이 임금님〉을 읽고 **송유호** 145
용감한 노엘 〈북풍이 준 식탁보〉를 읽고 **송영섭** 148
푸슈킨 동화집 〈신부와 일꾼 발다〉를 읽고 **윤재영** 151
게으름뱅이 재크 〈재크와 콩나무〉를 읽고 **강효정** 155
착한 사씨와 나쁜 교씨 〈사씨남정기〉를 읽고 **안지현** 158
사랑을 받지 못하고 자란 홍당무 〈홍당무〉를 읽고 **박민지** 163
나쁜 장희빈 〈인현왕후전〉을 읽고 **김선주** 167
개성 있는 아씨들 〈작은 아씨들〉을 읽고 **정현경** 170
아기와 게으름뱅이들 〈게으름뱅이 여자〉를 읽고 **김보라** 175
나비가 된 애벌레들 〈꽃들에게 희망을〉을 읽고 **이현진** 179
불쌍한 아이 〈올리버 트위스트〉를 읽고 **이수미** 183
영원한 이야기 〈삼국지〉를 읽고 **최성재** 187
씩씩한 소년들 〈15소년 표류기〉를 읽고 **김자연** 191

엉뚱하고 용감한 돈키호테 〈돈키호테〉를 읽고 **정은선** 194
이웃을 사랑하는 마음씨 〈스크루지 영감〉을 읽고 **박영찬** 197
정의는 항상 이긴다 〈삼총사〉를 읽고 **황보혜** 201
짐의 여행 〈보물섬〉을 읽고 **김정희** 204
삶에 대한 슬기로운 교훈 〈이솝 이야기〉를 읽고 **박혜림** 208
우리들의 영원한 친구 〈안데르센 동화집〉을 읽고 **류민아** 211
행복한 가족들이 살아요 〈사랑의 집〉을 읽고 **김주경** 216
지구에 나타난 어린 왕자 〈어린 왕자〉를 읽고 **권예림** 220

## 전래동화

은혜 갚은 쥐 〈사자와 쥐〉를 읽고 **강한별** 224
물레방아를 훔치려다 잡힌 도둑들 〈어리석은 도둑〉을 읽고 **박주원** 226
요술 소시지 〈세 가지 소원〉을 읽고 **김지인** 230
훌륭한 장사들 〈네 사람의 장사〉를 읽고 **정태형** 234
착한 두꺼비와 나리 〈은혜 갚은 두꺼비〉를 읽고 **류용진** 239
바보 같은 호랑이 〈어리석은 호랑이〉를 읽고 **김요섭** 241
지네의 다리가 많은 이유 〈지네는 웬 다리가 그리도 많을까?〉를 읽고 **황준두** 244
지혜로운 사람은 좋아요 〈소도둑 가려내기〉를 읽고 **강효정** 247
용감한 홍길동 〈소년 홍길동〉을 읽고 **권혁우** 251
영리한 머슴과 미련한 머슴 〈부자가 된 머슴〉을 읽고 **황준두** 253
용감한 어머니와 두 아들 〈노루발 어머니와 두 아들〉을 읽고 **박민지** 257
생각 없는 이춘풍 〈이춘풍전〉을 읽고 **김선주** 261
높고 높은 부모님 은혜 〈말에게서 배운 부모님 은혜〉를 읽고 **안지현** 264
욕심 많은 친구 〈원숭이와 게〉를 읽고 **오은비** 269
착한 동생 나쁜 형님 〈도깨비 방망이〉를 읽고 **김정아** 272
용감한 사람들 〈송장을 업고 뛴 사나이〉를 읽고 **김은비** 275
착한 할머니의 빵 세 개 〈빵 세 덩이〉를 읽고 **박동혁** 281
꽃만 좋아했던 총각 〈꽃쟁이와 처녀〉를 읽고 **유 리** 285
바닷물이 왜 짠지 아세요? 〈착한 농부와 소금 장수〉를 읽고 **김지혜** 289
생명 잃은 두레박 소년 〈마르지 않는 샘물〉을 읽고 **이현진** 293
뒤바뀐 공주님 〈거위 치는 아가씨〉를 읽고 **김은주** 296
일곱 번째 공주님 〈바리 공주〉를 읽고 **이치화** 300
할머니의 넋 〈할미꽃〉을 읽고 **김지민** 303
강아지가 된 어머니 〈구경 못하고 죽은 어머니〉를 읽고 **류민아** 307

## 위인전

우리 엄마 같은 신사임당 〈신사임당〉을 읽고 **오세정** 312
떡장수 아들 〈한석봉〉을 읽고 **지윤희** 314
뛰어난 화가 〈김홍도〉를 읽고 **김지용** 317
키가 작은 장군 〈나폴레옹〉을 읽고 **전가영** 320
어린이의 영원한 친구 〈소파 방정환〉을 읽고 **오은비** 323
귀찮게 물어 봐도 대답해 주세요 〈에디슨〉을 읽고 **최준일** 327
훌륭한 선생님, 좋은 친구 〈에이브러햄 링컨〉을 읽고 **박동혁** 332
훌륭한 어머니를 둔 율곡 이이 〈율곡 이이〉를 읽고 **김선주** 336
힘이다, 힘을 길러야 한다 〈도산 안창호〉를 읽고 **김나진** 340
막내로 태어난 천재 음악가 〈모차르트〉를 읽고 **오은비** 346
바보였고 문제아였던 물리학자 〈아인슈타인〉을 읽고 **윤하늘** 350
불행을 극복한 음악가 〈베토벤〉을 읽고 **이기영** 353
고맙습니다, 장군님 〈이순신 장군〉을 읽고 **이치화** 357
곤충의 아버지 〈파브르〉를 읽고 **전병구** 360
미운 오리 새끼를 백조로 바꾼 천사 〈안데르센〉을 읽고 **김자연** 363
빛의 천사 〈헬렌 켈러〉를 읽고 **황보혜** 366
아름다운 천사 〈나이팅게일〉을 읽고 **박혜림** 369
충절과 성리학의 대학자 〈목은 이색〉을 읽고 **용선영** 372
삼국을 통일한 장군 〈김유신〉을 읽고 **김영선** 376
위대한 역사가 〈신채호〉를 읽고 **김정화** 379
민족의 아버지 〈세종대왕〉을 읽고 **김재철** 382
위대한 지도자 막사이사이 〈막사이사이〉를 읽고 **김정희** 385

## 과학

어린이들이 우주에 간다! 〈신기한 스쿨버스〉를 읽고 **류용진** 390
신기한 화석 〈화석의 비밀〉을 읽고 **김요섭** 394
해마는 쉴 때 어떻게 하고 있을까? 〈해마〉를 읽고 **고용훈** 396
병아리는 어떻게 알에서 나와요? 〈동물 세계〉를 읽고 **윤재영** 399
우연한 발견 〈아이들의 놀이에서 생각해 낸 청진기〉를 읽고 **권혁우** 401
수영을 배운 새끼 오징어 〈어머니, 위험해요〉를 읽고 **송영섭** 405
과학은 쉬워요 〈척척박사 과학 여행〉을 읽고 **장은영** 407
신기한 과학 나라 〈열팽창과 분자 운동〉을 읽고 **박민지** 409
우리는 어떻게 만들어졌을까요? 〈알고 싶어요, 우리 몸〉을 읽고 **유 리** 412
식물도 몸이 있다구요? 〈식물의 세계〉를 읽고 **김나진** 415
버들가지의 생명 〈버들가지〉를 읽고 **정현경** 418
신기한 전기 〈전기, 신기해요〉를 읽고 **김능원** 422
지구의 생물은 어떻게 생겨났을까? 〈살아 있는 지구〉를 읽고 **김지민** 426
나쁜 무당벌레들 〈흰토끼가 속았네〉를 읽고 **김보라** 429
잘난 척쟁이들 〈오만한 시계〉를 읽고 **이현진** 433
신기한 자연과 인간 〈산, 염기와 우리의 몸〉을 읽고 **윤수정** 436
수영을 할 때 조심해야 될 점들 〈수영을 하기 전에〉를 읽고 **박설원** 438
난 물고기가 아냐 〈오징어는 물고기가 아니다〉를 읽고 **윤하늘** 441
재미있는 과학 〈석유란 무엇일까요〉를 읽고 **전병구** 444
편리한 세상 〈홈 컴퓨터〉가 하는 일 **박영찬** 448
하늘을 나는 것들 〈재미있는 비행기와 로켓〉을 읽고 **김재철** 451
물고기에 대해 〈물고기와 조개〉를 읽고 **황보혜** 454
우리 몸에 대해 〈우리 몸의 과학〉을 읽고 **김자연** 458

# 환경동화

오징어가 불쌍해요 〈괴물보다 더 무서운 괴물〉을 읽고 **김지현** 462
다시 태어난 초인종 〈초인종의 기쁨〉을 읽고 **홍승표** 464
노래를 잃어버린 또이 〈음치가 되어 버린 되새〉를 읽고 **김수원** 466
가엾은 아기 코끼리 푸푸
　〈여보세요, 거기가 코끼리 고아원인가요?〉를 읽고 **김요섭** 468
강의 슬픔 〈강의 울부짖음〉을 읽고 **안지현** 471
수돗물을 먹고 죽은 얼룩이 〈하늘로 간 얼룩이〉를 읽고 **황준두** 475
불쌍한 악어 이구이구 〈백화점에 간 악어〉를 읽고 **정태형** 478
지렁이는 왜 공포에 떨까? 〈공포에 떠는 지렁이〉를 읽고 **김선주** 482
불쌍한 숲 속의 동물들 〈네가 방귀 뀌었지?〉를 읽고 **김은비** 485
기운 내, 대장아! 〈별이 된 연어〉를 읽고 **정현경** 489
환경이 오염되고 있어요
　〈하느님, 지구에 119를 보내 주세요〉를 읽고 **김나진** 492
오염된 물 〈토돌이네 가족〉을 읽고 **김정아** 497
건전지를 버리지 말자 〈건전지 때문이야〉를 읽고 **김은주** 502
거북의 알을 돌려주세요 〈거북이 줄고 있어요〉를 읽고 **김지민** 506
불쌍한 코주부 선생 〈코주부 선생과 거짓말쟁이〉를 읽고 **윤하늘** 511
우리 토종 개구리의 위험
　〈개구리 마을에 무슨 일이 생겼대?〉를 읽고 **윤수정** 514
갯벌 친구들의 고통 〈꽃게 아줌마의 한숨〉을 읽고 **장은애** 517
무사히 살아난 수달들 〈나산강의 물귀신 소동〉을 읽고 **김보라** 520
원숭이는 어디로 가죠? 〈달나라로 떠난 원숭이들〉을 읽고 **박영찬** 523
제비야 미안하다 〈내가 원하는 한국〉을 읽고 **김재철** 526
염소는 누가 죽였을까요? 〈염소의 어이없는 죽음〉을 읽고 **정은선** 531

창작동화

# 팔랑이의 한가위

|김지인|
〈신라 시대의 무덤에서 나온 팔랑이〉를 읽고

팔랑이는 신라 시대에 살았습니다. 그런데 도굴꾼 덕분에 밖으로 나왔습니다. 저는 신라 시대가 언제인지 모릅니다. 굉장히 옛날이라고 합니다.

그 때 살았던 팔랑이는 우리가 사는 세상이 신기했나 봅니다. 여기저기 날아다닙니다. 그런데 쾅! 소리에 깜짝 놀랍니다. 참새를 쫓는 대포 소리입니다.

"허수아비는 어디 갔어요?"

"참새들이 약아서 허수아비 머리에 앉아 놀아."

소나무의 말에 팔랑이는 서운해 합니다. 허수아비가 보고 싶었습니다. 옛날에는 허수아비가 들판의 왕이었습니다.

추석이 다가옵니다. 그런데 마을은 너무 썰렁합니다. 모두 서울로 떠나고 할머니, 할아버지만 사니까 송편도 빚지 않습니다.

우리 집은 추석날 큰집에 갑니다. 거기서 송편도 먹고 맛있는 것도 먹습니다.

팔랑이가 우리 집에 왔다면 추석날 큰집에 데려갔을 겁니다. 그래서 맛있는 것을 실컷 먹게 했을 텐데.

달님은 병이 들었습니다. 하늘이 더러워졌기 때문입니다.

팔랑이는 너무 슬펐습니다. 옛날에는 추석날이 되면 온 동네가 시끄러웠는데 이제는 아닙니다. 송편 대신 빵을 먹습니다.

팔랑이는 신라 시대가 그리울 것입니다. 그렇지만 저도 송편보다 빵이 더 맛있습니다. 빵은 달고 맛있지만 송편은 맛이 없습니다.

# 지태와 미혜의 숙제

|김지인|
〈살아 있는 코끼리와 돼지〉를 읽고

지태는 숙제를 얼른 다 했습니다. 미혜는 아직도 숙제를 하고 있습니다. 지태는 종합장을 덮으면서 미혜한테 지금까지 뭐 했느냐는 듯이 물었습니다.
"바보, 아무렇게나 빨리 해."
"뭐가 바보니? 늦게 해도 제일 좋은 코끼리 도장을 받아야지."
선생님은 숙제를 검사할 때 제일 잘 한 사람에게는 코끼리 도장을 찍어 주고 잘 못한 사람에게는 돼지 도장을 찍어 줍니다.
저도 지태랑 미혜처럼 비슷한 일을 겪은 적이 있습니다. 다민이가 천천히 글씨를 쓰고 있는데 저는 아무렇게나 빨리 써 내고는 바보야, 라고 말했습니다. 나중에 다민이는 선생님께 칭찬을 받고 저는 꾸중을 들었습니다.

지태는 누워서 국어 책을 폈습니다. 그리고 엎드려 글씨를 쓰고 있는 미혜를 바라봅니다.

"빨리 쓰고 땅뺏기 하자."

지태는 심심했습니다. 미혜를 기다리다가 책상 옆에 엎드려 잠이 들었습니다. 그리고 꿈을 꿉니다.

지태와 미혜는 마당에서 땅뺏기를 합니다. 땅뺏기는 언제나 지태가 이깁니다. 그러나 오늘은 미혜가 이기고 있습니다. 이런 때는 우겨야 한다고 생각한 지태는 힘을 주면서 억지를 썼습니다.

미혜하고 지태는 말싸움이 벌어졌습니다. 제가 생각해도 지태가 나쁩니다. 그렇지만 지태는 자기가 옳다고 막 우깁니다.

저도 그럽니다. 형하고 딱지를 치다가도 지면 막 화를 냅니다. 그러면 형은 소리치면서 딱지를 던집니다.

어디서인가 돼지들이 모여들었습니다.

"미혜가 엉터리야!"

돼지들이 떠들었습니다. 돼지들은 모두 미혜를 둘러싸고 앞발을 번쩍 들면서 소리쳤습니다. 지태는 '아까 숙제할 때 끝까지 하더니 잘 됐다' 하고 웃습니다.

그런데, 이번에는 큰 코끼리들이 몰려옵니다. 가만히 보니 그것은 아까 숙제를 하던 미혜 종합장에서 나오고 있었습니다. 코끼리들은 지태 앞으로 가서 코로 지태 몸을 감고 서로 잡아당기고 있습니다.

"미혜야!"

지태는 엉엉 울기 시작했습니다. 무서웠을 것입니다.

지태와 미혜 종합장에서 나온 돼지와 코끼리의 싸움은 당연히 코끼리의 승리입니다.

"지태야! 대낮에 무슨 잠을 그렇게 자니?"

그 소리에 지태는 잠에서 깨어납니다. 꿈이라서 다행이었습니다.

"지태야, 땅뺏기 하자."

미혜가 숙제를 다 하고 그렇게 말합니다.

"싫어."

지태는 숙제를 다시 합니다. 왜 지태가 숙제를 다시 시작했을까요? 돼지 도장 받기 싫어서 그럴 거예요. 자기도 미혜처럼 코끼리 도장 받고 싶어서 그럴 거예요.

# 선물을 정말로 받고 싶어요

|김수원|
〈경재와 하모니카〉를 읽고

　12월 25일은 크리스마스예요. 산타할아버지가 크리스마스 이브 날에 우리들의 머리맡에 선물을 놓고 가시거든요. 그런데 작년에 산타할아버지가 안 오셨어요. 저는 왜 안 오실까 생각해 봤어요. 친구와 사이좋게 안 놀아서 아마 선물을 안 주기로 했나 봐요. 올해 크리스마스를 위해 저는 좀더 착한 아이가 되어야겠습니다.

　경재는 크리스마스가 되기를 무척 기다렸습니다. 경재가 크리스마스를 그렇게도 기다리는 것은 산타할아버지께서 선물을 갖다 주실 거라고 믿고 있었기 때문입니다. 그리고 경재는 올해 꼭 받고 싶은 선물이 있었습니다.

　경재는 깊은 산골에 삽니다. 그 곳에는 교회도 없습니다. 그래서 경재는 어쩌면 산타할아버지가 오시지 않을지도 모른다고 생각하기도 했습니다. 그러면서 경재는 길바닥에 오줌 싼 것, 덕수하고 싸운 것, 친구 빼놓고 저 혼자 학교에 가 버렸던 일들을 생각해 냈습니다. 그래서 결국 산타할아버지를 기다려도 소용이 없다고 생각해 버렸습니다.

    저도 그런 적이 있어요. 크리스마스 이브까지 기다렸는데 산타할아버지가 오시지 않았어요. 크리스마스 날에도 기다렸는데 오시질 않았지요. 그 때 저는 아마 우리 마을에는 안 오실 모양이라 생각했습니다. 그리고 그 이야기를 선생님께 했어요. 제 말을 듣고 선생님께서는 이렇게 말씀하셨어요.

    "수원이는 착하잖아. 아마 산타할아버지는 수원이가 착해서 수원이 선물을 다른 애들에게 줘도 이해할 거라고 믿으셨을 거야. 북한에도 소말리아에도 불쌍한 애들이 많잖아."

    저는 그 말을 듣고 조금 마음이 풀렸습니다. 경재도 제발 그렇게 생각했으면 좋겠습니다. 경재가 나쁜 아이라서 선물을 안 주는 것이 아니라고 생각했으면 좋겠습니다.

경재의 형은 휴가를 나오면 경재에게 동화책, 연필 따위를 갖다 주었습니다. 크리스마스 선물을 받지 못한 경재는 형이 오기만을 기다렸습니다. 산타할아버지는 그냥 지나치셨지만 형은 그렇지 않을 테니까요. 저도 경재 형이 경재를 위해 어떤 선물을 갖고 올지 궁금합니다.

경재 형이 휴가를 나왔어요. 형의 선물은 바로 하모니카였습니다.

"형, 고마워."

경재는 정말 기분이 좋았어요. 하모니카를 열심히 불었습니다. 자꾸 부니까 입이 부르텄습니다. 그래도 쉬지 않고 불었어요. 형 생각을 하면서 계속 연습했습니다. 형이 오면 선물로 하모니카를 불어 주려구요. 경재도 형한테 선물을 주고 싶은 것이지요.

선물을 받으면 기분이 좋아요. 경재처럼 말이에요. 크리스마스 선물은 못 받았지만 경재는 형에게 받은 선물로 만족했어요. 그러고는 다음에는 자기가 형에게 선물을 줘야겠다고 생각했어요. 아마 경재는 올해 크리스마스 이브에 산타할아버지로부터 선물을 받을 수 있을 것 같아요. 경재의 착한 마음씨를 산타할아버지도 그냥 지나치시지 못할 거예요.

# 연을 좋아하는 진이

|박주원|
〈진이와 연〉을 읽고

　여름방학이 되었습니다. 선생님께서 독후감을 써 오라는 숙제를 내주셨어요. 저는 〈진이와 연〉을 읽었어요. 독후감은 글짓기 학원에서 써 봤기 때문에 쉽습니다.
　진이는 형이 가진 것과 같은 방패연과 사금파리가 단단히 먹여진 연줄을 갖는 것이 소원입니다.
　저도 연을 좋아합니다. 언니하고 공원에 나가 연을 날리면 정말 재미있습니다. 우리의 연은 문방구에서 산 것입니다.
　이 책에 나오는 연은 사금파리가 먹여진 것입니다. 사금파리를 아주 잘게 찧어서 풀을 먹여 줄에 묻히면 연싸움을 할 수 있다고 합니다. 줄이 끊기면 지는 것이라고 합니다. 재미있을 것 같습니다.
　오늘 아침에 진이는 형의 연과 얼레를 벽장 속 궤짝

안에 숨겨 놓고, 연을 만들어 주어야 찾아 주겠다고 생떼를 썼습니다.

저는 언니보고 빌려 달라고 말합니다. 그러면 언니는 착해서 그래, 하고 빌려 줍니다.

형은 어쩔 수 없다는 듯 방 안을 샅샅이 뒤지기 시작했습니다. 벽장 속 궤짝 안에서 연을 찾아냈습니다. 형이 연을 찾아내자 진이는 그만 버둥거리며 '와앙' 하고 울음을 터뜨렸습니다.

진이는 울보 같아요. 저도 안 우는데, 연 만들어 달라고 울잖아요. 제가 울면서 언니한테 뭘 빌려 달라고 하면 언니는 화를 내요. 그래서 떼는 써도 울지는 않아요.

"철아, 왜 동생을 울리고 야단이니, 응?"

진이의 울음소리를 듣고 옆방에 계시던 어머니께서 형을 나무라셨습니다. 저도 울면 엄마한테 혼나요. 언니랑 싸우다가 울면 언니도 혼나고 저도 혼나요.

형은 우는 동생을 놔두고 나가 버립니다. 엄마한테 야단맞아서 더 화가 났지요.

과자를 사 주었지만 그래도 진이는 울음을 안 그칩니다. 저는 과자가 있으면 아주 좋습니다. 과자는 맛있잖아요. 이 책의 진이는 바보예요. 과자도 먹으면서 연을 만들어 달라고 하면 되는데……. 문방구에서 천

원짜리 꼬리연을 사다 줘도 진이는 울음을 그치지 않았습니다.

　진이는 형이 연싸움하는 곳에 가서 구경을 합니다. 그러다가 연 하나를 갖게 됩니다.

　얼마나 연이 갖고 싶었으면 물 속까지 들어가 연을 주웠을까요? 그래서 병이 나고 말았습니다.

　진이가 불쌍했습니다. 연을 얼마나 갖고 싶었으면 추운 겨울날 물 속까지 들어갔을까요? 형은 엄마한테 몹시 야단을 맞았습니다.

　그리고 진이가 깨어나니까 형은 자기가 아끼던 연을 진이에게 주었습니다. 진이는 정말 행복했을 거예요. 갖고 싶었던 연을 형이 주었으니까요

　형은 착합니다. 굉장히 아끼는 연인데 동생이 아프니까 얼른 주잖아요.

　진이도 형이 준 연을 날리기 위해 얼른 일어날 것 같습니다.

# 용감한 진돗개들

|김지용|
⟨진돌이와 진순이⟩를 읽고

　진돗개는 굉장히 영리합니다. 나라가 위험하니까 힘을 합쳐 왜군을 물리치기도 합니다.
　진돌이와 진순이는 특히 더 영리합니다. 두 개는 진도에서 삽니다.
　진돌이는 왕이고, 진순이는 여왕입니다.
　진돗개들은 왜구들이 우리 땅을 쳐들어오던 날 밤새 껑껑 짖습니다.
　평소에는 주인들이 깰까봐 조심을 하던 진돗개들이 짖자 동네 사람들이 바다로 나가 보았습니다. 수많은 왜군의 전함들이 바다를 에워싸고 있었습니다. 임진왜란이 터진 것입니다.
　왜적은 우리 나라를 삼키려고 했습니다.
　그리고 영리한 진돗개도 탐냈습니다. 왜적은 이순신 장군한테 져서 물러났지만 진돌이와 진순이는 일본 배

로 실려 갑니다. 주인 대신 왜적들에게 잡혀 가는 것이지요. 주인들을 살리기 위해 일부러 배에 오르는 진돌이와 진순이가 훌륭했습니다.

배 안에서 인왕산 호랑이를 만났습니다. 호랑이와 싸워서도 두 진돗개는 이겨냅니다.

전쟁을 일으킨 도요토미 히데요시를 혼내 주기도 합니다. 도요토미 히데요시는 두 진돗개가 문다고 헛소리를 하다 죽었습니다.

진돗개 남매는 오늘날 일본이 세계에 자랑하는 '아키타 개'의 조상입니다.

저도 개를 좋아합니다. 그렇지만 진순이, 진돌이같이 영리한 개는 못 보았습니다.

나라를 위해서 목숨까지 내놓는 개가 우리 나라에 있다니까 정말 자랑스럽습니다.

# 인형을 사랑하는 은희

|전가영|
〈은희의 인형〉을 읽고

저는 학원에 있는 많은 책들 중 〈은희의 인형〉이라는 책이 마음에 들었습니다. 바로 인형이라는 말이 있었기 때문입니다. 저도 인형을 좋아합니다.

미옥이는 오늘 새 인형을 샀습니다. 새 인형을 자랑하려고 은희를 데리고 집으로 갔습니다. 자랑을 한 뒤 미옥이가 헌 인형을 가지고 물었습니다.

"이 인형은 내가 가지고 놀던 거야. 그런데 이제는 안 가지고 노니까 너 줄게."

미옥이는 은희한테 헌 인형을 주었습니다.

우리 집에도 인형이 있습니다. 저는 제 인형을 친구에게 안 줍니다. 또 갖고 놀아야 하니까요.

은희는 헌 인형에게 새 옷을 입혔습니다. 그런데 미옥이가 보고 망가뜨렸습니다. 헌 인형이 너무 예뻐졌기 때문이지요. 미옥이는 욕심이 아주 많습니다.

은희는 엉엉 울면서 엄마한테 인형을 갖고 갔어요. 엄마는 의사예요. 망가진 인형을 다시 깨끗하게 고쳐 주었거든요.

　이제 인형도 행복할 거예요. 다정한 은희랑 살 수 있으니까요. 저도 제 인형한테 예쁜 옷을 입혀 볼래요. 그러면 다시 새것처럼 깨끗해질 거예요.

　자기는 싫다고 했으면서 다시 예뻐진 인형을 보고 질투하는 미옥이가 나빴습니다.

# 낙서판 속의 궁전

|강효정|
〈낙서 궁전〉을 읽고

웅이는 엉뚱해요. 그림을 그리다가 갑자기 그림 속으로 들어가 버렸어요. 처음에는 크레파스를 잃어버렸다고 엉엉 울고 있었습니다. 그런데 그림 속에서 아이가 나와 웅이를 데려갔어요.

"여기는 사람만 많아. 네가 새, 꽃, 나무를 그려 줘."

그 아이가 웅이에게 부탁했어요. 사람만 살면 어떻게 될까요? 새도 없고 나무도 없고 꽃도 없으면 정말 멋이 없을 거예요. 그림 속 세상이 멋이 없으니까 그 아이는 웅이를 데려다 그림을 그리라고 했을 거예요.

웅이는 그림을 척척 잘 그렸습니다.

그런데 엉뚱한 생각을 했어요. 대포도 만들고 총도 만들었어요. 그것들로 다른 사람을 많이 괴롭혔습니다. 웅이가 만들어 놓은 새, 나무, 건물들이 많이 망가졌어요. 그래도 웅이는 계속 대포를 쏘았지요. 나쁜 마음을 가지면 안 된다는 뜻이에요. 꽃이나 나무, 나비는 아름답지만 총이나 대포는 무서워요.

나중에 웅이는 꿈에서 깨어났어요. 모두 꿈 속에서 있었던 일이에요. 그림을 그리다가 꿈을 꾼 것이지요.

저는 웅이가 앞으로 예쁜 것만 그렸으면 좋겠어요. 총이나 대포는 무서워요. 꽃이나 나무는 좋아요. 총이

나 대포가 많아지면 우리들도 죽어요.

웅이처럼 그림 속에 끌려가 혼나지 않으려면 좋은 생각만 하고 좋은 그림만 그려야겠어요.

# 장애인의 아픔

|윤재영|
〈아픔을 함께 나누는 대회〉를 읽고

　효빈이네 이웃에 신애라는 소녀가 살고 있었습니다. 두 이웃은 아주 친했습니다.
　신애의 어머니는 성모 병원의 으뜸가는 간호사입니다. 그래서 효빈이와 신애는 장애인과 아픔을 같이하는 '아픔을 함께 나누는 대회'에 참가하게 됩니다.
　우리 주변에는 장애인이 많습니다. 눈이 안 보여서 불편하게 걷는 사람, 다리가 없는 사람, 팔이 없는 사람, 말을 못하는 사람…… 몸이 불편해서 힘든 사람이 너무 많지요. 그렇지만 우리들은 장애인들이 얼마나 불편을 겪는지 모릅니다. 계단을 내려가지 못하는 장님을 보고도 그냥 지나칩니다.
　다음날 아침, 효빈이네 가족은 신애 가족과 함께 병원으로 갔습니다. 대회가 시작되었습니다.
　먼저 목발을 짚고 계단을 올라갔다 내려갔다 했습니

다. 그런데 갑자기 비가 내렸습니다. 다른 사람들이 우산을 씌워 주려고 하니까 사회자가 말렸습니다. 장애인은 비가 와도 우산을 쓸 수 없으니 그냥 맞으면서 진행을 하라고 했습니다. 비를 맞으며 걷는 장애인의 아픔을 나눠 보라는 뜻이었겠지요.

눈을 가리고 농구도 했습니다. 휠체어도 타 보았습니다. 건강한 몸이 얼마나 고마운지를 깨달을 수 있었을 것입니다.

눈을 가리고 농구 골대에 공을 넣는 대회에서는 모두 한 골도 넣지 못하였습니다.

눈을 감고 장애물이 있는 길을 걷는 것도 했습니다. 조금만 가도 장애물에 걸려 넘어졌습니다.

'아, 시각 장애인들은 얼마나 갑갑할까. 큰 위험을 무릅쓰며 길을 걷고 있구나.'

저는 마음이 아팠습니다. 그 동안 몸이 불편한 사람을 한 번도 도와 준 적이 없거든요.

저는 이 책을 읽고 장애인이 얼마나 어렵게 살아가는지 알게 되었습니다. 앞으로 장애인에게 많은 관심을 가져야겠다고 생각했습니다.

# 세준이의 낭비

|양인화|
〈우산과 몽당연필과 용돈〉을 읽고

　세준이는 굉장히 물건을 함부로 씁니다. 우산을 잃어버려도 안 찾고, 연필을 잃어버려도 안 찾습니다. 엄마가 새로 사 줄 것이라 믿습니다.
　선생님과 엄마들은 우리들에게 학용품을 아껴 쓰라고 하십니다. 그렇지만 저도 연필이나 지우개를 잃어버려도 안 찾습니다. 이 책의 세준이처럼 엄마가 새로 사 준다고 생각하니까요.
　비가 왔습니다. 세준이는 엄마만 기다립니다. 엊그제 잃어버린 우산은 찾을 생각도 안 합니다. 그러다 옷이 다 젖은 채로 집에 갑니다. 엄마는 세준이를 데리고 학교로 가서 우산을 찾게 했습니다. 세준이의 우산은 학교에 있었습니다. 만약에 우산을 찾았더라면 비를 맞지 않았을 거예요.
　선생님은 공책, 크레파스, 연필을 아껴 쓰라고 했습

니다. 세준이는 연필을 둘로 나누어서 볼펜 뚜껑에 끼워 씁니다. 에이, 바보. 긴 연필을 둘로 나누면 더 짧아져서 낭비인데. 선생님한테서 칭찬은커녕 야단만 맞을 것 같네요.

　세준이는 물건을 아낄 줄 모르는 아이입니다. 항상

새 물건만 쓰려고 하는 아이입니다.

　엄마는 용돈을 잘 쓰는 방법을 알려 주었습니다. 부서진 장난감도 다시 고쳐 쓰게 했습니다. 남은 돈은 은행에 저축하게 했습니다. 그래서 세준이 버릇도 많이 고쳤습니다.

　저도 이제부터는 물건을 함부로 안 쓰겠습니다. 지우개를 잃어버리면 꼭 찾겠습니다. 그런 것을 함부로 쓰면 나라에 손해이기 때문입니다.

　저축하는 습관은 어려서부터 배워야 된다고 했습니다. 저도 낭비가 심합니다. 앞으로는 세준이의 행동을 생각하며 아껴 쓰겠습니다.

# 다섯 마리의 새끼 강아지

|고용훈|
〈엄마의 걱정〉을 읽고

강아지는 정말 귀여워요. 하얀 털을 가진 강아지는 꼭 인형 같아요. 저도 강아지가 좋습니다. 이 책에 나오는 강아지도 굉장히 귀엽게 생겼을 것입니다.

선아네 집 방울이가 새끼를 낳았어요. 그것도 화단 흙구덩이에 다섯 마리나 낳았습니다.

방울이 집은 너무 작습니다. 그러니까 방울이는 좁은 집에서 새끼를 낳을 수가 없었습니다. 차갑고 딱딱한 시멘트 바닥에서 낳을 수도 없었습니다. 그래서 화단 흙을 파서 포근하고 아늑하게 만든 뒤 거기서 새끼를 낳은 것입니다.

방울이가 불쌍했어요. 집이 너무 좁으니까 화단에다 새끼를 낳았잖아요.

엄마들은 다 그런가 봐요. 자식들을 위해서는 아무리 어려운 일도 다 하나 봐요. 우리 엄마도 그러시거든요. 저와 오빠를 위해서 항상 걱정을 하십니다.

선아 엄마가 방울이의 마음을 제일 많이 이해하십니다.

"집이 너무 좁아서 거기서는 도저히 마음 편하게 새끼를 낳을 수 없어서 그랬을 거예요. 진작에 좀더 큰 집을 마련해 주었어야 하는 건데……."

선아 가족들은 모두 다 방울이와 새끼들을 사랑합니다. 아마 강아지 다섯 마리는 무럭무럭 잘 자랄 것입니다.

가족들이 이렇게 강아지를 사랑하니까 가족의 마음이 강아지들에게 통할 것 같습니다.

엄마, 저도 강아지 키우고 싶어요.

# 신기한 종이컵 전화기

|황준두|
〈고양이와 쥐의 웃음〉을 읽고

이 책은 학원에서 읽었습니다. 방학 숙제로 독후감 쓰기가 있었거든요. 독후감 쓰기는 재미있지만 어렵습니다.

지애가 만든 종이컵 전화기는 정말 신기합니다. 쥐를 잡기도 하니까요. 고양이가 우물 속으로 뛰어들게도 합니다.

지애는 학교에서 만든 전화기로 엄마와 전화 놀이를 했어요. 그걸 쥐가 들었습니다. 쥐가 바보 같아요. 그냥 놀이하는 건데 모르고 있잖아요.

밤이 되자 쥐는 그 전화기로 장난을 해 봅니다.
"여보세요?"
쥐가 물었습니다.
"네."
그렇게 대답한 것은 고양이입니다.

"저는 북어 대가리입니다."

고양이가 거짓말을 합니다. 그런데 쥐들은 그것도 모릅니다.

"안방으로 놀러 오세요."

그 말을 믿고 쪼르르 안방으로 달려갔습니다. 안방에 가면 맛있는 북어 대가리를 먹을 수 있다고 생각했지요.

고양이가 쥐들을 모두 잡아먹었습니다. 못난이 쥐만 살아 있습니다. 그런데 못난이 쥐는 고양이보다 더 영리합니다. 전화를 걸어 이렇게 말하지요.

"저는 다리가 부러진 쥐예요. 나는 당신이 먹고 싶어 죽겠습니다."

그러면서 자기는 우물 속에 있다고 거짓말을 했어요. 고양이는 그 쥐까지 잡아먹고 싶었어요. 그래서 속은 줄도 모르고 우물 속으로 뛰어들었지요.

누가 더 바보일까요? 아마 욕심이 많아지면 바보가 되나 봅니다. 못난이 쥐는 욕심이 없기 때문에 고양이한테 잡혀 먹히지 않은 거예요.

저도 욕심을 안 부릴래요. 그래야 똑똑한 사람이지요.

# 행운이 많은 로타

|윤재영|
〈난 뭐든지 할 수 있어요〉를 읽고

참 재미있는 책을 읽었습니다.

로타는 뭐든지 할 수 있다고 큰소리를 쳐요. 요나스가 스키 활강을 할 수 있냐고 물어 볼 때만 아니라고 합니다.

로타는 스키 활강을 하기 전에 엄마가 무엇을 하나 보고 싶었어요. 아마도 로타는 스키 타기가 자신없는 모양입니다. 그래서 피하고 싶어진 것입니다. 자신이 없으면 저도 딴청을 부립니다. 엄마는 베리 아주머니한테 흰빵을 갖다드리라고 했습니다. 인형은 로타의 친구입니다. 꼭 데리고 다닙니다.

엄마는 로타한테 쓰레기를 버리고 가라고 말씀하셨습니다. 다섯 살인데 참 똑똑한 아이 같습니다.

로타는 정말 모든 걸 할 수 있나 봐요. 그러니까 인형도 안고, 빵 봉지, 쓰레기 봉투를 모두 안고 집을 나서지요.

스키를 타고 가려고 합니다. 친구들이 오기 전에 스키를 제대로 배워두고 싶어서입니다. 쓰레기 봉투까지 끼고 스키를 탈 수 없어서 빵 봉지 속에 인형을 넣었습니다. 그리고 스키를 타고 아주머니 집을 향해 달립니다. 질풍같이 달렸어요. 쓰레기 버리는 곳에 봉투를 버리고 나서는 더 빠르게 달립니다.

베리 아주머니는 숨쉬기를 어려워하실 만큼 몸이 약합니다. 로타는 그렇게 아픈 아주머니를 기쁘게 해드리고 싶어합니다. 다섯 살이 아니라 열 살도 넘어 보입니다. 그만큼 로타는 어른스럽습니다.

그런데 흰빵이 든 봉지를 열어 보니 쓰레기가 있었어요. 로타는 질겁을 하여 뛰어 갔지요.

쓰레기통에 버린 것은 쓰레기가 아니라 빵과 인형이었습니다. 그럴 경우 울음부터 터뜨리는데 로타는 울지 않습니다. 차분하게 빵과 인형을 찾을 궁리를 하지요.

쓰레기통에는 아무 것도 없었어요. 금요일은 쓰레기를 치우는 날이기 때문이에요. 없어진 빵과 인형을 걱정하느라 로타는 쩔쩔맵니다.

다행히 흰빵과 인형은 무사했습니다.

베리 아주머니 댁에 도착한 로타는 아주머니를 위해

여러 일을 도왔어요. 정말 기특합니다. 아주머니를 도와 주려는 따뜻한 마음씨를 지닌 로타가 너무 귀여웠습니다. 그리고 무슨 일이든 스스로 해결하려는 모습도 좋았습니다.

드디어 크리스마스가 가까워지고 있습니다. 로타는 기분이 들떠 있습니다. 로타만 그런 것이 아니라 집안 식구 모두 들떠 있습니다. 크리스마스는 모두의 축제일이니까요.

하지만 트리가 없습니다. 트리가 없는 이유는 온 시내에 트리가 동났기 때문입니다. 요나스, 미아 마리아, 로타는 시무룩해집니다.

즐거운 크리스마스에도 트리가 없다는 사실 때문에 가족 모두 우울해 합니다. 그런데 그 어려움을 로타가 해결했습니다.

아주머니께 선물을 사다 드리러 가게에 간 로타는 전나무가 가득 실린 차를 보았습니다. 너무 기뻐서 한 그루만 팔라고 매달렸습니다. 그렇지만 아무리 사정을 해도 안 된다고 하였어요. 아저씨는 참 인정이 없는 사람입니다.

하지만 급히 차를 모는 바람에 전나무 한 그루를 떨어뜨렸습니다. 그것을 모르는 아저씨는 그냥 갔지요. 정말 하느님이 로타에게 크리스마스 선물을 근사하게 주었습니다.

 로타는 어떤 선물보다 더 전나무 한 그루가 고마웠습니다. 가족을 기쁘게 해 주려는 로타의 마음이 그런 선물을 받게 했을 것입니다.

 로타는 전나무를 스키에 매달아 끌고 집으로 돌아왔어요.

 아이들은 여전히 울고 있었지요. 트리를 보여주자 요나스는 로타를 껴안고 입을 맞추었습니다.

 이젠 모두 로타가 모든 걸 할 수 있다는 것을 믿게 되었습니다. 스키 활강만 빼고 말이에요. 그것도 노력하면 언젠가는 꼭 해 낼 수 있을 것입니다.

# 살아 있는 것 같은 초상화

|김지용|
〈살아 있는 초상화〉를 읽고

누구나 한 가지 소원이 있습니다. 친구들을 보면 잘 하는 것이 많습니다. 운동을 잘 하는 아이, 공부를 잘 하는 아이, 음악을 잘 하는 아이, 말을 잘 하는 아이, 정말 여러 가지입니다.

저는 컴퓨터를 잘 합니다. 태권도도 좋아합니다. 그렇지만 이 책의 기종이처럼 그림을 잘 그리지는 못합니다.

기종이는 그림을 잘 그렸습니다. 국어, 수학도 잘 하지만 그림 성적이 뛰어났습니다. 여기저기 미술 대회가 열리면 일등 아니면 이등입니다. 기종이 할아버지께서 칭찬이 대단하십니다.

"허허, 기종이는 다음에 화가가 될 거야. 암 그렇고말고."

할아버지가 그렇게 좋아하는 모습을 보면 기종이는

더 그림을 잘 그리고 싶어질 것입니다. 누구든지 칭찬을 좋아하거든요. 저는 엄마, 아빠 칭찬을 받으면 기분이 아주 좋아집니다.

저는 그림을 못 그립니다. 그렇지만 그림은 좋아합니다. 저도 기종이처럼 그림을 잘 그리고 싶습니다. 그럼 미술 시간에 그림을 잘 그리니까 선생님 칭찬을 받을 수 있을 것입니다.

저녁때 돌아오신 할아버지께서 이렇게 말씀하셨습니다.

"오늘 너희 선생님을 만났단다."

그 이야기는 조금도 이상하지 않습니다. 이상한 것은 할아버지가 선생님과 만난 적이 한번도 없는데 알아봤다는 것입니다.

시내 버스 정류장에서 선생님과 할아버지께서 딱 마주쳤습니다.

"안녕하세요. 저는 기종이 할아버지입니다."

할아버지 인사를 받고 선생님은 깜짝 놀랍니다.

"어떻게 절……."

선생님은 그 이유를 금방 알아차립니다. 다시 보니 할아버지 얼굴이 기종이가 그렸던 그림과 똑같았습니다. 선생님 모습도 너무 같았기 때문에 할아버지께서 쉽게 선생님을 알아본 것이지요.

기종이는 마음먹고 할아버지 초상화를 그리기로 했습니다.

그리고 나서 유리 틀에 넣어 두었습니다.

기종이가 제일 잘 하는 것이 그림이라서 할아버지의 얼굴을 그릴 수 있었던 것입니다. 그걸 보신 할아버지 표정이 어땠는지 알 것 같습니다. 허허, 웃으시면서 좋아하셨을 것입니다. 그림 솜씨가 좋아서 할아버지 초상화를 그린 기종이가 정말 부러웠습니다.

저도 그렇게 그림을 잘 그리면 다른 사람도 그려 볼 것입니다. 아마 아빠, 엄마, 동생, 친구들 모두 그려 볼 것 같습니다.

그런데 얼마 뒤 할아버지께서 돌아가셨습니다. 기종이의 슬픔이 컸을 것입니다. 자기를 귀여워해 준 할아버지가 돌아가셨으니까요. 할아버지 모습을 더 많이 그려 놓지 않아서 후회할지도 모릅니다.

며칠이 지났습니다.

기종이는 할아버지의 주름살과 수염이 늘어났을 것이라고 생각했습니다. 그래서 주름살과 수염을 그려 넣었습니다.

돌아가신 분은 수염이 안 자랄 텐데, 그런 생각을 한 기종이가 엉뚱했습니다. 그렇지만 할아버지가 얼마나 보고 싶으면 그럴까 생각하니 가슴이 아팠습니다.

다음 제삿날 가족들은 깜짝 놀랐습니다. 처음의 초상화와 지금 보는 초상화가 너무 달랐기 때문입니다.

수염과 주름살이 늘어난 것입니다. 할아버지는 금방이라도 일어날 것 같았습니다.

기종이는 해마다 색칠을 하기로 마음먹었습니다. 기종이가 부럽습니다. 그림을 잘 그려서 마음대로 바꿀 수 있으니까요.

식구들은 할아버지 초상화가 왜 바뀌는지 끝까지 모르겠지요? 기종이가 감쪽같이 바꿔 놓으니까요.

자기의 소질을 알고 있으면 좋을 것입니다. 그러면 열심히 노력해서 좋은 실력을 쌓을 수 있으니까요.

# 실버와 신기한 조약돌

|박동혁|
〈당나귀 실버스터와 요술 조약돌〉을 읽고

어느 마을에 실버라는 당나귀가 살았어요. 실버는 예쁜 조약돌을 모으는 걸 좋아했어요. 그리고 비가 오는 날 실버는 나가서 반짝이고 매끄러운 조약돌을 주웠어요. 그리고 비가 너무 차가워서 조약돌을 쥔 채로 말했어요.
"비가 그쳤으면 좋겠네."
그러자 비가 뚝 그쳤어요. 젖어 있는 곳도 없었어요. 실버는 너무 신기했어요. 그래서 그 조약돌을 요술 조약돌이라고 믿게 되었어요. 다시 조약돌을 들고 실험을 해 보았어요.
"비야 마구 쏟아져라."
그렇게 했더니 비가 주룩주룩 쏟아졌어요. 동화 속에서는 정말 신기한 일이 많이 일어납니다. 생각도 못한 일이 벌어지기도 하고 무서운 일이 벌어지기도 하지요. 정말로 그런 일들이 우리 주변에서 벌어진다면 얼마나 좋을까요? 신나게 장난치다가 혼이 날 때면 감쪽같이 사라지는 일이 정말 벌어지면 어른들은 깜짝 놀라겠지요. 실버처럼 조약돌을 주워서 주문을 외우게 된다면 무슨 소원을 빌까 생각해 봤어요.

"저를 세상에서 제일 영리하고 똑똑한 사람으로 만들어 주세요."

저는 그렇게 말할 것 같아요. 제 소원이 이뤄진다면 좋겠습니다. 그러면 우리 나라를 부자 나라로 발전시켜 놓을 수 있으니까요.

집에 들어가려고 딸기 언덕을 지나가고 있는데 사자 한 마리가 실버를 노려보고 있었어요. 그래서 실버는 조약돌을 들고 자기를 집에 데려다 달라고 말하려다가 그만 말을 잘못하고 말았어요.

"나를 바위로 만들어다오."

정말 큰 실수를 한 것이지요. 너무 겁이 났기 때문에 그렇게 한 거예요. 그러자 사자는 가 버렸어요. 바위로 변해 버린 실버를 보고 사자도 정말 당황했을 것입니다.

그 뒤로 실버는 바위 그대로만 있어야 됐어요. 왜냐하면 손에 조약돌을 갖고 있지 못했기 때문이에요.

좋은 것을 갖게 되면 나쁜 일도 생긴다더니 실버도

그렇게 되었어요. 실버는 누군가 도와 주지 않으면 안 되는 바위가 된 채 지내야 했습니다.
 실버 아빠, 엄마는 실버를 찾아다니느라 정신이 없었어요. 마을에 있는 사냥개까지 동원해 보고 경찰에게도 부탁하고 마을 사람, 아이들을 동원해 보았지만 찾지 못하였어요. 그리고 여름, 가을, 겨울이 지나 봄이 왔어요.

어느 날 아빠는 엄마를 위로하기 위해 딸기 언덕으로 소풍을 갔어요. 그리고 바위가 있는 곳에 자리를 잡고서는 조약돌을 주워 바위 위에 올려놓았어요. 실버는 조약돌이 자기 등에 있다는 것을 알고 소원을 빌었어요.

"나를 당나귀로 다시 변하게 해 다오."

그러자 바위는 당나귀 실버로 돌아왔어요. 엄마, 아빠, 실버는 너무 기뻐 어쩔 줄 몰랐어요. 그리고 집으로 돌아오면서 실버는 그 동안 있었던 일을 부모님께 얘기하였답니다.

엄마, 아빠가 아니었으면 실버는 바위가 되어 계속 그렇게 살았을 거예요.

부모님들은 정말 요술쟁이 같아요. 자식이 뭘 필요로 하는지 다 아나 봐요.

우리 엄마도 제 얼굴만 보고 기분이 좋은지 나쁜지 다 알거든요.

실버가 다시 부모님을 만나서 다행이에요. 다시 당나귀 실버로 돌아와서 더 좋구요. 앞으로 실버는 아무리 당황스러워도 "바위로 만들어 다오."라고 하지는 않을 거예요.

# 착한 마음씨를 가진 아저씨

|김은비|
〈엿장수〉를 읽고

제가 이 책을 읽고 독후감을 쓰게 된 이유는 착한 마음씨를 가진 엿장수 아저씨가 너무 좋았기 때문입니다.

지금은 엿장수 아저씨를 별로 볼 수 없습니다. 우스꽝스럽게 옷을 입고 찰칵거리며 가위질하는 아저씨들의 모습을 시장에서 가끔 볼 뿐입니다. 이 책의 엿장수 아저씨처럼 병이나 종이까지 받는 엿장수는 아닙니다. 돈을 받고 엿을 주는 엿장수입니다.

우리 엄마, 아빠도 옛날에 엿장수 아저씨한테 빈 병이나 숟가락 부러진 것, 떨어진 신발을 갖다 주고 엿을 바꿔먹었다고 합니다. 이 책의 아이들도 그렇게 엿을 얻어먹습니다.

해님이 활짝 웃는 아침나절입니다.

"엄마, 엄마!"

무슨 일일까요? 정아가 큰 소리를 치면서 들어오는 걸 보면 무슨 일이 있나 보죠?
"엄마, 엿 사 주세요. 엿장수 아저씨가 왔어요!"
"다 큰 아이가 무슨 엿이니?"
아, 엿이군요. 참 맛있겠어요. 그런데 정아 어머니께서 쉽게 사 주실 것 같지 않습니다. 단 음식을 많이 먹으면 이가 썩으니까요. 우리 엄마도 사탕이나 과자를 못 먹게 하십니다.
엿장수 아저씨께서 손수레를 끌고 막 문 앞을 지나갑니다. 정아와 정아 친구들이 떼를 지어 따라갑니다.
"아저씨, 엿 좀 주세요."
아이들은 아저씨를 따라다니며 장난을 칩니다. 빈손을 내밀며 장난을 칩니다.
"에끼 이놈들, 어디서?"
버릇이 없는 아이들인 것 같아요. 아무리 장난이라고 하지만 너무 한 것 같아요. 나이가 많으신 분인데 놀리다니요. 정말 버릇이 없어요.
엿장수 아저씨께서는 짐짓 화가 나신 듯 손수레를 놓고 쫓아갑니다.
"엿장수 아저씨 화났네, 머리끝까지 화났네."
아이들은 계속 아저씨를 놀립니다.
엿장수 아저씨께서는 인정이 많으신 것 같아요. 참

착하시잖아요. 더 이상 화를 내지 않고 허허 웃어 버립니다. 이 동네 저 동네 다니다 보면 개구쟁이 애들을 정말 많이 만날 거예요. 그래서 아저씨는 아이들이 밉지 않을 것입니다.

엿장수 아저씨께서 외치는 소리를 듣고 아이들이 또 모여듭니다.

아무리 착한 엿장수 아저씨라 하지만 심한 장난을 못 참으실 것 같은데도 꾹꾹 참으시나 봐요. 정말 아저씨가 화를 낼까 봐 제 가슴이 조마조마했습니다.

"이 돌멩이는 깨어지지 않으니 많이 주세요."

"아저씨, 이 나뭇잎은 조금만 찢어진 거니까 반 가락만 주세요."

아이들은 사금파리, 나뭇가지들을 저마다 엿장수에게 던져 놓고 뺑소니를 칩니다.

저는 저를 약올리고 내빼는 아이들이 제일 싫어요. 자기들은 재미있을지 모르지만 당하는 사람은 얼마나 괴롭다구요.

정아가 도망가다 넘어졌습니다.

"요놈, 잘 잡혔다."

아저씨 손에 정아가 잡혔네요. 아주 큰 벌을 받아야 해요. 그렇게 엿장수를 놀렸으니 말예요.

정아는 끌려가지 않으려고 발버둥을 칩니다.

"이놈, 가자. 힘도 세구나."

엿장수 아저씨께서는 한 손으로는 정아의 덜미를 잡고 한 손으로는 엿 목판 뚜껑을 엽니다.

"이 녀석, 이건 벌이다. 옛다."

뜻밖에도 아저씨는 정아한테 엿가락을 주는 것이었어요. 정말 인자한 아저씨죠?

아저씨께서 아이들에게 벌은 주지 않고 엿을 친구들과 나눠 먹으라고 세 가락이나 주셨어요.

정말 착한 분이에요. 제가 엿장수였다면 따끔하게 혼내 주고 돌려보냈을 거예요.

"정아야, 이걸로 엿을 더 사서 아이들과 나누어 먹어라."

어머니께서 모든 것을 알아차리고 고무신, 빈 병, 떨어진 옷을 한아름 건네줍니다.

엿장수 아저씨께서는 싱글벙글 기분이 좋아서 엿을 많이많이 주셨습니다. 손수레를 끌고 가는 엿장수 아저씨의 뒷모습은 흥에 겨워 있었습니다.

저도 엿장수 아저씨처럼 아주 착한 사람이 될 거예요. 그러면 아이들에게 좋은 모습을 보여 줄 수 있잖아요. 내 욕심만 부리면 엉덩이에 혹이 난다고 했어요. 혹은 아마 마음속에 날 거예요.

# 말자는 어떤 아이일까?

|김정희|
〈말자야, 왜 우니?〉를 읽고

 '말자야, 왜 우니?' 라는 이 책의 제목은 말자가 친구들에게 놀림을 받고 슬퍼서 운다는 내용일 것이라는 느낌이 들었다. 시작부터 무슨 일이 벌어질 것만 같은 예감이 들었던 것이다. 그래서 얼른 책을 읽었다.
 말자는 초등 학교 2학년 아이이다. 어린 나이라 그런지 철이 없어서 아이들과 싸우기도 잘 한다. 남자아이들과 싸워서 이기는 말자를 아이들은 싸움대장이라고 부르기도 한다.
 말자는 집안에서 막내이다. 속상한 일이 있을 때는 그냥 울지 않고 누가 자기를 건드리면 다리 뻗고 울어버린다. 오빠가 꼬집었다고, 언니가 때렸다고, 이 핑계 저 핑계 대면서 운다. 그래서 말자는 집에서 울보 말자라는 별명을 가지게 되었다.
 그렇지만 어떤 때 말자는 무척 어른스러워 보인다.

속이 깊은 것을 보여 주기도 하고, 정이 많은 것을 보여 주기도 한다. 그러면서도 친구들과 자주 다툰다. 어떤 때는 자존심 때문에 동수와 싸우다가 동수 코피를 터뜨린 적도 있다.

말자는 효녀로도 변신이 가능한 아이인 것 같다. 아픈 아버지를 위하여 뱀도 잡아와 고아 드리기도 하고, 미나리도 캐다가 드리고, 아버지 좋아하는 막걸리도 사 드리니 말이다.

운동회 때 바늘에 실 꿰기라는 종목의 달리기를 해야 했다. 하지만 말자는 눈이 나빠서 바늘에 실을 꿸 수 없었다. 아버지께서 말자에게 실을 꿴 바늘을 갖다 주었다. 아무도 모르게.

말자는 그래서 일등을 하였다. 그렇게까지 해서 일등을 하고 싶을까? 하지만 꼭 일등을 해서 아버지를 기쁘게 해 드리고 싶다는 그 효성은 어린아이로서 대단한 것이 아닐 수 없다. 말자는 이것저것을 다 갖춘 아이일지 모른다는 생각이 들었다.

말자 아버지의 병세는 더욱 나빠졌다. 말자가 아버지께 돌아가시지 말라고 울 때 아버지는 말자를 위해서라도 죽지 않겠다고 말했다. 하지만 그런 말자를 놔두고 아버지는 세상을 떠나셨다. 아버지는 돌아가시면서까지도 말자에게 좋은 아버지가 되었다.

꿈에 나타난 아버지는 말자에게 울지 말고 밝고 명랑하게, 씩씩하게 자라라고 말씀하셨다. 말자는 아버지를 위해 감을 익혀 놓았다며 드시고 가라고 한다. 그리고 깨어나 장독으로 달려갔다. 거기에는 감이 없었다. 하늘을 바라보니 아버지께서 환한 얼굴로 말자에게 감 잘 먹었다고 하시는 것 같았다. 말자는 그것이 정말인 줄 알고는 기뻐한다.

어떻게 보면 말자는 순진한 구석이 있다. 돌아가신 아버지가 어떻게 감을 먹을까? 하지만 정말 아버지가 먹었다고 생각을 하니 순진한 게 분명하다.

말자는 착한 아이이다. 순진하기도 하고, 고집불통에 울보에 싸움대장이기까지 한 말자이지만 효녀이기도 하다. 말자에게는 배울 것이 많다. 부모에 대한 효심, 순진함, 거기에다 착하기까지 한 말자는 나의 머릿속에 오래 남아 있을 것이다.

# 불평 많은 아기 코끼리

|김정아|
〈금빛 날개를 단 아기 코끼리〉를 읽고

　우리들은 불평을 자주 합니다. 마음에 안 들면 불평하고, 반찬이 맛없어도 불평을 합니다. 부모님이 얼마나 힘들어하시는지 알면서도 마음에 안 들면 짜증부터 내지요. 이 책에 나오는 아기 코끼리도 불평 불만이 많습니다. 그렇지만 나중에는 자기가 얼마나 행복한 코끼리인지를 깨닫고 반성합니다.
　아기 코끼리는 자기가 못생겼다고 불평을 했습니다.
　'쓸모 없이 몸뚱이는 왜 이렇게 클까?'
　'다리는 이렇게 굵어서 무얼 해?'
　"어유, 이 기다란 코는 보기만 해도 징그럽고, 게다가 이 큰 귀는……."
　아기 코끼리는 다른 짐승과 같이 잘 뛰어다닐 수도 없고, 새처럼 하늘을 날아다닐 수도 없는 제 꼴이 이 세상에서 제일 못났다고 늘 투덜대기만 했습니다.

코끼리가 뭐 어때서? 나는 코끼리가 제일 귀엽던데…….

아마 코끼리는 자기 자신이 얼마나 귀여운지 전혀 깨닫지 못하는 모양입니다. 저도 불만을 터뜨릴 때가 있지만 사람으로 태어나서 싫다는 생각은 한 번도 안 했습니다.

우리 아빠, 엄마 딸로 태어난 것이 참 행복합니다. 아기 코끼리도 그렇게 생각했다면 어려움을 안 당했을 겁니다.

그러던 어느 날, 아기 코끼리는 사냥꾼을 피해 도망가느라고 이리저리 달아났습니다.

아기 코끼리는 몸집이 작아서 바위 뒤에 숨을 수가 있었습니다.

'저게 뛰어가는 거야? 걸어가는 거지.'
'저렇게 생겨서 새처럼 날아가지도 못하고.'
'긴 코 때문에 앞도 보이지 않는가 보지?'

자기도 저 코끼리들과 같은 것이라고 생각하니 코끼리로 태어난 것이 원망스러웠습니다. 그래서 아기 코끼리는 엄마도 찾으려고 하지 않았습니다. 엄마가 달아난 곳을 알면서도 반대쪽으로 걸어가기 시작했습니다.

'저런, 그러다가 길 잃어버리면 어떡하려고 그러지?'

저는 걱정이 태산이었습니다. 부모님 곁만큼 편한 곳은 없는데 엄마 곁을 떠나는 아기 코끼리가 바보 같았습니다.

어느덧 해가 지고 캄캄한 밤이 되었습니다. 온몸은 땀으로 범벅이 되어 있었습니다. 아기 코끼리는 하는 수 없이 숲에서 밤을 보내야 했습니다. 꿈을 꾸었습니다.

갑자기 환한 빛과 함께 큰 물 웅덩이에서 수염을 길게 늘어뜨린 도사 한 분이 나오시더니 이렇게 말합니다.

"네가 원하는 것을 나는 다 알고 있단다. 그것을 이루려면 착한 일을 해야 하느니라. 한 가지 착한 일을 할 때마다 너의 소원은 한 가지씩 이루어질 것이다."

비록 꿈이었지만 아기 코끼리는 너무도 기뻐서 어쩔 줄을 몰랐습니다. 아기 코끼리가 착한 일을 하려고 생각하고 있을 때입니다.

"나 좀 살려 주세요!"

그런 소리가 들렸습니다. 커다란 구렁이 한 마리가 새의 날개를 물고 막 삼키려 하고 있었습니다. 코끼리는 구렁이의 머리를 큰 발로 꾹 눌렀습니다. 구렁이가 쭉 뻗는 순간 새는 하늘로 날아갔습니다.

"고맙다, 아기 코끼리야! 그 대신 너에게 날개를 달

아 주지."

아기 코끼리는 신이 났습니다. 그러나 몸집이 무거워서 날 수는 없었습니다.

얼마를 가다 보니 어디에선가 신음소리가 들려 왔습니다.

"살려 주세요!"

깊은 함정 속에 빠진 사슴 한 마리가 발버둥을 치고 있었습니다.

아기 코끼리는 긴 코를 함정 속에 넣어서 사슴을 꺼내 주었습니다.

"아기 코끼리야, 고맙다. 그 대신 날씬한 다리를 가져라."

그 큰 몸집에 다리가 날씬하면 어떻게 해요? 무거운 몸무게를 어떻게 지탱할까요?

그 때, 난데없이 천둥이 치더니 커다란 고목나무가 지나가던 기린 한 마리를 덮쳤습니다.

아기 코끼리가 큰 몸으로 나무 둥치를 밀어내 주었습니다. 기린은 아기 코끼리에게 빨간 나무 열매 세 알을 주면서 먹어 보라고 하였습니다. 아기 코끼리의 다리에 힘이 오르기 시작했습니다. 날개도 힘이 넘쳤습니다.

아기 코끼리는 생각만 해도 신이 났습니다. 어서 날

고 싶었습니다.

커다란 독수리 한 마리가 머리 위를 날고 있었습니다.

'옳지, 저 독수리처럼 날개를 아래위로 힘차게 퍼덕이면 날겠구나!'

아, 이게 웬일입니까! 아기 코끼리가 서서히 하늘로 날아오르기 시작하였습니다. 누가 보아도 신기한 일이 아닐 수 없었습니다.

동물원에 가면 코끼리를 많이 봅니다. 그 코끼리 중에서 하늘을 나는 코끼리가 있다고 생각해 보세요. 얼마나 웃기겠어요. 저는 아기 코끼리가 너무 걱정이 되었습니다. 정말 철이 없는 코끼리입니다.

그러던 어느 날이었습니다.

하늘 위에서 내려다보니 코끼리 떼들이 어슬렁어슬렁 풀밭을 거니는 것이 보였습니다.

아기 코끼리는 그 모습을 보면서 차라리 새가 된 것이 좋다고 생각하였습니다.

아기 코끼리는 한참을 날아갔습니다.

황새가 날아다니는 것을 보았습니다.

황새들은 저마다 놀려 주었습니다.

"난 새란 말이야!"

"그렇다면 어디 우리를 따라와 봐."

아기 코끼리는 황새의 놀림에 화가 났습니다.

"누가 못할까 봐. 문제없어!"

아기 코끼리는 죽을힘을 다하여 높이높이 날아올랐으나 어림도 없었습니다.

아기 코끼리는 풀밭에 떨어졌습니다.

그런데 이게 어찌된 일입니까?

금빛 날개와 날씬한 다리가 없어졌습니다. 꿈을 꾸었던 것일까요?

"아가, 이게 어찌 된 일이냐? 이 엄마가 너를 찾느라고 얼마나 고생을 했는지 아니?"

아기 코끼리는 엄마를 보자 왈칵 눈물이 쏟아졌습니다. 사방에서 코끼리들이 모여들어 아기 코끼리를 따뜻하게 맞이해 주었습니다.

'아, 내가 정말 어리석은 꿈을 꾸었구나!'

"엄마, 제가 잘못 생각했어요. 다시는 그런 어리석은 짓을 하지 않을 거예요."

엄마 코끼리는 그제야 마음이 놓이는 듯 얼굴이 환하게 밝아졌습니다.

사람은 만족할 줄 알아야 해요. 그래야 자기도 편하고 남도 편해요. 아기 코끼리가 이제부터 코끼리가 된 것을 행복해 하며 살았으면 좋겠습니다.

# 착한 언니 몽실이

|안지현|
〈몽실 언니〉를 읽고

학교 선생님께서 독후감을 쓰라고 하셨다. 무엇을 읽을까 하다가 〈몽실 언니〉를 읽기로 했다. 〈몽실 언니〉는 예전에 텔레비전에서 연속극으로 보여 준 적이 있다. 나는 못 봤지만 재미있었다고 한다.

몽실이는 아버지 정씨와 어머니 밀양댁과 오순도순 정답게 살았다. 그렇지만 행복은 길지 못했다. 몽실이 부모님이 이혼을 하신 것이다. 요즈음은 이혼을 많이 한다고 한다. 다행히 우리 주변에는 이혼한 집이 별로 없다. 몽실이의 슬픔이 얼마나 컸을까. 내 가슴이 아팠다.

몽실이의 불행은 거기서 끝나지 않았다. 엄마가 재혼을 하신 것이다.

어린아이니까 마음이 아프지 않을 거라고 생각했을까. 몽실이 엄마가 그렇게 쉽게 재혼을 한 것이 이해

되지 않았다. 소꿉놀이하던 것을 챙겨 들고 엄마 따라가는 몽실이 모습이 너무 가여웠다.

그렇게 해서 몽실이는 새 아버지 집에서 살게 된다. 아무리 힘들어도 불평할 줄 모르는 몽실이의 행동이 대견스러웠다. 작은 일에도 불평만 하는 나 자신이 부끄러웠다.

몽실이에게 새 동생이 생겼다. 누나가 된 것이다.

저번에 학교에서 캠프를 간 적이 있었다. 여름이라서 모기한테 시달렸다. 집이 너무 그리웠다. 그래도 하루가 지나면서 조금 익숙해졌다.

몽실이도 새아버지 집에서 조금 익숙해질 무렵 다시 집을 떠나야 했다. 고모가 데려간 것이다. 몽실이는 다시 아버지 집으로 돌아와 새어머니를 맞았다. 하지만 새어머니 북촌댁도 아기를 낳다 죽었다. 아기 이름은 난남이라고 지었다. 난리 통에 태어났기 때문에 그렇게 지은 것이다. 아버지도 전쟁터로 나갔다.

무사히 돌아온 아버지를 보면서 몽실이는 무슨 생각을 했을까. 더 이상 불행하지 않아도 될 것이라고 생각했을지 모른다. 하지만 아버지마저 돌아가시고 말았다.

몽실이의 슬픔을 생각하니까 눈물이 나왔다. 부모를 다 잃고 난남이와 단 둘이서 살아야 하다니 불쌍하다는 생각밖에 안 들었다.

댓골 어머니도 아기를 낳다가 심장병으로 죽고……. 왜 그렇게 많은 어른들이 죽어 갔을까. 몽실이를 도와 줄 수 있는 어른들은 모두 세상을 떠나고 말았다.

30년 뒤, 몽실이는 옛날보다 좋은 집도 가졌고 재산도 가졌다. 하지만 여전히 콩나물 장수를 했다. 처음부터 끝까지 구걸을 하거나 거지처럼 생활하니 너무 가여웠다.

몽실이는 등이 구부러진 곱추와 결혼을 했다. 몽실이도 절름발이인데 곱추와 결혼을 하다니 조금 속상했지만 다행스럽기도 했다. 끊임없이 고생만 했던 몽실이가 그렇게라도 가정을 꾸리는 것이 좋았기 때문이다.

그 때는 나라 전체가 가난했다. 요즘은 많이 넉넉해졌다. 그래도 몽실이처럼 사는 사람은 지금도 어딘가에 있을 것이다.

하지만 불행을 힘들게만 받아들이면 더 불행할 것이다. 불행을 이겨내고 명랑하게 산다면 더 행복한 사람이 될 것이다.

# 아빠의 실수

|윤수정|
〈잘못된 선물〉을 읽고

이 책은 글짓기 학원에서 우연히 보게 된 것이다. 학원에는 책이 많다. 책이 많아도 뭘 읽을까 찾다 보면 재미있는 책은 별로 눈에 띄지 않는다.

그래서 이것저것 들춰보다 〈잘못된 선물〉이라는 책을 골랐다. 선물은 다 좋은데 뭐가 잘못되었을까 궁금했기 때문이다. 나는 선물이라면 어떤 것도 좋을 것 같은데 말이다.

이 책의 내용은 딸 선아를 위해 아빠가 매미 한 마리를 선물로 사 오는 것에서부터 시작된다. 아빠는 선아가 평소에 음악을 좋아하기 때문에 매미 선물을 좋아할 거라고 생각했다. 매미는 언제나 즐겁게 노래를 부르니까.

아빠는 즐거운 마음으로 집을 향해 걸어갔다.

딩동, 하는 소리에 선아와 엄마는 반갑게 문을 열어

주었다. 아빠는 신이 나 선아에게 들고 온 매미를 선물로 주었다. 하지만 선아는 시무룩해 하며 선물을 받지 않았다. 그리고 점점 화를 내는 것이었다. 나중에야 선아가 화를 내는 이유를 알 수 있었다.

매미는 노래에 넋을 잃어서 일하는 것도 잊고 노래만 부르다 죽은 사람이었다. 여신이 그걸 가엾게 여겨서 평생 아무 것도 먹지 않고 노래만 부를 수 있는 매미로 태어나게 해 줬다는 것이다.

매미가 사람이었다는 이야기는 나도 처음 들었다. 매미가 게으름뱅이 사람이었다니 신기하기도 했다. 그리고 아하, 그렇구나! 하는 소리가 저절로 나왔다.

아버지는 사랑스런 딸 선아의 나이와 매미의 나이가 비슷하다는 것을 깨달았다. 그러면서 아버지는 왜 선아가 화를 냈는지 이해했던 것이다.

이 책을 읽고 나서 세상의 모든 아버지들이 자식을 얼마나 사랑하는지 알았다.

선아가 매미를 받고 기뻐할 것만 생각한 아버지가 조금 불쌍했다. 선아도 아무리 매미가 싫더라도 아빠를 생각해서 그냥 아무 말 없이 즐겁게 선물을 받아 주었더라면 좋았을 것 같다.

아마 선아도 먼 훗날 아버지의 사랑을 왜 받지 않았을까, 하고 후회하게 될 것이다. 아버지가 주신 선물을 받고 나중에 몰래 날려보냈으면 좋았을걸 하고.

 책은 참 많은 것을 우리에게 알려 주는 것 같다. 매미가 내 나이와 비슷하다는 사실을 이 책이 아니었다면 나는 아마 평생 알지 못했을 것이다. 작년에 잡아서 죽인 매미들에게 굉장히 미안하다는 생각도 든다.

# 기홍이의 가게

|이수미|
〈사람 없는 가게〉를 읽고

동네마다 상점이 있다. 우리 동네에도 있다. 더우면 아이스크림을 사 먹을 수도 있고 엄마가 두부를 사 오라고 하면 얼른 달려가 두부를 살 수 있다. 동네에 있는 상점은 우리에게 여러 가지로 도움을 주는 곳이다. 이 책의 '기홍 식품'도 그런 곳이다.

방학이라 아주 조용한 골목에 '기홍 식품'이라는 가게가 있다. 기홍이네 가족은 세 명이다. 엄마, 기홍이, 누나, 이렇게 산다. 엄마는 외할머니가 아프셔서 외가에 가시고 누나는 공장에 가고 없었다.

가게를 볼 사람이 없어 3학년인 기홍이가 가게를 보게 되었다. 자주 해본 일이라 이제는 물건의 값도 거의 외우고 있고 계산도 잘 한다. 잘 모르는 물건의 값은 엄마께서 써 주신 것을 보면 된다. 가게를 잘 보면 엄마가 사탕 다섯 개를 주기로 약속했던 것이다.

나도 동생을 잘 보면 엄마한테 상을 받는다. 아이스크림도 사 주고 안아 주시기도 한다. 그럴 때면 얼마나 뿌듯하고 기분이 좋은지 모른다. 내가 부쩍 어른이 된 기분이다.

동생이랑 싸우고 나면 정말 화가 난다. 엄마한테 혼나는 건 언제나 내가 되기 때문이다. 그럴 때면 나는 어린애가 되는 기분이다. 싸운 원인은 언제나 시시하다. 정말 나중에 생각해 보면 별것도 아니다. 그래서 요즘에는 안 싸우려고 노력하는 중이다.

손님은 오지 않고 친구들은 방학이라 다른 곳에 놀러 가고 기홍이는 너무 심심했다. 당연하다. 겨우 3학년인데 꼼짝없이 가게에 붙잡혀 있으니 정말 답답할 것이다. 심심한 기홍이는 사탕을 먹는다. 사탕을 다 먹고 나니 또 심심해졌다.

오늘은 팽이 돌리기가 아주 잘 된다. 팽이놀이를 하고 있는데 골목길로 어떤 아이가 막 뛰어 왔다. 수아다. 기홍이는 그 때부터 장난을 하기로 마음먹었다. 돈을 놓고 원하는 물건을 가져가게 하는 것이다.

'사람 없는 가게'라고 크게 써서 붙였다. 가격을 붙여 놔서 주인이 없어도 얼마든지 물건을 사갈 수 있게 하였다.

나는 걱정이 되었다. 물건 중에 마음에 드는 것이 있

으면 훔쳐 가고 싶을 텐데 어떻게 하지? 하고 생각했던 것이다.

기홍이는 몰래 숨어서 가게를 찾아오는 손님을 관찰하였다. 모두들 양심껏 돈을 내고 물건을 가져갔다. 심심해서 시작한 장난인데 기홍이 가슴이 몹시 두근거렸다.

"돈을 내지 않고 그냥 물건을 가져가는 것은 강도나 하는 짓이야."

아이들은 그렇게 말하며 돈을 내고 사탕을 집어가거나 공책을 집어간다.

친구들이 착했다. 모두 양심적이었다.

"기홍이가 몰래 지켜보고 있는 것이 아니라 자신의 착한 마음이 자기를 지켜보고 있는 거야. 그 착한 마음은 구섭이뿐 아니라 한석이한테도, 종길이한테도, 연일이한테도, 그리고 나한테도 있어. 그러니까 기홍이가 생각해 낸 '사람 없는 가게'는 정말 멋있는 우리 동네의 자랑이야."

웅수가 하는 말을 들으며 기홍이는 어떤 생각을 했을까. 사람을 믿으면 좋은 일이 생긴다는 것을 깨달았을 것 같다.

그런 친구들이 모여 사는 그 동네는 정말 행복할 것이다. 기홍이도 그런 친구들이 고마워 사탕을 하나씩 선물로 주었다. 아이들의 맑고 깨끗한 동심이 담긴 가게를 보며 어른들도 많이 깨달았을 것 같다.

　우리 동네에도 '사람 없는 가게'가 있다면 좋겠다. 그러면 나도 당당하게 찾아가 돈을 놓고 물건을 사겠다. 주인이 감시하지 않아도 내 마음이 감시를 하고 있기 때문이다.

# 다정한 토끼들

|이기영|
〈홍당무〉를 읽고

　철수와 인성이는 만나기만 하면 싸웁니다. 서로 이웃인데도 아옹다옹 다투기만 합니다.
　오늘 시비를 건 사람은 인성이입니다.
　인성이가 괜히 철수에게 바보라고 놀렸지요. 그래서 철수가 화가 나 돌을 던져서 싸우게 된 것입니다.
　우리 또래 아이들은 싸우기를 잘 합니다. 그래도 1학년 애들보다는 덜 싸웁니다. 나이가 어릴수록 아이들은 별것 아닌 일로 다툽니다. 저도 어려서 싸움 대장이었습니다. 걸핏하면 애들과 치고 받고 싸워서 부모님의 속을 많이 상하게 해드렸지요. 다음에는 안 싸워야지 생각하고서도 꼭 싸울 일이 생기면 악착같이 덤빕니다.
　이 책의 철수와 인성이도 저와 같았을 것입니다.
　철수네와 인성이네는 무지무지 친한 사이인데 철수

와 인성이는 만나기만 하면 싸우고 울며 돌아옵니다. 인성이 엄마와 철수 엄마는 굉장히 속이 상했을 것입니다.

　게다가 철수와 인성이는 경쟁을 하고 있어서 철수가 만화책을 사면 인성이도 만화책을 사야 되고, 인성이가 공을 사면 철수도 사야 된대요.

　오늘도 철수는 인성이가 산 토끼를 사 달라고 엄마를 조르는 중입니다.

　엄마께서는 토끼장 청소, 먹이 주는 것을 철수가 해야 한다고 약속을 하고 애완용 토끼를 사 주셨습니다.

　철수 어머니나, 인성이 어머니나, 철수와 인성이가 자꾸 말썽을 피워서 골치가 아프실 것 같아요. 우리 엄마도 저와 제 동생이 싸우거나 말썽을 피울 때마다 굉장히 속상해 하시고 힘들어 하시거든요.

　그 후로 철수는 유치원에서 돌아오자마자 토끼를 찾고, 토끼와 함께 놀고 토끼의 시중을 들지요. 좋은 점이 생겼어요. 그 후로 철수와 인성이는 싸우지도 않고 유치원에서 흙투성이가 되어 돌아오는 일도 없어졌습니다.

　그러니까 토끼들이 텔레파시로 철수와 인성이의 마음을 돌려놓은 것 같네요. 착하게 자라야 된다구요.

　그러던 어느 날 토끼장에 있어야 할 토끼가 없어졌

어요. 철수는 울며 토끼를 찾았습니다. 인성이도 토끼가 없어졌다며 울상을 짓습니다.

두 사람은 토끼가 채소를 좋아한다는 걸 알고 채소밭으로 달려갔습니다. 철수와 인성이는 좀 떨어진 밭으로 가서야 토끼를 찾을 수 있었습니다. 토끼 두 마리는 누군가 버린 홍당무를 사이좋게 나누어 먹고 있었습니다.

철수는 슬그머니 인성이의 얼굴을 보았습니다. 인성이가 웃자 철수도 싱긋 웃습니다.

토끼 두 마리가 인성이와 철수를 착한 어린이로 만들어 준 것 같습니다.

두 아이들은 말 못하는 토끼도 먹을 것이 있으면 서로 나눠 먹는다는 것을 깨달았던 것이지요. 앞으로 철수와 인성이는 어떻게 될까요? 아마 싸우지 않고 다정하게 지낼 것 같아요.

엄마들도 아이들이 싸우지 않아서 기쁠 것이구요. 작은 토끼 두 마리가 철수와 인성이를 위해 정말 좋은 일을 했습니다.

# 선생님을 기다리는 강훈이

|박설원|
〈선생님의 거울〉을 읽고

누구를 기다리는 일은 힘들어요. 친구가 안 와서 밖에 나가 기다려 본 적이 있어요. 외출하신 엄마도 기다려 봤구요. 기다리는 시간이 길어지면 화가 나요. 그렇지만 나중에는 걱정이 되기도 하지요. 혹시 무슨 일이 생긴 것이 아닐까 불안해지지요. 불안해 할 때 기다리는 사람이 도착하면 겉으로는 화를 내지만 속으로는 굉장히 반가워요. 이 책의 훈이도 그렇지요.

훈이는 마루에 가만히 앉아 있었어요. 대문 쪽에 귀를 기울이고 있었지요.

"딩동!"

벨 소리에 훈이는 얼른 뛰어나갔어요. 그런데 친구들이었어요. 훈이는 시무룩해집니다. 그림책을 펼쳐 보아도 재미가 없습니다. 훈이가 누굴 기다리느냐구요? 유치원 선생님이에요. 선생님께서 훈이 집에 놀러

온다고 하셨거든요.
 시간이 지날수록 마음이 초조해졌어요. 선생님께서 오시지 않기 때문이에요.
 "엄마, 몇 시예요?"
 "두시란다."
 선생님께서 집을 못 찾으시나 봐요.
 "딩동…… 편지요."
 이번에는 우체부 아저씨예요.
 훈이는 편지를 발로 찼어요. 정말 화가 난 것이지요.
 계속 선생님께서 오시지 않고 다른 사람들만 오기 때문에 화가 났지요. 훈이는 선생님이 약속을 잊어버렸다고 생각한 것 같아요. 가끔 어른들은 약속을 해 놓고도 잊어버리기를 잘 하거든요. 우리 부모님은 우리들하고 한 약속을 잘 지킵니다. 그런데 가끔 잊어버리실 때도 있어요. 그러면 정말 화가 나지요.
 "선생님이 우리 집을 모르시나 보다."
 엄마가 훈이를 달랩니다.
 "선생님은 요술 거울이 있어서 다 알아요."
 "딩동!"
 문 사이로 보았더니 선생님 같았습니다.
 "안녕, 선생님!"
 훈이가 소리쳤어요. 그런데 이번에는 또 이모였어

요.

　이모와 어머니는 웃음을 참았어요. 씩씩대며 화를 내는 훈이가 귀여웠을 거예요.

　훈이는 어머니께 백묵을 달라고 했어요. 그리고 대문에 이렇게 썼어요. 강훈, 강훈, 강훈…… 훈이는 선생님이 집을 못 찾고 있다고 생각했거든요. 어린아이가 참 좋은 생각을 했지요?

　그 때, 누군가 등뒤에서 눈을 가렸어요.

　"훈아, 누군지 알아맞혀 봐."

　"선생님!"

　드디어 선생님께서 오신 거예요. 훈이는 기뻐서 방긋 웃습니다.

　기뻐서 어쩔 줄 모르는 훈이 모습이 보이는 것 같았어요. 훈이는 선생님이 꼭 약속을 지킨다는 것을 알고 있었지요. 그래서 혹시 집을 못 찾으실까봐 그렇게 벽이며 대문에 이름을 써놓은 것이지요.

　어린이 세계가 왜 아름답다고 어른들이 말씀하시는지 알 것 같습니다.

# 혜순아, 왜 우니?

|이영선|
〈다리 부러진 인형〉을 읽고

'다리 부러진 인형'

우리 또래 여자아이들은 이제 인형 따위는 갖고 놀지 않는다. 토끼나 곰, 혹은 예쁜 바비 인형을 가지고 다니는 아이들을 보긴 하지만 그 아이들은 우리보다 훨씬 어린아이들이다. 그래서 나는 예전 내가 가지고 놀다 잃어버린 인형을 떠올리며 이 글을 읽었다.

이야기는 혜순이가 학교에서 돌아와 느닷없이 울음을 터뜨리는 것으로부터 시작된다. 혜순이는 학교에서 오자마자 울음을 터뜨리며 엄마를 놀라게 했다.

"왜 우니?"

엄마가 물었지만 혜순이는 아무 말도 하지 않았다. 한참 후에야 엄마는 혜순이가 아끼는 인형이 망가진 것을 알아차렸다. 아마 책상 위에 얹어 놓은 것이 떨어지면서 다리가 부러진 모양이었다. 엄마는 붕대로

아기를 치료하듯 인형의 다리를 감아 준다.

혜순이가 울음을 터뜨린 것은 인형 다리가 부러져서 우는 것만은 아닐 것이다. 인형 다리가 부러지면서 얼마나 아팠을까 생각하고 울었을 것이다. 내가 몸이 아프면 우리 가족은 모두 걱정한다. 그 중에서도 엄마가 제일 걱정을 많이 하신다. 혜순이도 엄마 같은 마음으로 울었을 것이다.

"우리들 사람도 살아가는 동안에 이 인형처럼 몸을 다친단다."

엄마는 그렇게 말씀하셨다. 혜순이는 그 말을 듣고 여러 질문을 했다. 엄마는 병이 나도 아프지만 마음이 괴로워도 아프다는 설명을 해 주셨다.

"혜순이도 이 다음에 커서 어른이 되면 더 잘 알게 된단다."

그 말속에는 먼 훗날 어른이 된 혜순이의 모습을 떠올리게 한다. 자기가 낳은 딸의 인형을 고쳐 주면서 오늘 엄마에게 들은 말을 기억하게 될 것이다. 그리고 혜순이는 그 인형을 더욱더 아끼고 보관을 잘 할 것이다.

"인형이 아파하면 꼭 안아 주어라. 혜순아, 엄마가 시원한 거 갖다 줄게."

나는 혜순이 엄마 말씀을 듣고 철부지 내 행동을 후회했다. 언제나 내 고집만 피우고 뭐든지 나부터 생각하는 버릇을 고쳐야겠다는 생각을 했다.

우리는 언제까지나 인형을 갖고 노는 어린아이가 아니다. 언젠가는 엄마가 되어 병든 딸과 아들을 치료해 줘야 한다.

혜순이가 더욱더 착한 아이가 되었으면 하는 마음이 든다. 인형을 좋아하는 혜순이의 마음이 더 커다랗게 자라서 온 세상을 사랑하는 마음이 되었으면 좋겠다.

# 꽃 마당을 떠나가는 날

|박설원|
〈이사 가는 날〉을 읽고

　책꽂이에서 〈이사 가는 날〉이라는 책을 발견했습니다. 이야기가 감동적이어서 읽은 뒤 독후감을 쓰기로 했습니다.
　독후감 쓰기가 점점 재미있습니다. 중요한 내용을 기억했다가 내 생각과 함께 적으면 꼭 일기를 쓰는 것 같거든요. 오늘은 다른 날보다 더 잘 써 봐야지, 생각하며 열심히 글을 읽었습니다.
　눈이 시리도록 푸른 하늘이 열려 있는 봄날입니다. 한 작은 집 뜨락에 개나리, 목련, 스노드롭, 팬지, 철쭉이 이제 곱게 피었어요.
　봄이 되면 세상은 정말 아름다워요. 아기 같아져요.
　우리 학교 담을 따라 자라는 개나리도 노랗게 피어나고 벚꽃, 진달래도 예쁘게 피어나거든요. 봄·여름·가을·겨울이 있는 우리 나라는 그래서 좋아요.

 "목련아, 지난 겨울엔 넌 우리보다 더욱 추웠을 거야. 울타리 밖까지 내려다보는 너의 키 때문에 말이야."

철쭉이 웃음 띤 얼굴로 말했어요.
저도 목련이 너무 추웠을 거라고 생각해요. 그렇지만 제가 목련이라면 키가 커서 좋아할 것 같아요. 저는 5학년인데 키가 작지요.

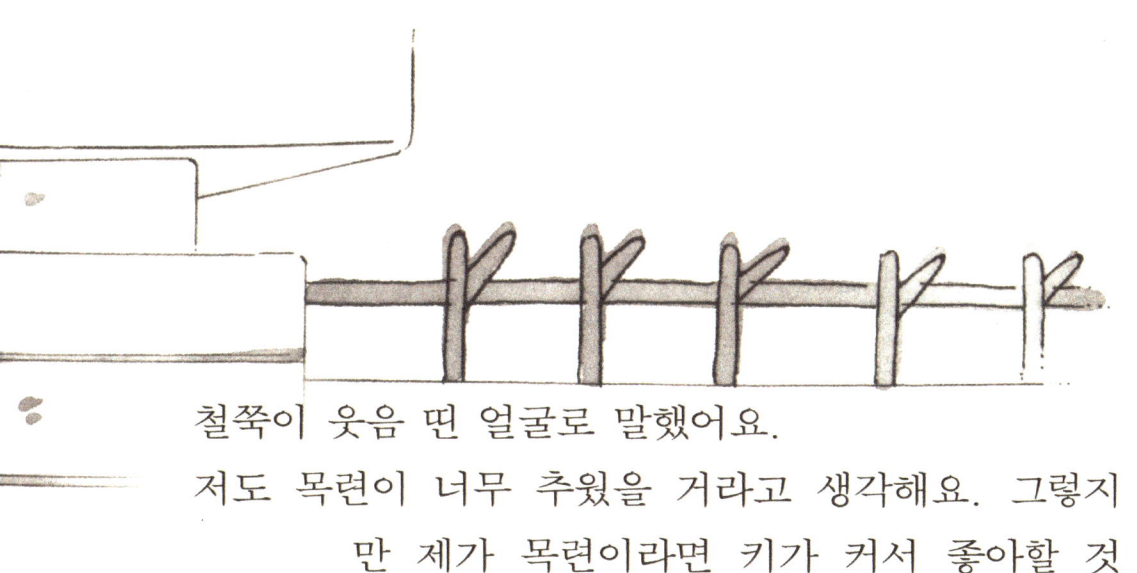

저는 키가 컸으면 좋겠는데 잘 안 커요. 엄마는 밥을 많이 먹으면 된다고 말씀하세요. 밥을 많이 먹으면 배만 부르지 키는 안 커요. 목련은 키가 커서 좋겠구나, 저는 목련이 정말 부러웠어요.

그런데 목련이 걱정스러운 얼굴로 말했지요.

"지난주에 어떤 아저씨가 왔었어. 새로 이사 오는 아저씨래. 혹시 이 집 아주머니께서 우리만 놔두고 이사 가시는 건 아닐까?"

"혹시 이사 온 사람이 안 돌봐 주면 나는 어떡하지?"

꽃들도 걱정이 되었어요.

제가 꽃이었다면 걱정이 많았을 거예요. 꽃에 물을 안 주면 꽃은 시들어 버리고 말 거예요. 저는 꽃을 키우려면 물을 잘 주어야 한다고 생각하거든요. 사랑도 듬뿍 줘야 하구요

그 때 아저씨가 오셨어요. 아주머니도 나오셨지요. 아주머니께서 말씀하셨어요.

"목련꽃이랑 저기 장미 나무와 철쭉을 캐 주세요."

아주머니네 이삿짐이 대문 밖 트럭에 거의 실려지고 있을 무렵이었습니다. 아주머니는 뜨락 앞으로 가만가만 다가와서 꽃나무 하나 하나를 오랫동안 바라보며 혼자말을 했습니다.

"새로 이사 가는 집은 뜨락이 너무 좁아 꽃나무들을

모두 옮겨가지 못해 섭섭하구나."

저도 아주머니처럼 꽃이랑 헤어질 때 슬프겠지요. 아마 꽃들도 아주머니와 헤어지는 것이 섭섭할 거예요.

아주머니는 다른 집으로 이사를 가셨지요. 다음날 새 주인이 왔어요. 그런데 아이가 셋이나 있었어요. 개구쟁이 아이들은 대문을 들어서자 개나리꽃을 아무렇지 않은 듯 마구 꺾어 놓았어요. 그 때 아이들의 어머니는 아버지에게 이렇게 말씀하셨습니다.

"훈이 아빠, 뜨락에 있는 이 꽃들을 모두 뽑아 버리고 거기에 채소를 심어야겠어요."

꽃들은 아이들 때문에 많이 다쳤지요. 그런데도 아주머니가 다 뽑고 채소를 심는다고 하니까 더 마음이 아팠을 거예요.

꽃들이 불쌍해요. 제가 꽃이었어도 사람들이 나쁘다고 원망했을 거예요. 이제부터라도 더욱 많은 꽃을 심고 나무도 심는 대한 민국 국민이 되었으면 좋겠어요.

저도 아파트 말고 단독 주택으로 이사 가면 마당에 꽃을 심기로 했어요. 아주머니처럼 말이에요.

# 고마워, 나무야!

|이수미|
〈아낌없이 주는 나무〉를 읽고

학원에서 독후감을 쓰게 되었다. 나는 여름 방학 때 샀던 〈아낌없이 주는 나무〉를 읽기로 하였다. 나무가 무엇을 아낌없이 줄 수 있을까, 먼저 생각하면서 책장을 넘겼다.

숲에 사는 소년이 있었다. 그 소년은 한 그루의 나무와 늘 같이 놀았다. 나무는 소년에게 미끄럼틀도 되어 주고 쉼터도 되어 주었다.

누구나 나무와 함께 쉬고 싶다는 생각을 한다. 공기 맑은 숲, 그리고 나무와 친구……. 만약 사람들 모두 그렇게만 살 수 있다면 세상은 훨씬 더 풍요로울 것이다. 미워하는 사람도 용서하게 되고 사랑하게 될 것이다. 나무가 항상 우리에게 도움이 되어 주는 것처럼.

소년은 점점 커서 결혼을 하게 되었다. 그래서 더 이상 나무와 놀 수 없었다. 나무를 잊고 행복하게 살았다.

소년은 어느새 아빠가 되었다. 우리도 자라면 결혼을 하게 되고, 엄마 아빠가 된다. 그러면 잊고 있었던 옛날 일이 몹시 그리울 것이다. 우리 엄마 아빠도 옛날 일이 그립다고 가끔 말씀하신다.
 어느 날 아빠가 된 소년은 나무를 찾아간다. 그리고

집이 되어 달라고 나무에게 부탁한다. 나는 나무의 몸이 잘릴까봐 걱정되었다. 나무가 잘려 집의 기둥이 되면 더 이상 살 수가 없기 때문이다. 가슴을 졸이며 나는 책장을 넘겼다.

나무는 집의 기둥이 되어 주었다. 정말 놀라웠다. 이제 밑동만 남았고, 가지는 모두 잘렸으면서도 전혀 원망하지 않는 나무가 위대해 보였다.

소년의 집이 되어 버린 나무는 이제 빈털터리가 되었다. 나무의 그런 모습을 보니 착하다 못해 바보 같다는 생각까지 들었다.

소년이 더 늙어서 나무를 또 찾아왔다. 얼굴에는 주름이 많았고, 또 흰머리도 많았다. 나무는 소년이 늙어 보이는 것이 정말 안쓰러웠다. 그래서 마지막까지 소년에게 무언가가 되고 싶었다.

나무는 소년에게 자기 몸에 앉으라고 하였다. 다 잘리고 밑동만 남은 자기 몸에 앉으라고 할 때 눈물이 날 것 같았다.

나무는 정말 착했다. 소년을 위해 놀이터, 쉼터, 집 등이 되어 주었으면서도 항상 기뻐했다. 그런 나무 친구가 있어서 소년은 참 좋겠다는 생각도 했다.

우리는 고마운 사람이 얼마나 소중한지 잘 깨닫지 못한다. 부모님도 고맙고 형제들도 고맙고 학교 선생님도 고마운 분이다. 그런데 항상 잘 해 주니까 그 고마움을 모르는 것이다.

이 책에 나오는 나무처럼 우리는 아무 생각 없이 여러 가지 도움을 받고 사는데, 앞으로는 항상 감사한 마음으로 살아야겠다는 생각을 하였다. 정말 가슴이 뭉클한 책이었다.

# 다정한 자매

|장은애|
〈영미와 순미〉를 읽고

　영미와 순미. 그 애들은 나와 내 동생 은영이 사이와 너무 비슷했다. 나이도 똑같이 두 살 차이가 난다. 만나면 싸우고 아옹다옹하지만 동생이 아프면 울어 버리는 영미의 마음을 잘 이해할 것 같았다.
　내 동생은 둘이다. 여동생 한 명, 남동생 한 명이다. 저번에는 이런 일이 있었다. 내가 먹으려고 산 과자를 은영이가 다 먹어 치웠다. 화를 내며 싸우다가 나만 엄마한테 혼났다. 동생이 괴롭혀서 짜증을 내는 영미의 기분이 어땠는지 잘 이해한다.
　영미가 학교에 갈 때면 순미는 대문 밖에 나와 꼭 손을 흔들어 준다.
　"언니 안녕!"
　그렇게 손을 흔들어 주지만 영미가 책상에 앉으면 꼭 따라 앉아 괴롭힌다. 순미는 영미만 졸졸 따라다닌다. 텔레비전도 꼭 영미 옆에 앉아서 본다. 그러다 심심하면 꼭 언니를 건들고 꼬집는다.

영미처럼 나도 동생이 밉지만 좋을 때도 있다. 내가 아프면 동생이 내 심부름을 다 해 준다. 나도 동생이 아프면 동생 부탁을 다 들어준다.

순미가 아파서 안 괴롭히니까 영미가 좋아할 줄 알았다. 그런데 공부도 못하고 울기만 했다. 순미 방 창문 앞에 서서 두 손 모으고 기도도 했다. 영미 마음속에는 동생 사랑이 가득하였다.

순미가 다시 건강해졌다. 아마 영미의 기도를 하느님이 들어주신 모양이다. 영미가 학교에 가니까 언제 나처럼 대문에 나와 손을 흔들며 소리쳤다.

"언니 안녕!"

고사리 손을 흔드는 순미의 귀여운 모습이 눈에 보이는 것 같았다.

나는 마음속으로 영미에게 말했다.

"영미야, 우리 동생 많이 사랑하자!"

영미는 내 동지이다. 내 곁에 영미 같은 아이가 있다면 바로 친구로 사귈 것이다. 또 순미 같은 아이를 만나면 이렇게 말해 줄 것이다.

"언니 좀 괴롭히지 마!"

# 똑똑한 엄마 오리

|박혜림|
〈오리들의 행차〉를 읽고

나는 오늘 글짓기 학원에서 오리들의 행차를 읽었습니다. 참 재미있어서 많이 읽었습니다.

오리들은 어미 오리와 새끼 오리 여덟 마리입니다. 지금은 새끼 오리가 여덟 마리이지만 얼마 전까지는 아홉 마리였습니다.

형일이네 마당에는 개울이 있었는데 며칠 전 농사일 때문에 개울물이 다 말라 버렸습니다.

냇가의 조금 움푹 파인 곳에 물이 조금 고여 있어서 그 곳에서 놀았습니다. 그렇지만 재미가 없어서 어미 오리는 좋은 수가 없나 생각을 했습니다.

'그렇지. 내일부터 길 건너 늪으로 가자.'

아침이 되자 어미 오리는 걱정이 되었습니다. 왜냐하면 그 곳으로 가는 길은 화물차와 승용차가 쉴 새 없이 다니기 때문입니다.

저도 오리가 걱정됩니다. 오리가 차에 치여 죽거나 자동차의 매연 때문에 숨을 쉬지 못하면 어떡하지요?
새끼 오리들이 그 길을 어떻게 건너서 그 늪으로 가나 저도 졸졸 따라가 보았습니다.
"아기 오리들아, 길 건너 있는 늪으로 가자."
"네!"
아기 오리들은 신이 나서 어미 오리 뒤를 따라 다닙니다. 모두 소풍 가는 기분입니다.
다리를 지날 때에는 큰 모험을 한 것 같은 기분이었습니다. 다행히 아무 사고도 없었습니다.
그런데 아기 오리들이 신나게 놀고 집으로 돌아가는데 검정개가 오리를 물었습니다.
내가 검정개 주인이었으면 검정개를 막 혼내 주었을 텐데……. 어미 오리는 얼마나 놀랐을까요?
그 후 어미 오리는 그 늪을 가지 않았습니다. 어미 오리는 새끼 오리들을 볼 때마다 죽은 새끼 오리가 생각 나 슬픔에 잠겼습니다. 그런데 개울물이 자꾸 줄어 걱정이 태산입니다.
어미는 또 그 늪에 가려고 자동차를 바라봅니다.
'새끼 오리가 차에 깔려 죽어서 내 곁을 떠나면 어쩌지?' 하고 생각합니다.
'아냐! 사람들도 인정이 있어. 그러니…….'

오리들은 도로를 건넜습니다.

차를 운전하는 아저씨들은 배꼽을 잡고 웃었습니다. 뒤뚱대며 걸어가는 오리 모습이 너무 웃겼을 것입니다.

저는 죽은 새끼 오리가 불쌍했지만 어미 오리가 그 일을 잊어버렸으면 좋겠다는 생각을 하며 책을 덮었습니다.

사람들이 동물을 사랑하는 마음이 많으면 많을수록 세상은 더 밝아질 것입니다.

# 푸른 도깨비 두호

|박혜림|
〈몽당 도깨비〉를 읽고

두호야, 안녕?

나는 송죽 초등 학교에 다니는 혜림이라고 해. 내 이름 예쁘지? 내 이름은 우리 부모님께서 지어 주셨지. 순할 혜, 수풀 림이야. 순한 마음을 숲만큼 널리 펼치라는 뜻이지. 네 이름은 무슨 뜻이 담겼니?

초록 풀과 나무들 냄새가 물씬 풍기는 시골 풍경이 정말 재미있었어. 나는 시골을 잘 몰라. 워낙 도시에서 태어났고 계속 도시에서 살았거든. 방학 때 간혹 부모님과 놀러 가서 본 것이 내가 아는 전부야.

외할머니 댁이 시골이라고 해도 별로 못 가 봤거든. 그래서 더 재미있고 흥미로웠던 것 같아.

내용 중에서 이 부분이 시골의 분위기를 가장 잘 나타내 주었다고 생각해. 한번 말해 볼게.

"두호는 코를 벌름거리며 찔레꽃 냄새를 맡았다. 찔

레 덩굴에는 벌들이 윙윙 달려들어서 꼭 벌집 같았다."

찔레꽃 이름은 들어보았지만 보지는 못했어. 어떻게 생겼는지도 몰라. 어쩌면 보고도 그 꽃이 찔레꽃이라는 걸 모르고 지나쳤는지도 몰라.

탁 트인 하늘과 맑은 공기, 그리고 친한 사람들과 어울려 사는 시골이 바로 네가 사는 그런 곳이구나 생각했어. 수세식 화장실이 아니어도 맛있는 고기 반찬이 없어도 너는 늘 행복하잖아. 그런 곳에서 살고 싶다는 생각을 했어.

초록 봉투의 주인 슈발, 매년 생일 때마다 편지를 보내 준 슈발이 바로 너의 친구 지혜였다니. 너무 놀랐어. 그 친구는 너에게 뭔가 재미있는 것을 선물로 주기 위해 이름을 숨겼을 거야. 나도 친한 친구들에게 그런 편지를 받고 싶었어.

네 동생 두리에게 사고가 났을 때 무척 놀랐어. 마음 한 곳이 너무 아파서 엉엉 울 뻔하였어.

한 단계 한 단계 어려움을 딛고 성장하는 두호야! 나보다 한 살이나 적은 네가 내 오빠 같다는 생각을 했어. 얼마나 의젓해 보였는지 몰라. 네 동생 두리에게 사고가 나도, 엄마가 실직을 하였어도 항상 명랑하고 밝은 모습을 보여 주는 너야말로 정말 본받을 사람이야. 철없던 내 생활을 반성하게 해 주기도 했고.
 이제부터라도 두호 너처럼 어려운 일도 꿋꿋이 이겨 내는 혜림이가 될게.
 우리 모두 노력하자.
 그러면 나라 전체가 우리 같은 사람들만 모여 잘 살게 되지 않을까?
 그럼 두호야, 안녕!

# 살구와 추억

|정은선|
〈살구는 익는데〉를 읽고

밤이 되면 늘 우리 집에 들려 오는 소리가 하나 있다.

"엄마, 과일 주세요!"

나는 목청부터 높인다. 그렇게 소리치면 엄마께서는 기다린 것처럼 과일을 내오신다. 그리고 한 마디 덧붙인다.

"네가 사과 좀 깎아 봐라."

그렇게 말씀하시지만 엄마는 늘 먼저 사과를 깎아 주신다. 아마 내게 칼을 맡기는 것이 불안하신 모양이다. 그래서 나는 엄마께서 깎아 주시는 사과가 이 세상에서 가장 맛있다고 아양을 떤다.

〈살구는 익는데〉, 이 책을 읽고 누구나 과일과 연결된 추억 하나씩은 갖고 있고, 모두 아름다운 추억이라는 것을 알았다.

어머니께서는 노랗게 잘 익은 살구를 사 오셨다. 살구는 보기만 하여도 입 안에 침을 가득 고이게 하였다.

"언니야, 살구다, 살구!"

어머니가 사 오신 살구 한 알을 입에 넣으며, 공부에 열중하고 있는 언니를 불렀다.

우리 집에서 엄마가 사과를 깎아 놓으면 가장 빨리 집어먹는 사람이 바로 나다.

"은선아, 아빠부터 드려야지!"

그러면서 엄마는 나를 혼내신다.

"엄마는 아빠밖에 몰라."

나는 투덜거리면서 아빠께 사과를 갖다 드린다.

아버지가 들어오시며 환하게 웃으셨다.

"아빠, 살구예요!"

아버지는 살구 몇 알을 집으시더니, 갑자기 아무 말씀도 없이 서재로 들어가셨다.

"아빠는 또 살구의 추억이야?"

그 대목을 읽으면서 나는 갑자기 의아한 생각이 들었다. 웬 살구의 추억일까? 살구에 무슨 추억이 있을지 궁금했다. 우리는 살구에 대한 추억이 거의 없다. 왜냐하면 살구는 그렇게 맛있는 과일이 아니라고 여기기 때문이다. 오렌지, 귤, 사과, 딸기, 바나나, 멜론……

 살구보다 더 맛있는 과일들이 이렇게 많은데 생각만 해도 시어서 침이 고이는 살구를 맛있다고 생각하지는 않는다.
 서재로 들어가 보니 아버지께서는 낡은 사진첩을 보고 계셨다. 낡은 사진 속에는 할머니, 할아버지가 앉아 계셨다.
 나는 거기까지 읽고 고개를 끄덕였다. 아버지는 옛날의 일을 생각하고 계신 것이다.
 "희진아, 살구 좀 쟁반에 담아 오너라."
 어머니께서는 희진이에게 아버지 잡수실 살구를 더

갖고 오라고 말씀하신다.

　희진이네 집 식구는 살구를 올려놓고 잠시 묵념을 하였다. 할아버지, 할머니가 북한에 계시기 때문에 아버지는 살구만 보면 옛날이 떠올라 슬프신 것이다.

　"아빠, 통일은 저희들이 이룩할게요."

　희진이와 언니는 이렇게 똑같이 말하고 아버지, 어머니의 손을 꼬옥 잡았다.

　살구와 추억! 너무나도 감동적이었다. 아마 이 세상에 살구와 추억이 있는 가족은 희진이네 가족뿐일 것이라고 생각하였다. 우리 모두가 좋은 추억을 가졌으면 좋겠다.

# 착하고 어진 아주머니

|김정화|
〈방개 아주머니〉를 읽고

　이 곳은 조그만 읍의 변두리에 자리잡고 있는 기차 역이다.
　좀 전에는 기차에서 막 내린 사람들로 대합실이 시끄러웠으나 사람들이 모두 갈 길을 찾아가자 대합실은 썰렁해졌다.
　그런데 아직도 대합실을 빠져나가지 않은 젊은 신사가 딱 한 사람 있었다.
　젊은 신사는 대합실의 구석 낡은 의자에 앉아 양복 주머니에 손을 푹 넣고 깊은 생각을 하는 듯 우두커니 앉아 있었다.
　나는 그 아저씨가 무슨 생각을 저렇게 깊이 하느라 한참 동안 아무 말도 없는지 궁금했다. 혹시 갈 곳 없는 노숙자가 아닐까 하는 생각도 들었다.
　젊은 신사는 한참 앉아 있다가 눈을 번쩍 뜨고 대합

실 안의 이곳 저곳을 훑어보기도 했다.

젊은 신사의 이상한 행동을 가만히 눈여겨보면 잊혀진 옛 추억을 찾으려고 한다는 것을 알 수 있었다.

그러니까 지금으로부터 대략 10년 전의 일이다.

10년 전에는 지금과는 아주 다른 기차역의 풍경이었다. 그 시절 역에서 방개 아주머니 하면 모르는 사람이 없었다고 한다.

나는 방개 아주머니가 누구인지 궁금해졌다. 이름만 들어보면 무척 착하고 인자한 아주머니일 것이라 생각되었다.

방개 아주머니에게 방개라는 별명이 붙여진 까닭은 정확하게 알 수 없다.

다만 물에서 빙빙 주변을 맴도는 물방개처럼 역전을 맴도는 아주머니의 모습을 빗대어서 붙여진 이름이라고 추측할 뿐이었다. 아니면 구부정한 방개 아주머니의 모습이 물방개의 둥그런 등딱지와 비슷해서 붙여진 별명일 수도 있었다.

나는 '아, 그렇구나. 그래서 방개 아주머니로 불리는구나' 하면서 책을 넘겼다.

그리고 얼굴도 물방개처럼 생겼을까? 하는 우스운 생각도 해 보았다.

방개 아주머니는 양복을 말쑥하게 차려 입어 부유하

게 보이는 신사나 아가씨들에게 시달림을 주었다.

머리는 언제 감았는지 모를 정도로 까치집처럼 엉겨 붙어 있었고, 콧물과 침을 줄줄 흘리며 헤벌어진 입 모양을 하고 들어서는 바보스런 모습, 땟국물이 찐득찐득 배어 있는 넝마 같은 치마와 저고리, 까마귀같이 시커먼 맨발에 걸쳐 신은 검정 고무신, 그리고 구부정한 자세로 좌우를 살피며 대합실에 들어서는 방개 아주머니의 모습은 사람들의 눈길을 받았다.

나는 깜짝 놀랐다. 내가 생각했던 인자한 인상을 풍기는 아주머니가 아니었던 것이다.

그런 사람은 길거리에서 얼마든지 볼 수 있다. 그런 사람을 보면 거의 눈살을 찌푸리거나 피해 버린다.

방개 아주머니는 표를 사는 사람들을 붙잡고 돈을 달라고 손을 내밀어 끝까지 동전 한 개라도 받아 내었다. 동전을 주지 않으면 물건을 던져서라도 꼭 받아 내었다.

흰 눈이 내리는 어느 겨울날 저녁 무렵이었다.

방개 아주머니는 대합실 구석에서 몹시 초라한 세 명의 식구가 추위에 떨며 잔뜩 웅크리고 있는 모습을 보았다.

아이들은 먹을 것을 달라고 보채고 있었다.

방개 아주머니는 그 식구들 앞으로 불쑥 다가갔다.

그리고는 찐빵 봉지를 아이의 품에 쑥 밀어 넣어 주고는 말없이 대합실을 빠져나갔다. 사내아이는 찐빵을 정신없이 먹어 치웠다.

그 사내아이가 바로 이 젊은 신사였던 것이다. 몇 십 년 전의 일이지만 그 일만 생각하면 입안에 군침이 저절로 솟았다. 배고픔 속에서 먹은 뜨거운 찐빵의 맛은 영원히 잊을 수 없었던 것이다.

젊은 신사는 읍내 쪽으로 걷기 시작했다. 한 발짝 두 발짝 걸을 때마다 하얀 나비가 내려앉고 있었다. 나비의 숫자는 점점 많아졌다. 젊은 신사가 정신을 차리고 다시 바라본 나비는 눈이었다. 시간이 지날수록 온 세상은 점점 새하얗게 변해 가고 있었다.

나는 이 동화를 읽으면서 방개 아주머니에게 느낀 점이 많았다. 처음에는 머리도 더럽고 침과 콧물을 질질 흘리고 다닌다고 해서 이만저만 실망한 것이 아니었다. 검소하지만 깔끔한 옷차림에 인자한 얼굴을 떠올리고 있었는데, 정반대라서 당황스럽기도 했던 것이다.

하지만 굶주린 한 가족에게 찐빵까지 사준 방개 아주머니의 모습은 정말 보기 좋았다. 추위에 떠는 모습을 보고 거들떠보지도 않는 사람들보다 훨씬 낫다는 생각도 했다.

비록 내가 생각했던 방개 아주머니와는 차림새와 생김새는 달랐지만 착한 마음씨는 내가 생각했던 것과 똑같아서 왠지 기분이 좋았다. 한겨울 저녁에 내린 눈처럼 새하얗고 맑은 마음을 가진 방개 아주머니를 닮고 싶다는 생각이 들었다.

# 참새 쫓는 돼지

|류민아|
〈못난 돼지〉를 읽고

　이 책은 정말 재미있습니다. 마치 이솝 우화를 읽는 듯한 기분이었습니다. 제 분수를 모르고 까불다가는 주인에게 미움받고 팔려 나갈 수밖에 없다는 것을 돼지는 아주 잘 말해 주었습니다. 그 둔한 몸집으로 어떻게 참새를 잡겠다는 것인지 한심하면서도 웃음이 나왔습니다.

　용길이네는 돼지도 기르고 개도 기릅니다. 그런데 아버지가 돼지를 팔려고 합니다. 더 기르지 않고 왜 벌써 파시느냐고 했더니 용길이 아버지께서 어제 있었던 일을 말씀해 주셨습니다.

　마당에서 벼를 말리느라고 멍석을 네댓 개나 펴놓고서 벼를 두 섬이나 널어 두었더랍니다.

　돼지는 집안에 아무도 없어서 심심해서 혼자 생각을 하기 시작합니다.

개, 말, 소, 닭, 염소, 각각 하는 일이 있는데 혼자 먹고 자기만 하니까 민망하다고…….

누구나 돼지와 같은 처지라면 정말 민망했을 것입니다. 돼지도 다른 동물처럼 할 일이 있다면 이렇게 민망하지 않을 텐데…….

하지만 돼지의 좋은 점도 분명히 있습니다. 우리 인간들에게 맛있는 고기를 주니까요. 닭도 고기를 주지만 돼지만큼 많은 양은 아닙니다. 돼지는 우리한테 맛있는 고기를 많이 제공해 주기 위해서 먹고 자며 살만 쪘을 것입니다. 그런데 이 책 속의 돼지는 할 일이 없다며 공연한 짓을 한 것이지요.

어제 벼를 널어 두었을 적에 개란 놈이 벼를 먹으려는 참새를 쫓다가 참새 꽁지를 쑥 빼놓았습니다.

그래서 주인에게 칭찬을 받았습니다.

돼지는 슬머시 심술이 났습니다.

'참새라도 한 마리 잡으면 여간 아니겠구나' 하고 생각했습니다.

돼지는 너무 허황된 꿈을 가지고 있는 것 같습니다. 몸집에 맞지 않게 참새를 잡겠다니 정말 어리석습니다.

돼지가 잡으려고 하면 참새는 잽싸게 날아가 버리곤 합니다.

이번에는 어제 개한테 물린 꽁지 빠진 참새를 보았

습니다.

'옳지. 이제는 됐다. 네까짓 놈쯤이야!'

그러나 꽁지 없는 참새도 통통 튀어 도망 갔습니다.

돼지는 사람들에게 그렇게도 귀여움을 받고 싶을까요? 돼지도 동물이니까 이해는 되지만 개와 똑같이 행동을 한다고 돼지를 과연 귀여워해 줄까요? 아무리 봐도 돼지는 귀엽지 않거든요. 냄새도 너무 지독하구요. 그런데 이 돼지는 무조건 귀여움을 받으려 합니다.

한참 지나서 정신을 차려 보니 참새는 온데간데 없고 온 마당에 벼를 흩어 놓아서 마치 타작 마당처럼 해 놓았습니다.

'아이고! 이를 어쩌나. 주인님께서 돌아오시면 얼마나 야단을 치실까.'

아니나다를까 용길이 어머니께서는 이 모습을 보고 돼지를 때렸습니다.

얼마나 화가 났겠어요. 귀한 벼를 다 망쳐 놓았으니까요. 그래서 장에 내다 팔기로 한 것이죠.

미련한 돼지는 다른 사람한테 팔려 가면서도 이렇게 생각했습니다.

'그 놈의 꽁지 없는 참새. 어디 두고 보자. 이 집 마당에 오기만 하면 내가 꼭 잡아야지!' 하고 다짐했습니다.

정말 재미있는 돼지입니다. 그 참새를 잡았다고 해도 사람들에게 귀여움 받기는 힘들 텐데. 머리가 나쁜가 봅니다. 그러나 주인을 돕기 위해 뭔가 하려고 애를 쓰는 그 마음씨는 예뻤습니다.

이 책을 읽고 저는 느낀 점이 참 많습니다. 이 미련한 돼지처럼 살지 말고 착실하고 현명하게 열심히 살아야겠습니다.

# 가장 소중한 보물

|김정희|
〈네 가지 보물〉을 읽고

이 동화는 아주 흥미진진합니다. 처음부터 눈을 뗄 수가 없었습니다. 꼭 어떤 신나는 일이 있을 것 같은 생각이 들어 빨리 책장을 넘겼습니다.

〈네 가지 보물〉이라는 제목이 꼭 신비한 어떤 일을 벌여 놓을 것 같았기 때문입니다.

한 해의 끝인 섣달 그믐날입니다.

방글이네 집은 해마다 섣달 그믐날 밤이면 온 가족이 모여 앉아 보물 한 가지씩을 내놓습니다. 그러나 웬일인지 아빠가 밤 열한시가 되도록 들어오지 않습니다. 방글이는 연신 하품을 해댑니다.

그 네 가지 보물이 무엇이기에, 아빠를 기다리는 것

일까? 아빠가 좋은 것을 사 오시기 때문일까? 왜 잠을 참으면서까지 아빠를 기다리는지, 저는 이해가 안 되었습니다. 어떤 신비한 일이 벌어지겠구나, 하는 기대도 사라졌습니다. 그 대신 가족들끼리 선물을 주고받으며 가족애를 다지는 내용일 것 같다는 생각을 했습니다.

방글이와 오빠 동호는 연신 하품을 하면서도 잠을 자지 않았습니다. 엄마께서는 알밤의 껍질만 벗기고 계십니다.

"딩동."

갑자기 벨이 울렸습니다. 방글이는 재빨리 달려나갔습니다.

그리고는 대문을 열어 아빠를 맞이했습니다.

따라 나온 동호가 인사를 하였습니다. 엄마가 아빠의 외투를 받아 옷걸이에 걸었습니다.

잠시 후에 온 가족이 둘러앉았습니다. 아빠가 가족들을 주욱 둘러보십니다.

가족들의 훈훈한 이야기만큼 가슴이 따뜻해지는 것은 없습니다. 아무리 힘들고 고통스러워도 가족들의 사랑으로 치료를 받을 수 있습니다. 가족의 소중함을 일깨워 주려는 동화라는 것을 저는 눈치챌 수 있었습니다.

그리고 저의 궁금증인 네 가지 보물이 무엇인지 이제 곧 알 수 있을 것도 같았습니다.

방글이가 먼저 자신의 보물을 말합니다.

"저의 보물은 우리 집에서 잃어버린 놀이들이에요. 밤이면 촛불을 켜고 그림자 놀이 하던 것, 아빠의 눈에 수건을 매고 까막잡기 놀이 하던 것, 또 온 가족이 둥글게 모여 앉아 손뼉치면서 하던 묵찌빠 놀이와 노래 부르기예요."

방글이의 새해 소망은 잃어버린 놀이들을 다시 찾는 것이라고 말합니다. 그 생각에 저도 동감입니다. 요즘은 고작해야 만화를 보거나 컴퓨터 게임을 하며 따로 놉니다. 아빠는 텔레비전을 보시고 엄마는 부엌일 하시고 저와 동생은 만화를 보거나 컴퓨터 게임을 하면서 다 각자 놀지요. 모두 모여 노는 놀이 모임이 있다면 가족 사랑이 더 좋아질 텐데 말예요.

다음은 동호가 보물을 내놓습니다. 동호의 보물은 카세트 테이프입니다. 베토벤의 '황제', '월광', '비창' 그리고 드보르작의 '신세계 교향곡' 등 클래식 테이프가 보물입니다. 아빠께서는 언제부터 클래식 음악을 좋아하게 되었느냐고 물으십니다.

동호는 씩씩하게 대답합니다.

"모두 아빠 때문이에요. 저에게 벌을 줄 때 클래식 음악을 듣게 하셨잖아요. 그렇게 듣다 보니까 클래식 음악이 좋다는 걸 알게 되었어요."

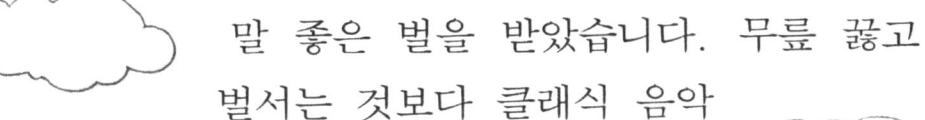

동호는 정말 좋은 벌을 받았습니다. 무릎 꿇고 벌서는 것보다 클래식 음악을 듣게 했으니 얼마나 근사한 벌이에요. 저도 앞으로 벌받을 일이 있으면 클래식을 듣겠다고 말해 보겠습니다. 저는 클래식 음악을 별로 안 좋아하거든요. 벌이지만 듣다 보면 동호처럼 좋아질 것 아니겠어요?

아빠께서는 새해 소망을 물어 보셨습니다.

동호는 아빠가 일찍 들어오시는 것이라고 말하였습니다.

다음은 엄마 차례입니다. 엄마는 얼굴에 미소를 띠십니다.

동호는 엄마께 보물이 뭐냐고 묻습니다. 엄마는 조용히 미소만 짓고 계십니다.

방글이는 엄마의 보물을 알아채고는 큰소리로 묻습니다.

"엄마의 보물은 웃음이야, 웃음. 맞지, 엄마?"

아하, 그렇구나. 제 얼굴에도 미소가 피어올랐습니다. 엄마의 보물은 정말 멋진 것이었어요.

값비싼 물건만 보물이 아니라 그런 사랑이 가득 담긴 미소도 보물이 될 수 있다니까, 정말 보기 좋았습니다.

"그래. 우리 방글이는 역시 천재야."

아빠가 하하하 웃으셨습니다. 동호와 방글이도 웃습니다.

엄마는 왜 웃음을 보물로 내놓으셨을까? 가정을 화목하게 만들기 위해서일까? 아니면 모든 일을 즐겁게 하기 위해서일까? 아마도 모든 사람들이 그렇게 웃는 얼굴로 살아간다면 세상은 좀더 환해질 거라는 뜻 같았습니다.

다음은 아빠 차례입니다. 아빠는 벽장 속에서 등잔을 꺼내셨습니다.

"동호야, 방글아, 아빠의 보물은 이 등잔불이란다. 어때, 이 등잔불을 보니 정답고 예스러운 느낌이 들지 않니?"

그리고 아빠의 소망은 방글이와 동호의 소망을 합친 것이라고 말씀하십니다.

동호와 방글이는 손뼉을 짝짝 쳤습니다. 엄마도 빙

121

그레 웃으셨습니다.

 온 가족이 등잔불을 바라보는 가운데 섣달 그믐날 밤은 점점 깊어 갔습니다.

 창작 동화는 우리에게 많은 지식을 얻게 해 줍니다. 우리가 생활할 때도 보탬이 되지요. 그래서 앞으로도 창작 동화를 많이 읽어 볼 생각입니다. 제가 미처 생각 못했던 일도 창작 동화를 읽다 보면 깨닫게 되니까요.

명작동화

# 똑똑한 고양이

|김지현|
〈장화 신은 고양이〉를 읽고

장화 신은 고양이는 똑똑해요. 막내아들을 항상 도와 줘요. 막내아들을 카라바 후작님으로 만들어 주었어요. 처음에는요, 토끼를 잡아다 임금님께 바쳤어요.

"카라바 후작님께서 토끼를 임금님께 갖다 드리라고 하셔서 왔습니다."

그 뒤에도 고양이는 카라바 후작이 보낸 것이라고 하면서 별의별 것을 다 갖다 바쳤습니다. 그래서 임금님은 카라바를 좋아하게 되었습니다.

고양이는 도깨비 성을 빼앗아 막내아들에게 줍니다. 그래서 임금님의 딸하고 결혼하게 해 줍니다. 정말 똑똑해요.

고양이가 말을 할 줄 아는 게 너무 신기했어요. 그리고 영리했구요. 저도 그런 고양이를 갖고 싶어요.

막내아들이 착해서 하늘에서 복을 주었나 봐요.

# 집 없는 레미

|강한별|
〈집 없는 아이〉를 읽고

　독후감 쓰기는 재미가 없지만 책읽기는 재미있어요. 오늘은 〈집 없는 아이〉를 읽었습니다. 재미있었습니다.
　레미는 고아였습니다. 레미의 아버지가 레미를 풍각쟁이 할아버지한테 팔아 버렸습니다. 레미는 할아버지를 따라 다니며 재주를 피웠습니다. 레미가 불쌍합니다. 엄마하고 헤어져 살아야 하니까요. 저는 부모님과 같이 살아요. 그래서 행복해요. 제가 부모님과 헤어져 살아야 된다면 참 슬플 것 같아요.
　레미는 할아버지와도 헤어져야 했어요. 할아버지하고 헤어진 레미는 여기저기 떠돌았어요. 그러다가 친구 다티아를 만났습니다. 혼자였던 레미한테 친구가 생겨서 다행이에요. 레미가 이제는 행복해졌으면 좋겠다고 생각했어요.
　제 소원대로 됐어요. 친엄마를 만났거든요. 그 엄마

는 굉장한 부자였어요. 이제 레미는 부잣집 아들이 됐으니까 떠돌아다니지 않을 거예요. 우리처럼 학교를 다니면서 열심히 공부하겠지요.

# 가짜 왕자와 진짜 왕자

|박설경|
〈가짜 왕자〉를 읽고

   아이들은 가끔 바보 같을 때가 있습니다. 거짓말을 했다가 들켜서 혼이 나고는 합니다.
   양복을 짓는 라바칸도 바보 같은 아이입니다.
   라바칸은 왕자가 맡긴 옷을 훔쳐 입으면 왕자가 되는 줄 알았나 봐요. 왕자가 입는 옷을 입고 밖으로 나가 왕자 흉내를 내었어요. 그럼 제가 제 친구의 옷을 입으면 제 친구가 되게요? 그건 말도 안 되는 일이잖아요. 라바칸은 바보 같은 짓을 해서 혼이 납니다.
   거짓말을 하면 또 거짓말을 계속해야 해요.
   저도 거짓말을 해 보았어요. 제가 잘못해 놓고는 언니가 했다고 거짓말을 했어요. 엄마는 언니를 야단쳤어요. 저는 무서워서 가만히 숨어 있었습니다.
   왕자 흉내를 내고 다니던 라바칸은 신이 났습니다. 사람들이 자기를 진짜 왕자처럼 여기며 너무도 잘 해

 줬던 것입니다. 라바칸은 자기가 진짜 왕자라도 된 기분이었습니다. 그래서 진짜 왕자를 만나 칼을 빼앗고는 왕을 찾아갔습니다. 자기가 진짜 왕자라면서요.

 진짜 왕자 오말은 정말 화가 났을 거예요. 거짓말쟁이 라바칸 때문에 계속 골탕을 먹거든요. 그리고 아무도 자기 말은 믿어 주려고 하지 않잖아요.

 그러니까 처음부터 거짓말을 하려고 하면 안 돼요. 이건 라바칸에게만 잘못이 있는 게 아니에요. 아무리 궁궐 생활이 재미없어도 그렇지 함부로 왕자의 옷을 아무한테나 맡기면 안 되지요.

나쁜 생각을 품은 라바칸 같은 사람을 만날 수도 있 잖아요.

나중에 왕은 두 사람 중에 누가 왕자인지 가려냈어요. 요정을 데리고 와서 가려내게 한 것이지요. 요정은 두 개의 상자를 가져와 두 사람에게 고르게 했습니다.

그 상자 중 하나에는 착한 마음씨가 들어 있었고, 한 상자에는 돈이 들어 있었어요. 그런데 진짜 왕자는 착한 마음씨가 들어 있는 상자를 골랐지요. 하지만 가짜 왕자는 돈을 골랐어요. 그래서 요정은 진짜 왕자가 누구인지 알려 주었지요.

나중에 라바칸은 반성을 했어요. 그래서 열심히 일해 훌륭한 양복 기술자가 됩니다.

항상 솔직해야 해요. 그래야 착한 사람이 될 수 있어요. 그래도 다행이에요. 나중에라도 라바칸이 착한 사람이 되었잖아요.

# 고마운 난쟁이들

|박설경|
〈난쟁이와 구둣방〉을 읽고

마을에 착한 구둣방 할아버지와 할머니가 행복하게 살고 있었습니다. 할아버지는 구두를 만들고 할머니는 맛있는 것을 만듭니다.

추운 겨울입니다. 어떤 아이가 맨발로 걷는 것을 본 할아버지는 빨간 구두를 주었습니다. 그 구두는 마지막 남은 가죽으로 만든 것입니다. 그것을 팔아 크리스마스 준비를 할 생각이었습니다.

할아버지와 할머니는 정말 천사 같습니다. 그 구두를 팔지 못하면 굶을 텐데 아까운 줄 모르고 주잖아요.

그래도 할아버지, 할머니는 행복해 합니다. 아주 조그만 가죽이 남아 있습니다. 할아버지는 그 가죽으로 구두의 밑바닥을 만듭니다.

그런데 난쟁이 천사들이 나타났어요. 천사들은 구두

를 만들 가죽을 짊어지고 왔습니다.

　난쟁이들은 훌륭한 솜씨로 구두를 만들었어요. 아하, 전에 할아버지가 맨발로 가는 아이에게 구두를 주었잖아요. 그 아이가 천사 대장이었나 봐요. 할아버지가 어떻게 하나 보려고 찾아왔었던 거예요. 할아버지가 착하니까 난쟁이 천사들을 보낸 것 같아요.

　다음날 아침 할아버지, 할머니는 구두를 보고 깜짝 놀랐어요.

　난쟁이 천사들은 매일 찾아와서 구두를 만들어 주었지요. 할아버지, 할머니는 나중에 난쟁이 천사들이 도와 주고 있다는 것을 알았습니다. 할아버지, 할머니는 난쟁이 천사들에게 옷과 구두를 지어 주었습니다.

　할아버지, 할머니도 천사지요. 나쁜 사람이었다면 천사들을 붙잡고 안 놔줬을 거예요. 그리고 쉬지 않고 구두를 만들게 했을 거예요.

　크리스마스날이 되었어요. 할아버지, 할머니는 맛있는 음식을 잔뜩 만들었지요. 난쟁이 천사들은 맛있게 먹고 즐겁게 놀았습니다.

　이제 난쟁이 천사들은 오지 않아요. 그러나 구둣방은 아주 잘 되지요. 신발을 사러 오는 사람이 많아졌거든요. 할아버지, 할머니는 지금도 착한 일을 많이 하기 때문에 복을 받고 있지요.

# 훌륭한 개 파트라슈

|김수원|
〈플랜더스의 개〉를 읽고

그림 그리기를 좋아하는 네로는 할아버지와 함께 오두막에 살아요. 마을에서 짠 우유를 운반하는 것이 매일 하는 일이었습니다. 네로가 불쌍해요. 어린 나이인데 벌써 힘든 일을 하잖아요. 우리들더러 우유를 운반하라고 하면 하기도 전에 도망을 치거나 울어 버릴 거예요.

어느 날 네로와 할아버지는 우유를 운반하는 길에 쓰러져 있는 개를 보았습니다.

"할아버지, 길가에 개가 버려져 있어요."

"가엾기도 하지."

"할아버지, 개를 우리 집에 데려다 기르면 어떨까요?"

"그러자꾸나."

할아버지와 네로는 가난하지만 정말 착해요. 죽어

가는 개를 데려가잖아요. 길거리에 보면 집 없는 개와 고양이가 많아요. 모두 주인이 없어 떠돌아다니지요.

저는 길가에 그렇게 누워 있는 개는 못 보았지만 텔레비전이나 뉴스에서 개가 얼마나 훌륭한 일을 했는지 보았습니다. 어떤 개는 주인을 찾아서 부산에서 서울까지 달려오기도 했어요. 네로가 주워 온 개도 그렇게 훌륭할 것 같았어요.

네로는 그 개를 살려내어 이름을 파트라슈라고 지었지요. 파트라슈는 아주 부지런한 개였습니다. 그렇게 부지런한 개를 누가 버렸을까요? 나중에는 버린 것을 몹시 후회했을 것 같아요. 파트라슈는 네로와 할아버지를 도왔습니다.

일이 끝나면 네로는 교회에 있는 멋있는 루벤스의 그림을 보러 가요. 하지만 네로는 돈이 없어 쉽게 볼 수가 없었죠. 그 그림을 보려면 돈이 있어야 하거든요.

저는 보고 싶은 게 있으면 무조건 봐야 해요. 만화도 그렇고, 텔레비전도 그래요.

그런데 이 마을에서 아이들의 미술 대회가 열렸습니다. 그 미술 대회에 네로도 참가했지요.

만약에 미술 대회가 수원에서 열린다면 저도 나가고 싶어했을 거예요. 상을 타서 아빠 엄마를 기쁘게 해 드리고 싶기 때문이에요. 아마 네로도 상을 타서 할아버지를 기쁘게 해 드리고 싶었을 거예요.

그 날 밤 네로의 친구 아로아네 집에 불이 났어요. 아로아의 아빠는 네로가 불을 질렀다고 의심하며 일거리도 주지 않았어요.

눈이 내리는 아침 갑자기 할아버지께서 돌아가셨습니다. 얼마나 슬펐을까요? 네로에게 할아버지는 부모님인데.

 네로는 미술 콩쿠르의 발표를 보기 위해 교회당에 갔는데 거기에는 네로의 그림이 붙어 있지 않았습니다.

 할아버지는 돌아가시고 혼자 남은 네로에게 그림은 좋은 친구예요. 그런데 상을 못 타게 됐으니 얼마나 속상했을까요? 하늘 나라 할아버지도 슬퍼했을 거예요.

 네로는 교회로 가서 무릎을 꿇고 그림을 보았습니다. 이튿날 몸이 싸늘하게 식은 네로와 파트라슈를 사람들이 발견하였습니다.

 가엾은 사람이 있으면 도와 줘야 해요. 네로와 파트라슈처럼 죽은 뒤에는 도와 주려고 해도 소용이 없거든요.

 네로는 외롭지 않았을 거예요. 파트라슈가 끝까지 옆에서 지켜 주었으니까요.

# 행복한 마음

|오세정|
〈소공녀〉를 읽고

오늘 〈소공녀〉를 읽었습니다. 〈소공녀〉에 나오는 세라 아가씨는 영국 크루 대위의 딸로 부잣집 아이입니다.

저도 세라처럼 되고 싶습니다. 세라는 부잣집 아이이면서도 다른 부잣집 아이처럼 잘난 척을 하거나 가난한 아이들을 무시하지 않습니다. 오히려 세라는 그런 아이들을 도와 줄 줄 아는 착한 아이입니다.

자주 〈소공녀〉를 읽는데 화가 날 때가 많습니다. 라비니아가 귀를 꼬집는 모습이 참 보기 싫습니다. 소공녀가 얼마나 아팠겠어요? 제가 세라라면 라비니아를 혼내 주었을 거예요.

라비니아는 질투가 많고 화도 잘 내요. 제가 라비니아라면 세라처럼 정직할 겁니다. 물론 다른 사람을 질투하지도 않았을 거예요.

아빠가 인도로 가시고 세라는 기숙 학교에 들어가게

되었습니다. 세라는 처음에 학교 생활에 잘 적응하지 못했습니다. 하지만 곧 착하고 예의 바른 아이가 됐습니다.

　세라는 친구들에게 재미있는 이야기를 들려주어서 인기를 독차지했습니다. 세라의 곁에는 언제나 친구들이 몰려들었습니다.

　저는 친구들한테 인기가 많아요. 친구들을 잘 대해 주고 도와 주기 때문이에요. 세라도 정말 정직해요. 저는 세라처럼 착하게 자랄 거예요. 저는 아빠를 닮았어요. 조그만 거짓말도 못하고 정직하거든요.

　소공녀는 비키와 친했습니다. 학교에 들어가서 제일 먼저 친해진 사이죠. 고아인 비키에게 세라는 언제나 친절했습니다. 저도 친한 친구가 있어요. 바로 윤희예요. 저희는 항상 붙어 다니지요.

　드디어 세라의 열두 번째 생일이 되었습니다. 그 때 편지 한 통이 날아왔습니다. 세라의 아버지께서 병으로 돌아가셨다는 편지였습니다. 그래서 세라도 비키처럼 고아가 되었습니다.

　세라는 그 날 민틴 선생님의 심부름을 가다가 은전을 주었습니다. 세라는 그 옆에 있는 빵집에 들어가서 은전을 돌려 주었습니다. 그러자 아주머니께서 빵 여섯 개를 주셨습니다. 마침 배가 고팠던 세라는 너무도 기뻤습니다. 그러나 세라는 빵을 먹지 못했습니다. 빵집 앞에 불쌍한 거지 아이가 있었거든요.

자기도 배가 고픈데 남을 먼저 생각할 줄 아는 세라가 너무 대견했어요.

어느 날 창문으로 귀여운 원숭이가 찾아왔습니다. 세라는 원숭이와 침대에서 같이 잠을 잤습니다. 그러고 다음날 원숭이를 데려다 주려고 옆집으로 갔습니다.

옆집의 주인은 세라의 이름을 듣고 너무도 반가워했습니다. 그 사람은 바로 아빠의 친구였습니다. 그 아저씨는 세라의 아빠가 돌아가시기 전에 세라를 찾아 돌봐 달라고 부탁한 사람이었습니다. 그래서 아저씨는 세라를 찾기 위해 그 곳으로 이사를 왔던 것입니다.

세라는 아저씨와 함께 떠나기로 했습니다. 아저씨와 떠나는 길에 세라는 빵집을 지나치게 되었습니다. 그 때 세라가 빵을 준 그 아이는 빵집의 딸이 되어 있었습니다. 세라는 반가운 마음에 그 아이에게 손을 흔들어 주었습니다.

사람들은 저를 보고 귀엽다고 말해 줘요. 그리고 예쁘다고도 하지요. 저는 그 말을 들으면 정말 기분이 좋아요. 하지만 앞으로는 마음이 예쁘다는 말을 더 듣고 싶어요. 그러면 소공녀처럼 주위 사람들을 행복하게 해 줄 수 있거든요.

# 용감한 호두까기 인형

|홍승표|
〈호두까기 인형〉을 읽고

저는 독후감 쓰기가 싫어요. 어려워요. 그런데 오늘은 할 수 없었어요. 선생님이 호랑이시거든요.

크리스마스 이브였어요. 아저씨가 선물을 가득 안고 오셨지요. 아저씨 선물은 기계 장치로 된 예쁜 궁궐이에요. 남매는 그 선물이 좋았어요. 프리츠는 싫증을 금방 느껴요. 기병대 인형들을 하나씩 길게 줄을 세워 놓고 소리쳤어요.

"자, 줄을 서라니까. 나란히!"

마리는 자동 단추를 누르면서 종소리를 들으며 인형을 즐겁게 맞이했어요.

"왕자님이 오시면 종을 울린다고 했는데……."

마리는 꿈꾸기를 좋아하나 봐요. 저도 선물이 좋아요. 엄마가 변신 로봇을 사 주었어요. 그걸 갖고 놀면서 제가 용감한 군인이 되기도 했어요. 나쁜 적은 다 물리치지요.

　아저씨는 호두까기 인형도 마리에게 선물로 주었어요. 그런데 그만 고장을 내고 말았어요. 프리츠가 망가뜨린 것이지요.

　그런데 방이 어두워지고 수많은 쥐들이 기어 나왔습니다. 쥐들은 마리를 괴롭힙니다. 마리가 좋아하는 과자 인형을 먹겠다고 합니다.

　마리가 무서워하는데 호두까기 인형이 용감하게 뛰어나옵니다. 인형은 기병대와 인디언 인형들을 데리고 왔습니다.

　호두까기 인형은 쥐들과 용감히 싸웁니다. 그렇지만 마리가 신발을 던져 구해 주지 않았다면 죽었을지도 모릅니다.

　그리고 그 인형은 멋진 왕자가 됩니다.

　"당신 덕분에 요술이 풀렸어요. 나는 장난감 나라의 왕자입니다."

　마리와 왕자님은 마차를 타고 장난감 나라로 떠납니다.

　그런데 마리는 꿈에서 깨어났어요. 그 동안 꿈을 꾼 것이지요. 아저씨가 망가진 호두까기 인형을 다시 고쳐 주었습니다. 마리는 재미있는 꿈을 꾸었습니다. 인형을 좋아하기 때문이지요.

# 행복한 알라딘

|장은영|
〈요술 램프〉를 읽고

알라딘은 영리해요. 복도 많구요. 알라딘이 마술사를 만난 것도 복 받은 거예요.

삼촌으로 변장한 마술사 덕분에 알라딘은 반지 정령과 램프의 정령을 얻었어요.

램프 정령은 힘이 세지요. 그리고 마술을 부려서 뭐든지 다 할 수 있어요. 램프 정령은 알라딘을 부자로 만들어 주었어요. 그리고 공주하고 결혼도 하게 해 주었지요.

그런데 큰일이 났어요. 램프와 반지를 빼앗긴 마술사가 찾아온 거예요.

공주님은 마술사의 꾐에 넘어가 요술 램프를 내주고 말았어요.

그래서 공주님과 알라딘의 집은 사막으로 옮겨졌지요. 마술사가 램프 정령에게 그렇게 시킨 거예요.

알라딘이 어떻게 할까 궁금하였습니다.

알라딘은 영리했어요. 반지 정령을 타고 사막으로 가서 공주님에게 술에 약을 타라고 시켰거든요. 마술사는 약을 탄 술 때문에 잠이 들었어요.

알라딘은 램프도 찾고, 공주님도 구했어요. 알라딘이 이겨서 정말 신났어요. 저도 램프가 마술을 부리는 것을 보고 싶어요. 그러면 저는 무슨 소원을 빌까 생각해 보았습니다.

# 지크프리트 왕자와 오데트 공주

|양인화|
〈백조의 호수〉를 읽고

　오데트 공주는 예뻐요. 그렇지만 마술사 때문에 고생을 해요.
　지크프리트 왕자님은 용감합니다. 위험에 빠진 공주를 구해 주거든요. 마술사는 계속 공주를 괴롭힙니다. 낮에는 백조로 살게 하고 밤에만 사람으로 살게 했어요. 하마터면 왕자 화살에 공주가 맞을 뻔하기도 했어요.
　왕자는 공주에게 결혼하자고 했습니다. 그런데 마술사가 또 방해를 했어요. 자기 딸을 공주로 변장시키고, 자기는 하인으로 따라왔어요. 그렇지만 진짜 공주가 나타나 도망칩니다.
　그러자 왕자님이 마술사를 죽였어요. 그런데 큰일이 났어요. 마술사가 죽으면 공주는 영원히 마술에서 못 풀려나요. 그래서 왕자는 물 속으로 뛰어들어갔어요.

공주님을 못 구하게 되자 너무 슬퍼서 그랬어요.
그런데요, 하느님이 두 사람을 도와 주었어요. 두 사람이 다시 살아나 결혼하게 해 주었어요.
왕자님이랑 공주님이 다시 만나서 좋았어요.

# 임금님은 바보

|송유호|
〈벌거숭이 임금님〉을 읽고

　세상에는 바보가 많아요. 자기 혼자서 똑똑하다고 뻐기다가 창피를 당하지요. 이 책의 임금님도 바보라서 창피한 일을 당합니다. 예쁜 옷을 너무 좋아하다가 그랬지요.

　어느 날 사기꾼 두 사람이 임금님을 찾아왔어요.

　"저희가 만든 옷은 신기합니다. 어리석은 사람이나 바보한테는 보이지 않는답니다."

　임금님은 바보였어요. 그 말을 믿었거든요. 사기꾼은 똑똑해요. 임금님까지 속였잖아요.

　남을 속이면 나빠요. 그렇지만 이 책에 나오는 임금님은 속여도 돼요. 좋은 옷만 좋아하니까요. 나라는 안 보살피고 사치만 했잖아요.

　임금님 심부름으로 장관이 베 짜는 곳으로 가 봤어요.

"어서 오십시오. 어떻습니까, 이 아름답고 신비한 무늬와 색깔이."

사기꾼들은 장관을 놀리고 있는 거예요. 베 짜는 시늉만 하고 있었거든요.

장관은 실망했어요. 자기 눈에는 아무 것도 안 보였거든요. 하지만 거짓말을 하지요.

"음, 아주 훌륭하군."

그러면서 돈을 더 많이 주었습니다.

나라 사람들은 그 신비한 옷을 보고 싶어했어요. 임금님도 그 멋진 옷을 백성들에게 자랑하고 싶었습니다.

그런데 임금님 눈에도 옷감이 보이지 않았지요.

'세상에 이럴 수가 있나! 아무 것도 안 보이잖아! 흠, 내가 바보여서 그럴까?'

임금님은 그렇게 생각했어요. 그러면서 거짓말을 하지요.

"아주 멋있군. 마음에 쏙 들었어."

임금님은 사기꾼이 입혀 주는 시늉을 하는 옷을 입고 밖으로 나갔어요. 많은 신하들을 거느리고 시가 행진을 했지요. 하하하, 웃음이 나왔어요. 벌거벗은 줄도 모르고 신나서 걸어가잖아요.

사람들은 모두 거짓말을 했어요.

"정말 근사하네요."

모두들 바보가 되기 싫었거든요. 그런데요. 어떤 꼬마가 크게 소리쳤어요.

"임금님이 벌거벗었잖아!"

그 말에 모두 정신을 차렸지요. 그렇지만 임금님은 거드름을 피우며 계속 걸어갔습니다. 자기가 벌거벗은 줄 알고 있으면서도 그랬어요. 너무 창피했거든요.

임금님은 정말 바보예요. 어린 꼬마는 똑똑하구요. 저도 거짓말하는 사람은 되지 않을 거예요.

# 용감한 노엘

|송영섭|
〈북풍이 준 식탁보〉를 읽고

　어른들은 항상 용감한 어린이, 씩씩한 어린이가 되라고 하세요. 하지만 어떻게 해야 용감한 사람이 되는지 저는 모르겠어요. 친구들하고 싸울 일이 있어도 겁부터 나거든요. 엄마나 아빠가 야단을 치시면 가슴이 콩닥거려요.

　북쪽 나라 노르웨이는 유난히 겨울이 길고 춥습니다. 차디찬 북풍도 불어오고요.

　추운 골짜기에서 병든 어머니와 살고 있는 노엘은 북풍이 싫습니다. 헛간에서 밀가루를 들고 나오면 북풍이 모두 날려 버리기 때문입니다. 그것도 두 번, 세 번 반복해서……

　화가 난 노엘은 북풍에게 따지러 가기로 했습니다. 용감한 해적 바이킹의 투구를 쓰고 주먹을 불끈 쥐었습니다. 용기를 내기 위해서 가슴도 쭉 폈습니다. 다행히 북풍은 착했습니다. 북풍은 밀가루를 내놓으라고 말하는 노엘에게 요술 식탁보를 건네주었습니다. 요술 식탁보는 먹고 싶은 것을 말하면 당장 나오는 것이었습니다.

옛날에는 그렇게 요술을 부리는 것이 많았나 봐요. 그런데 요즘에는 왜 없지요? 요술을 부릴 줄 아는 사람들이 다 가져갔나요? 그냥 놔두면 도둑이 훔쳐갈까 봐서요?

집에 돌아온 노엘은 어머니 앞에서 식탁보를 펼쳤습니다. 그러나 식탁보에서는 아무 것도 나오지 않았습니다. 당연한 일이었습니다. 집에 돌아오기 전 머물렀던 여관 주인 아주머니가 그 식탁보를 바꿔치기 했으니까요.

화가 난 노엘은 다시 북풍을 찾아갔습니다. 북풍은 노엘에게 또다시 금화를 낳는 양을 주었습니다. 그러나 노엘은 여관 주인에게 양도 빼앗기고 말았습니다.

아무 것도 모르는 노엘은 다시 북풍을 찾아가 화를 냈습니다. 그러자 북풍은 상대편을 때려눕히는 지팡이를 주었습니다.

노엘도 대단하고 북풍도 대단해요. 왜 자꾸 찾아오느냐고 화를 낼 줄 알았는데 노엘을 끝까지 보살펴 주는 북풍이 참 친절해 보였습니다. 포기하지 않는 노엘도 대단하고요.

그 날 밤, 노엘은 잠을 자지 않았습니다. 여관 집 아주머니의 행동을 살피기 위해서였습니다. 잠시 후 주인 아주머니가 살그머니 문을 열고 들어왔습니다.

"지팡이야, 때려눕혀라!"

노엘이 외쳤습니다. 그러자 지팡이가 주인 아주머니를 때렸습니다. 결국 매를 견디지 못한 아주머니는 용서를 빌고 식탁보와 양을 돌려주었습니다.

착한 사람이라서 노엘은 북풍이 준 선물을 다 찾을 수 있었어요. 여관 아주머니 같은 사람이 그렇게 좋은 물건을 갖고 있다면 큰일일 거예요. 돈만 달라고 하고 자기 마음에 안 드는 사람은 다 없애 버리려고 할 테니까요.

이 책을 읽으면서 만약 내가 노엘이었으면 어떻게 했을까 생각해 보았습니다. 아마 나는 북풍에게 가서 내 밀가루를 내놓으라는 말은 못 할 것입니다. 그 커다란 북풍이 무서워서 그 앞에서 벌벌 떨기만 했을 것입니다. 하지만 노엘은 그렇지 않았습니다. 용감하게 자신의 의견을 밝혔어요. 그래서 아픈 어머니를 돌보며 행복하게 살 수 있게 되었습니다.

이제부터 저도 용감한 사람이 되어야겠습니다. 그래서 엄마가 씩씩하다고 칭찬하실 수 있게 할 것입니다.

# 푸슈킨 동화집

|윤재영|
〈신부와 일꾼 발다〉를 읽고

이 책은 정말 재미있었어요. 읽을수록 신나고 즐거웠습니다. 왜 발다를 바보라고 했는지 이해할 수 없었습니다. 발다는 신부보다도 더 영리하고 악마도 이기는 사람이기 때문입니다. 악마를 이길 때는 정말 신이 났습니다. 발다 만세! 하고 마음속으로 외쳤습니다.

옛날 귀리 가루로 만든 이마를 가진 신부가 살았습니다. 신부는 욕심이 아주 많았습니다. 제일 값싸고 좋은 일꾼을 찾았거든요. 신부는 발다에게 당할지도 모르는데 발다를 일꾼으로 썼습니다.

발다는 정말 열심히 일했습니다. 일하는 모습을 보니 절대 바보가 아니었습니다.

정말 바보는 그렇게 영리하고 똑똑한 발다를 못 알아본 신부였습니다.

일을 열심히 하면 나중에 이마 세 대를 때려도 좋다

고 허락했거든요

신부의 아내는 발다를 칭찬하고, 딸은 그를 불쌍히 여겼고, 아들은 아빠라고 불렀습니다. 발다가 그 아들에게 맛있는 죽을 만들어 주었기 때문입니다.

그런데 착한 발다가 왜 하인이 됐을까 하고 생각해 보았습니다. 그냥 자기 일을 열심히 해도 될 텐데 말이에요.

품삯을 줄 날이 다가오고 있었어요. 그러자 신부는 걱정이 되었습니다. 품삯도 주기 싫고 이마를 맞기도 싫었거든요.

신부의 아내가 꾀를 냈어요. 악마들에게 연공을 받아 오게 하라고 한 것이지요. 저는 연공이 뭔지는 몰라요. 악마하고 싸워 이겨야 가질 수 있는 것인가 봐요.

신부와 아내는 발다가 절대 악마를 못 이길 거라고 생각하고 어려운 숙제를 냈을 거예요.

발다는 바다로 가서 새끼를 꼬아 바닷물을 휘저었어요. 악마가 나오자 발다는 연공을 주지 않으면 경련을 일으킬 것이라고 하였어요.

그래서 악마와 발다는 시합을 하게 되었어요. 작은 악마랑 달리기를 해서 발다가 이겼어요. 어떻게 이겼냐 하면 정말 웃겨요. 악마를 속였거든요.

발다는 토끼를 두 마리 잡아다 동생이라고 하고 시합을 하였어요. 한 마리는 뛰는 시늉을 하고 한 마리는 결승점에 서 있었어요. 당연히 토끼가 이겼어요.

이번에는 다시 막대를 던지는 시합을 하였습니다.

발다가 비구름이 올 때 던지라고 하자 악마는 몸을 떨었어요. 그리고 졌다고 했습니다.

어떻게 그런 생각을 했는지 하인 같지 않아요. 얼마나 영리한지 몰라요.

이젠 발다가 과제를 냈어요.

암말을 들고 5백 미터를 가는 것이었는데 악마는 말을 번쩍 들었어요. 그렇지만 금방 쓰러지고 말았지요. 발다는 발로 옮긴다고 하며 말을 타고 1킬로미터를 달렸어요.

머리가 너무 좋아 이번에는 꼭 연공을 찾을 수 있겠네요.

발다가 모두 이기자 악마는 결국 연공을 내주었습니다.

발다는 신부한테로 돌아왔습니다. 품삯을 달라고 요구하자 신부는 할 수 없이 품삯을 주었어요. 꿀밤 세 대를 맞을 차례가 되었어요.

신부는 한 번 맞고 천장에 부딪혔어요. 이 정도면 발다의 힘이 얼마나 센지 아시겠지요? 두 번째는 말을 못하게 되었고 세 번째는 정신을 잃었어요.

　발다는 힘이 아주 대단하지요. 장사 같아요. 저도 신부처럼 돈만 생각하는 사람이 되지 않아야겠다고 생각했어요. 얕은꾀를 썼다가 발다 같은 사람을 만나면 심하게 당할지도 모르잖아요. 발다를 한번 만나 보고 싶습니다.

# 게으름뱅이 재크

|강효정|
〈재크와 콩나무〉를 읽고

　책읽기는 재미가 있습니다. 쉽고 짧은 이야기가 좋습니다. 그러면 금방 읽을 수 있으니까요. 오늘은 〈재크와 콩나무〉를 읽었습니다.
　재크는 어머니와 둘이 살고 있었습니다.
　그런데 몹시 가난했습니다. 얼마나 가난했는지 빵을 살 돈도 없었습니다. 요즘도 가난한 사람이 많습니다. 그렇지만 굶는 사람은 별로 없습니다.
　그래서 어머니는 하나밖에 없는 소를 팔기로 했습니다.
　"재크야, 암소를 끌고 가서 팔아 오너라."
　재크는 착한 사람 같습니다. 어머니의 말을 잘 듣기 때문입니다.
　재크는 길을 가다가 신기한 콩을 가진 할아버지를 만났습니다. 그 콩을 심으면 하늘까지 자란다는 말에

암소와 콩을 바꿨습니다. 저는 이상했습니다. 재크가 바보 같았습니다. 아무리 신기한 콩이라도 비싼 암소와 바꾸다니 정말 바보입니다.

화가 많이 난 어머니는 콩을 마당에다 버리고 재크를 혼냈습니다.

다음날 재크는 어느 날보다 빨리 일어났습니다. 기지개를 펴고 창 밖을 보던 재크는 깜짝 놀랐습니다.

"아니 이럴 수가. 그 할아버지의 말이 사실이었구나."

어젯밤 마당에 던져 놓은 콩이 자라 하늘까지 올라가 있었던 것이지요.

재크는 호기심이 많습니다. 얼른 그 콩나무를 타고 꼭대기까지 올라가 봤습니다. 겁이 없는 재크한테 무슨 사고라도 날까봐 조마조마했습니다.

하늘에 가 보니 커다란 성이 보였습니다. 재크는 해가 질 무렵 커다란 성에 도착했습니다. 재크는 성안으로 들어갔습니다. 여자가 있었습니다. 배가 고픈 재크는 여자에게 먹을 것을 좀 달라고 부탁했습니다.

"여긴 무서운 큰 거인이 사는 곳이에요. 빨리 먹고 집으로 돌아가요."

여자는 겁에 질린 표정으로 그렇게 말했습니다.

그런데 갑자기 어디서 쿵쿵 하는 소리가 들려왔어

요. 재크는 놀라서 큰 냄비 속에 숨었습니다. 거인은 여자가 가지고 온 음식을 순식간에 먹어 치웠습니다. 만일 재크가 들켰더라면 지금쯤 재크는 거인 뱃속에 들어 있을 것입니다.

거인은 심심해지자 상자에서 보물을 꺼내 갖고 놀았습니다. 황금 달걀을 낳는 암탉, 금화가 쏟아지는 돈주머니, 아름다운 노래를 연주하는 하프, 모두 귀한 보물입니다.

이것을 본 재크는 욕심이 났습니다. 그리고 거인이 잠들었을 때 보물을 몰래 훔쳤습니다. 그런데 닭이 울고 하프가 울려서 거인의 잠을 깨우고 말았습니다. 거인은 무섭게 쫓아왔습니다.

재크는 집을 향해 뛰어갔습니다. 거인은 쿵쿵쿵 소리를 내며 재크를 바짝 따라왔습니다.

재크는 어머니에게 도끼를 빨리 갖다 달라고 했어요. 재크는 도끼로 콩나무를 잘라 거인을 떨어져 죽게 했습니다.

재크는 어머니와 잘 살 수 있게 되었습니다. 얼마든지 돈을 가질 수 있으니까요.

엉뚱한 재크 때문에 어머니는 놀라기도 하고 화나기도 하고 기쁘기도 할 거예요.

# 착한 사씨와 나쁜 교씨

|안지현|
〈사씨남정기〉를 읽고

책이 읽고 싶었다. 마침 눈에 띄는 책이 있었다. 〈사씨남정기〉였다. 옛날 옛날에 아주 잘생긴 유한림이라는 청년이 있었다. 유한림이 장가 갈 때가 되었는데도 마땅한 색싯감이 없어 부모는 걱정이 태산이었다.

옛날에는 결혼하는 나이가 빨랐다고 하니까 만약 지금처럼 서른이 넘어서도 결혼을 못했다면 굉장한 사건이 될 것 같았다.

마침 저 건너편에 중매쟁이가 있었다. 중매쟁이는 유한림을 중매하겠다며 좋은 색싯감이 있다고 하였다. 그 중매쟁이의 말을 다 믿을 수는 없지만 유한림 부모는 기뻐하였다.

중매쟁이는 아랫동네에 사는 사씨 부부를 찾아갔다.
"저만 믿어 주세요. 잘생기고 멋진 청년인데……."
"그래도 사양하겠어요."

사씨 부부는 중매쟁이의 말을 들으려고 하지 않았다.

나는 사씨와 유한림이 결혼을 했으면 좋겠다는 생각이 들었다. 그러면 행복하게 살 수 있지 않을까 생각했던 것이다.

유한림의 노력으로 두 사람은 결혼을 하게 되었다. 나도 기뻤다. 마치 내가 결혼을 하는 것처럼 신이 나기도 하였다. 하지만 유한림의 아버지가 갑자기 돌아가셨다. 기쁨 뒤에는 항상 슬픔이 뒤따른다더니 역시 그 말이 맞는 것 같았다. 갑자기 아버지가 돌아가셨으니 유한림의 슬픔은 굉장히 컸을 것이다.

슬픔은 그것으로 끝나지 않았다. 사씨가 2년이 넘도록 아기를 못 낳는 것이었다. 옛날에는 아기를 못 낳는 여자는 쫓겨났다고 한다. 여자 잘못도 아닌데 왜 여자만 벌을 받아야 했는지 이해할 수 없었다.

모든 책임은 여자에게 있다고 생각한 옛날 사람들이 지금도 살아 있다면 여성 운동가들이 가만히 안 있을 것이다. 나는 내가 지금 태어났다는 것이 너무 다행스럽다.

사씨가 유한림에게 두 번째 부인을 얻으라고 말했다. 나는 유한림이 반대해 주길 바랐다. 그래야 사씨가 고생을 안 하기 때문이었다.

"좋은 일인지 모르겠구려."

유한림은 걱정이 되는 모양이었다. 읽으면서 나는 심장이 떨렸다. 두 번째 부인이 나쁜 사람이면 어쩌지? 하고 말이다.

사씨는 두 번째 부인을 데리고 왔다.

그 여자가 묵을 방 이름은 백자당이라고 지었다. 성은 교씨인데 방 이름은 백자당이라서 백자당 마님이라고 불렀다.

몇 달 뒤 교씨는 아들을 낳았다. 이름은 장지라고 지었다.

교씨는 내 예상대로 나쁜 사람이었다. 착한 사씨를 어떻게 괴롭힐지 궁리만 할 게 뻔했다. 그래야 자기가 안방을 차지하니까.

사씨를 내쫓고 안방을 차지하기 위해 교씨는 갖은 음모를 다 꾸몄다. 하지만 교씨에게도 불행이 찾아왔다. 사씨가 아기를 가진 것이다. 나는 잘 됐다는 생각이 들었다. 사씨가 아들을 낳으면 교씨도 마음을 바꿀 수 있을 것 같았다.

몇 달 뒤 사씨는 아들을 낳았다. 이름은 인아라고 지었다. 교씨는 겉으로 좋아하는 척하면서 속으로 사씨를 여전히 저주했다. 서로 도우면서 살아가면 편할 텐데 교씨가 바보 같았다. 사씨처럼 착한 사람과 협조하면서 살면 죽을 때까지 행복하게 지낼 텐데 말이다.

그 다음날, 유한림의 집에 신하 한 명이 새로 왔다. 그 신하는 교씨와 사랑에 빠져서 유한림과 사씨를 죽이려고 하였다. 두 사람은 아들 장지를 죽였다. 그리고는 사씨에게 음모를 덮어씌웠다. 결국 사씨는 한림의 집에서 쫓겨났다.

사씨가 불쌍했다. 그리고 교씨가 얄미웠다. 얄미운 정도가 아니라 끔찍했다. 어떻게 자식까지 죽이면서 나쁜 생각을 할까. 사씨는 자기의 억울함을 나무에다 썼다. 유한림도 교씨와 신하의 음모 때문에 귀양을 가게 되었다.

사씨와 유한림이 너무 불쌍하게 되었다. 유한림이 조금만이라도 교씨의 성격을 알았다면 사씨를 쫓아 내지 않았을 것이고 그러면 자기도 귀양을 떠나지 않았을 것이다.

나중에 무수리 때문에 죄가 들통나 교씨와 신하는 귀양을 가게 되었다. 잘 됐다는 생각에 저절로 박수가 나왔다.

유한림은 귀양에서 풀려났다. 유한림은 인아를 찾다가 강물에 빠졌다. 그런데 마침 사씨가 유한림을 발견해서 구해 줬다. 사씨와 유한림은 천생 연분인가 보다. 나중에 사씨와 유한림은 인아를 찾아 행복하게 살았다.

 사씨는 착하고 교씨는 나쁘다. 하지만 유한림은 교씨를 선택했다. 나는 사씨를 존경한다. 교씨가 사씨를 음모해도 사씨는 바위처럼 꿈쩍 않는다. 그런 사씨를 존경해야겠고 착한 마음을 가져야겠다.

 또한 나쁜 생각을 품고 살면 그 때는 이익이 올 수 있을지 모르지만 나중에는 결국 벌을 받고 만다. 하늘은 나쁜 사람을 절대 가만 놔두지 않기 때문이다.

# 사랑을 받지 못하고 자란 홍당무

|박민지|
〈홍당무〉를 읽고

저는 책읽기를 좋아해요. 하지만 독후감 쓰기는 싫어요. 책읽기보다는 어렵거든요. 그래도 써야만 해요. 방학 숙제가 있거든요. 〈홍당무〉라는 책을 읽었어요. 처음에는 홍당무라는 채소에 대해 쓴 책인 줄만 알았어요. 알고 보니 한 아이의 별명이 홍당무였어요. 애들이 별명을 부르면 싫어요. 왜 이름을 놔두고 별명을 부를까요? 상대방이 싫어하면 더 부르면서 괴롭히지요. 저는 그런 애들이 제 옆에 없었으면 좋겠어요.

홍당무는 머리카락이 빨갛고 얼굴은 주근깨로 가득합니다.

홍당무의 어머니는 항상 궂은 일은 홍당무에게만 시킵니다.

왜 그럴까? 첫째도 아닌 막내인데 말이에요. 저는 첫째라서 이런 일을 많이 해 보았거든요. 하지만 동생은 그런 일을 별로 많이 하지 않아요. 힘이 들면 엄마! 하거나 언니! 해요. 그래도 안 도와 주면 울어 버리거나 짜증을 내지요. 홍당무는 막내이면서도 제 동생 같지 않아요. 홍당무에게만 일을 시키는 가족들을 이해할 수 없었어요. 우리 엄마는 저한테 심부름을 시키기는 하지만 어렵고 힘든 일은 안 시켜요. 엄마가 직접 하시지요.

"저런 닭장 문이 열려 있구나. 누가 닫고 오겠니?"
"어머니, 우린 지금 책을 읽고 있어요."
형과 누나는 꾀를 부렸습니다.
"홍당무야, 그럼 네가 닫고 오너라."
하는 수 없이 홍당무는 무서움을 참으며 재빨리 닭장 문을 닫고 돌아왔어요.

홍당무는 참 용기가 많아요. 저 같았으면 쩔쩔맸을 텐데요.

홍당무네 집에는 피람이라는 개가 있어요. 이름이 참 이상해요. 왜 피람일까요? 무섭게 생겼을까요?

저는 개 짖는 소리만 들어도 무서워요. 껑껑 짖는 소리가 아무리 생각해 봐도 무섭거든요. 개 짖는 소리가 무섭게 들리니까 홍당무도 겁에 질립니다. 그래서 엄마를 속이기도 하지요.

아버지가 형과 홍당무에게 사냥을 허락했어요.

'내 솜씨를 멋지게 보여야지.'

홍당무는 가슴이 두근거렸습니다. 하지만 형이 그만 총을 빼앗아 갔습니다. 그리고 형만 쏘았어요.

참 나쁜 형인 것 같아요. 알고 보니 홍당무는 참 외로운 아이예요. 아빠만 빼고 전부 다 미워하잖아요. 엄마는 참외도 안 주고 형은 토끼풀을 먹이려고 홍당무를 골탕 먹이잖아요.

가족들에게 따돌림을 당하면서도 홍당무는 조금도 슬퍼하지 않아요. 홍당무 마음속에 예쁜 천사가 앉아 있나 봅니다. 그렇지만 죄 없이 당하기만 하니까 화가 나려고 해요. 홍당무야 그만 좀 당해라!

눈이 내리는 설날 아침입니다.

홍당무는 자기를 괴롭히는 엄마께도 편지를 보냈어요.

저는 홍당무에게서 많은 것을 배웠어요. 홍당무는 참으로 효심이 강하거든요.

방학이 되어 기숙사에서 지내던 홍당무 형제들이 집으로 돌아왔습니다. 하지만 아무도 홍당무를 거들떠보지 않았습니다. 같은 식구인데도 반가워하지 않다니 홍당무가 너무 외로워 보였습니다.

방학이 끝난 홍당무는 학교로 돌아갔어요. 홍당무는 아빠에게 편지도 쓰고 답장도 받았어요.

홍당무도 오랜만에 행복했을 것 같아요. 마음을 나

눌 수 있는 가족이 있으니까요. 아버지는 홍당무에게 좋은 친구이기도 하지요. 홍당무는 자기를 미워하는 가족들 속에서 아버지의 사랑을 느낄 때마다 행복을 느꼈을 것입니다. 계속 행복하게 지내기만 하면 행복을 모른대요.

아침나절, 어머니가 홍당무에게 심부름을 시켰어요. 하지만 처음으로 거절을 했어요.

많은 세월 동안 잘 참았는데 더 이상은 못 참을 것 같았나 봐요. 혼났을까? 궁금했습니다. 엄마도 왜 홍당무가 거절을 했는지 느꼈으면 좋겠어요.

홍당무는 어머니께서 재미로 괴롭히는 것 같아서 거절했대요.

저도 그런 생각이 들어요. 더욱 말을 안 듣는 형과 누나한테는 아무 말 안 하니까 말이에요. 그런데 아버지가 홍당무를 좋은 말로 타이르지요.

"별것 아닌 일에 그렇게 기가 죽어서는 안 돼. 잘 둘러보면 세상에는 즐거운 일이 많이 있거든."

저는 그제야 어머니를 조금 이해했어요. 어떤 일이든 꾀부리지 말고 강하게 자라라고 홍당무를 힘들게 했나 봐요.

# 나쁜 장희빈

|김선주|
〈인현왕후전〉을 읽고

 언제부터인지 저는 〈인현왕후전〉을 독후감으로 쓰고 싶었습니다. 하지만 선생님께서 전래 동화나 창작 동화를 읽고 독후감을 쓰라고 하셔서 기회가 없었습니다. 다른 것은 쓰기 싫지만 〈인현왕후전〉은 꼭 쓰고 싶었습니다. 그런데 오늘은 〈인현왕후전〉을 쓸 수 있게 되었습니다.
 저는 기쁜 마음으로 〈인현왕후전〉을 읽었습니다.
 외모는 예쁘지만 성격이 나쁜 장희빈과 예쁘고 성격 좋은 인현왕후, 그 둘 중 누구를 더 좋아하겠어요? 저는 당연히 인현왕후예요. 제가 장희빈에게서 태어났다면 많이 맞고 살았을 것 같아요.
 장희빈처럼 못된 성격이라면 자식이라도 마구 대했을 것 같거든요. 꼭 계모 같았을 겁니다. 반대로 인현왕후는 우리 엄마처럼 따뜻했을 것 같습니다. 아프면 밤새껏 간호해 주고 맛있는 것이 있으면 먼저 자식부터 생각하는 따뜻한 엄마였을 겁니다.

왕인 숙종도 큰 잘못을 저질렀습니다. 마음씨가 나쁜 장희빈의 말만 듣다가 중전 민씨를 폐비시켜 버리고 장희빈을 중전으로 올렸습니다.

장희빈은 좋아서 호호호 웃었지만 중전 민씨는 얼마나 슬펐겠어요. 중전은 나라의 어머니예요. 나라의 어머니가 장희빈이면 백성들은 코웃음을 칠 것입니다. 존경할 수가 없으니까요. 백성들을 생각한다면 숙종 임금도 민씨를 폐비시키는 일은 하지 않았을 것입니다. 그런데요, 장희빈이 얼마나 여우 같기에 한 나라의 임금님을 갖고 놀았을까요?

참 숙종 임금도 생각이 없는 것 같습니다.

중전 민씨가 갖은 나쁜 짓은 다 한다는 말을 듣고서는 폐비시켜 버리다니요. 제가 만약 숙종이라면 그렇게까지는 안 할 텐데. 하지만 나중에는 민씨를 중전으로 다시 맞이하고 장희빈을 빈으로 내렸으니 정신을 많이 차린 거죠. 그렇게 갖은 고생을 다 했으면서도 원망 한 마디 하지 않고 오직 임금과 백성을 염려한 인현왕후가 너무 존경스러웠어요.

사람도 착하면 복을 받습니다. 인현왕후도 끝까지 착해서 복을 받은 것이지요.

하지만 장희빈은 무당과 모의하여 인현왕후를 죽일 음모를 꾸몄습니다. 처음에는 인현왕후의 초상화에다 화살을 쏘았습니다. 다음에는 인현왕후를 본딴 인형에 해골 가루로 옷을 만들어 입혀 저주를 하였습니다.

그래서 중전은 죽고 말았습니다. 하지만 숙종의 꿈에 인현왕후가 나타나서 취선당으로 가보라고 하였습니다. 그냥 죽는 것이 인현왕후도 슬펐던가 봅니다. 그래서 숙종은 장희빈이 있는 취선당으로 갔습니다. 장희빈의 나쁜 행동이 다 들통나고 말았습니다.

인현왕후가 어떻게 죽었는지 사실을 밝혀 내 다행입니다. 제 가슴도 후련하였습니다. 그리하여 장희빈은 사약을 받고, 그 일에 가담했던 다른 사람들도 벌을 받았습니다.

저는 이 책을 읽고 나서 장희빈처럼 독하게 살지 않고 노력하며 착하게 살아야겠다고 생각했습니다. 그래야 모든 사람들에게 존경받는 사람이 될 것입니다.

# 개성 있는 아씨들

| 정현경 |
〈작은 아씨들〉을 읽고

　독후감을 써야 했습니다. 무엇을 쓸까 생각하다 〈작은 아씨들〉을 읽었습니다. '작은 아씨들'이라는 제목이 좋았거든요. 남자애들은 컴퓨터나 장난감에 관심이 많지만 우리 여자아이들은 공주, 아씨, 여왕, 그런 글씨를 보면 눈여겨보게 돼요. 뭔가 재미있는 일이 벌어질 것 같거든요.

　이 책은 개성이 팍팍 튀는 아가씨들의 이야기입니다.

　첫째 메그, 둘째 조, 셋째 베스, 그리고 넷째 에이미. 네 딸 모두 사랑스럽습니다. 누구에게나 사랑을 받습니다. 그 네 자매를 사랑하지 않는 사람은 한 명도 없을 거예요.

　저는 제 성격에 문제가 있다고 생각은 해요. 욕심을 잘 부리거든요. 뭐든지 제 마음대로 해야 좋아해요.

잘 안 되면 화를 내구요. 이 책에 나오는 아씨들과 비교해 보면 제가 너무 버릇이 없어요. 아이, 창피해.

추운 겨울입니다. 크리스마스 이브에 네 명의 자매는 좋은 생각을 했습니다.

"언니, 우리 엄마께 드릴 선물을 준비하자!"

"그래, 좋은 생각이야."

자매들은 좋은 생각이라며 찬성합니다. 정말 착한 딸들이지요? 저는 엄마 생신 날과 엄마 아빠 결혼 기념일에 선물을 드려요. 주로 꽃을 사 드리지요. 그러면 우리 엄마는 굉장히 좋아해요.

드디어 크리스마스 아침이 되었습니다. 네 자매는 파티를 열었습니다. 엄마는 네 딸의 선물을 받고 몹시 기뻐합니다. 이제 네 딸이 다 컸다는 생각에 엄마는 대견하실 것입니다.

조와 친한 로리가 자매들을 초대했습니다. 초대를 받은 아가씨들의 즐거워하는 모습이 눈에 보이는 것 같습니다. 개성이 팍팍 튀는 작은 아씨들이 부유한 로리의 집에서 하는 행동들은 각기 다릅니다. 베스는 피아노를 치고 에이미는 그림을 그리고 메그는 책을 보는 등 가지각색이었습니다.

"어쩌면 자매들이 이렇게 각각 다를까?"

그런 생각이 저절로 들었습니다.

우리들은 공부만 하고 자랍니다. 그림을 그리거나 피아노를 치기도 하지만 그것도 좋은 성적을 내기 위해서입니다. 자기에게 맞는 취미를 한 가지씩 갖고 있는 자매들이 부럽습니다.

그러던 어느 날 군대에 계신 아버지께서 위독하시다는 편지가 날아왔습니다. 어머니는 마차를 타고 급히 가셨습니다.

엄마가 안 계시는 동안 아가씨들은 많은 고생을 합니다. 에이미는 고모네로 가 있고 베스는 죽을 병에 걸려서 모두가 간호해 주어야 하였습니다. 엄마도 없는데 몹시 불안했을 것입니다. 최선을 다해 보았지만, 베스의 병은 좀처럼 낫지 않았습니다.

엄마가 도착할 즈음에 베스의 병은 거의 다 나았습니다. 엄마께서는 다행이라며 안심을 하셨습니다.

식구들 모두 안도의 한숨을 내쉬었습니다. 저도 안심을 하였습니다. 부모님이 안 계시지만 네 자매가 힘을 합쳐 어려운 일을 헤쳐나간 것이 너무도 대견스러웠어요. 마치 제가 그 속에 있었던 것처럼 어깨가 으쓱했습니다.

저번에 엄마가 집을 비운 적이 있었습니다. 불편해서 혼났어요. 밥맛도 없었어요. 그래서 엄마가 오실 때까지 배가 고파도 밥을 안 먹었어요.

"너를 놔두고 어딜 갈 수 있겠니?"

엄마는 돌아와서 저를 보며 한숨부터 내쉬셨어요. 지금 생각하니까 정말 부끄러워요. 실력이 부족해도 부엌에 들어가 맛있는 것을 해서 아빠께도 드렸으면 엄마는 어떤 표정을 지으셨을까요?

"우리 딸이 최고네. 벌써 이렇게 컸구나."

엄마는 이렇게 대견해 하셨겠지요.

군대에 가신 아버지도 돌아오시고 예쁘고 착한 작은 아씨들은 행복하게 살게 되었습니다. 이렇게 슬픔과 고통을 다 겪어 가면서도 밝게 웃는 작은 아씨들은 정말 사랑스러운 아씨들입니다.

# 아기와 게으름뱅이들

|김보라|
〈게으름뱅이 여자〉를 읽고

 이 책을 읽게 된 동기는 글짓기 학원에서 독후감을 쓰는 데 많은 도움이 되지 않을까 하고 생각했기 때문입니다. 〈게으름뱅이 여자〉라는 책이었습니다.
 옛날 한 마을에 베티라는 게으름뱅이 여자가 살고 있었습니다. 온 마을을 뒤져 봐도 베티보다 게으른 사람은 찾아볼 수 없다고 할 정도로 게으름뱅이입니다. 얼마나 게을렀으면 그런 말까지 들을까요? 저도 게으름을 많이 피웁니다. 그래서 엄마한테 야단을 많이 맞습니다.
 어느 날 베티는 맨스터라는 사람과 결혼을 했지만 맨스터도 베티처럼 게을렀습니다. 부부가 다 게을러서 야단입니다. 저와 제 동생이 아무리 어질러 놓아도 다행히 우리 엄마가 치워 주십니다. 그래서 우리 집은 항상 깨끗하지요.

이윽고 베티는 사내 아기를 낳았습니다. 아주 귀여운 아이였습니다. 베티가 씻어 준다면 말이지요. 그런데 게으름뱅이 여자가 아기를 씻어 줄 리가 없습니다. 그렇게 되면 아기는 세상에서 제일 더러운 아기가 될 것이 뻔합니다.

하지만 아기는 착했습니다. 그래서 베티는 아기의 볼을 비비며 노래를 불러 주었고, 그러면 아기는 방글방글 웃습니다.

아기도 게을러질까봐 걱정되었습니다. 왜냐면 어린이들은 가까운 어른들의 행동을 그대로 따라 하기 때문입니다. 어떤 엄마는 꼭 엉덩이로 냉장고 문을 닫았습니다. 그랬더니 그 집의 아이들도 꼭 엉덩이로 냉장고 문을 닫았습니다. 베티의 아기도 엄마를 닮아 게으름뱅이가 될까봐 걱정이었어요.

어느 날 맨스터는 토끼 사냥을 나갔고, 아기가 잠든 사이에 베티는 꽃을 꺾으러 나갔습니다.

저는 아기가 없어질까봐 걱정이 자꾸 되었습니다. 아기는 아직 걷지 못하니까 어디로 가 버릴 일은 없겠지만, 그래도 모르잖아요. 가끔 아기를 잃어버리고 쩔쩔매는 가족들을 보기도 하거든요.

베티가 돌아왔어요. 그것도 날이 완전히 어두워서야 돌아왔습니다. 아기 걱정은 하지도 않았나 봅니다. 제

예상대로 아기가 없어지고 요람은 뒤집어져 있었습니다. 아기는 어디로 갔을까요? 큰일이 났습니다. 아무리 찾아봐도 아기 모습은 보이지 않습니다.

저녁이 되자 맨스터는 토끼를 잡아 가지고 집으로 왔습니다. 베티가 맨스터에게 아기가 없어졌다고 하자 둘은 서로를 원망했습니다. 너무 겁이 나고 걱정이 되어 그랬을 것입니다. 그렇지만 마음속으로는 모든 책임이 스스로에게 있다는 것을 알고 있었을 거예요. 그동안 잘못했던 일을 반성하기도 하구요. 사람은 항상 일이 터지면 지난 일을 후회합니다. 그 전까지는 무엇을 잘못했는지 전혀 깨닫지 못합니다.

아기를 찾으려고 굴 속에도 가보고 숲 속도 찾아보았지만 아기는 없었습니다.

아기가 어디 있을까? 울고 있는 것은 아닐까? 하고 걱정되었습니다.

그런데 고양이가 집을 나갔다 들어왔다 하는 것이 아니겠습니까? 베티 부부는 고양이를 따라가 보았습니다. 고양이는 아기가 있는 곳으로 데려다 주었습니다. 아기는 엄지손가락을 빨며 요람 위에서 자고 있었습니다.

저는 아기가 무사하여 다행이라고 생각했습니다. 베티 부부도 안심을 하였을 것입니다. 그런데 신기한 일이 벌어지고 있었습니다.

요정들이 은빛의 가는 끈을 잡아당기며 아기의 요람을 흔들고 있었기 때문입니다.

요정들은 아기를 데리러 갔을 때 너무 더러워서 이슬로 닦아 주고 조그만 셔츠도 빨아 주었지! 하며 노래로 불렀습니다. 요정들은 아기를 한 번만 더 더럽히면 훔쳐 간다고 하였습니다.

아기를 훔쳐 갈까봐 베티 부부는 얼른 아기를 집으로 데려와서 깨끗하게 씻겼습니다. 게으름 때문에 아기를 뺏길 수는 없잖아요.

요정들의 힘으로 베티 부부가 부지런해져서 다행이었습니다. 오늘 할 일을 미루면 게을러진다는 것을 알았습니다. 앞으로 오늘 할 일을 꼭 해야 하겠습니다. 그래야 다가오는 내일이 편해지니까요.

'오늘 할 일을 내일로 미루지 말라.'

그 말을 되새기게 하는 글이었습니다.

# 나비가 된 애벌레들

|이현진|
〈꽃들에게 희망을〉을 읽고

재미있는 책을 보면 기분이 좋아진다. 그리고 굉장히 큰 보물 하나를 가슴에 지니게 된 것 같은 기분이 되기도 한다. 오늘 읽은 이 책도 그렇다. 정말 감동 깊었다. 책을 읽는 동안 애벌레들의 긴 여행을 나도 따라가는 듯한 기분까지 들었다.

애벌레들은 꼭 나비가 되어야 한다. 나비가 되기 위해 애벌레로 태어난 것이다.

이 책 내용은 애벌레가 나비가 될 때까지의 생활을 쓴 것이다.

줄무늬가 있는 작은 애벌레가 자기가 지금까지 살아온 집인 알을 깨고 이 세상에 나왔다. 애벌레는 배가 고파서 나뭇잎을 갉아먹었다.

어느 날, 애벌레는 먹는 것을 그만 두고 삶에 대하여 골똘히 생각하게 되었다. 나는 문득 나 자신이 아직도 철없는 애벌레 같다는 생각을 하였다. 나이를 어느 정도 먹어야 삶에 대한 생각을 시작할 수 있는 것일까, 하고 궁금해지기도 했다. 아직은 놀고먹고 공부하는 것이 전부인 줄 알지만 나도 언젠가는 삶에 대해 생각하는 어른이 되어 있을 것이다.

줄무늬 애벌레는 하늘로 솟아 있는 큰 기둥을 보았다. 줄무늬 애벌레는 그 기둥에 올라갔다. 올라가는 도중에 노랑 애벌레를 만났다. 두 애벌레는 땅으로 내려와 풀밭으로 가서 풀을 먹고 낮잠을 잤다.

나도 줄무늬 애벌레처럼 모든 것을 끝까지 하지 않고 꼭 도중에 포기를 한다. 애벌레가 위로 오르기를 포기한다면 영원히 나비가 되지 못할 것이다. 그리고 나도 삶이 무엇일까, 깊게 생각할 줄 모른다면 언제까지나 어린아이로 살 수밖에 없을 것이다. 이 책의 애벌레는 바로 우리 인간들의 모습 같았다.

줄무늬 애벌레는 노랑 애벌레에게 기둥에 다시 한 번만 같이 올라가자고 부탁하였다. 하지만 노랑 애벌레는 가슴 아파하면서도 가지 않겠다고 대답하였다. 줄무늬 애벌레는 할 수 없이 노랑 애벌레를 두고 기둥을 오를 수밖에 없었다. 내가 만약 노랑 애벌레라면 줄무늬 애벌레를 따라 갈 텐데.

세상은 포기하지 않고 최선을 다해야만 성공의 맛을

볼 수 있다. 노랑 애벌레처럼 시작도 않고 포기부터 한다면 절대 성공하기 어려울 것이다.

노랑 애벌레는 어느 날 늙은 애벌레를 보았다. 늙은 애벌레는 털 뭉치에 갇혀 있었다. 노랑 애벌레는 사고가 난 줄 알았다.

"도와 줄까요?"

그렇게 물었다. 그 때 늙은 애벌레는 노랑 애벌레에게 꼭 나비가 되어야 한다고 말해 주었다. 나도 애벌레더러 나비가 꼭 되어야 한다는 말을 해 주고 싶었다.

뭔가 뭉클한 기분에 빠졌다.

내가 되고 싶지 않아도 언젠가는 어른이 된다. 그렇지만 어른다운 어른이 되는 것은 어렵다. 얼마만큼 노력하고 최선을 다했는가에 따라 미래는 달라지기 때문이다.

노랑 애벌레는 할 수 없이 줄무늬 애벌레를 두고 나비가 될 수밖에 없었다. 그래서 노랑 애벌레는 나뭇가지로 올라가서 털 뭉치 같은 것으로 자기 몸을 가리고 나비가 되기만을 기다렸다.

나도 빨리 어른이 되고 싶다. 그러면 더 넓은 세상을 향해 훨훨 날 수 있을 것이다.

노랑 애벌레는 나비가 되어 자유롭게 날아다니다가

줄무늬 애벌레를 보았다. 그제야 줄무늬 애벌레는 노랑 애벌레를 보고 자기도 나비가 되겠다고 결심하였다.

그 날 이후 노랑 애벌레와 줄무늬 애벌레는 자유롭게 하늘을 날아다녔다.

나도 나비처럼 하늘을 자유롭게 날아다니고 싶다. 그것은 얼마나 내 삶을 잘 이끌어 가느냐에 달렸을 것이다. 삶이 무엇인지 잘은 모르겠지만.

# 불쌍한 아이

|이수미|
〈올리버 트위스트〉를 읽고

  가을은 독서의 계절이라고 합니다. 바람도 선선하게 불어 책을 읽기에 딱 좋다고 합니다. 저는 물론 다른 때에도 책을 많이 읽습니다. 하지만 텔레비전에서 가을은 독서의 계절이라고 하도 강조하기에 색다른 책을 읽어 보고 싶어서 서점으로 갔습니다.
  서점에는 정말 많은 책들이 있었습니다. 어떤 책이 좋은지 고르기도 힘들었습니다. 하지만 그 속에서도 좋은 책은 금방 눈에 띄었습니다.
〈올리버 트위스트〉
  저는 그 책을 사 들고 와 한 번 읽고, 두 번 읽고 여러 번 읽었습니다. 그리고 오늘은 그 때의 감동을 생각하며 독후감으로 쓸 생각을 했습니다.
  어느 보육원에 또 새 아이가 들어왔습니다. 그 아이의 엄마가 길가에 쓰러졌기 때문에 아이는 보호자가

없었습니다. 보육원장님은 우선 아이를 안아 주고는 아이의 엄마를 진찰해 줄 의사 선생님을 불렀습니다. 그런데 아이의 엄마를 진찰하신 의사 선생님은 고개를 절레절레 흔들며 말했습니다.

"이 부인은 불가능합니다."

저는 그 말에 깜짝 놀랐습니다. 어린아이를 두고 엄마가 죽어야 하잖아요. 그건 너무 슬픈 일입니다. 아이는 나중에 자라 엄마가 보고 싶을 겁니다. 그런데 그럴 때 엄마의 얼굴조차 떠오르지 않으면 얼마나 슬플까요? 저도 가끔 엄마와 떨어져 있어야 할 때가 있습니다. 그럴 때 저는 엄마의 얼굴을 떠올리거나 사진을 봅니다. 그럼 조금은 기분이 좋아집니다.

그 아이는 '올리버 트위스트'라는 이름으로 불렸습니다. 그 아이의 얼굴은 여자아이 같아 보입니다. 남자인데 너무 말라서 그런 것 같습니다. 아마 엄마가 보고 싶어 매일 울어서 그렇게 말랐을 겁니다.

올리버 트위스트가 열두 살이 되는 날, 올리버 트위스트는 보육원에서 나왔어요. 일을 하면 잠을 재워 주는 곳으로 갔어요. 그러나 올리버 트위스트는 그 곳에서 오래 있을 수 없었어요. 같이 일하는 친구들이 시키는 바람에 밥 한 그릇을 더 달라고 했다가 쫓겨나 버렸습니다.

너무 불쌍하였어요. 친구들은 너무 합니다. 올리버 트위스트도 자기들처럼 갈 곳 없는 아이라는 것을 알면서 그런 짓을 시켰으니까요.

갈 곳 없는 올리버 트위스트는 관을 파는 가게에서 일하게 되었어요. 이번에는 올리버 트위스트가 가게 주인 아저씨께 사랑을 받았으면 좋겠어요. 올리버 트위스트가 쫓겨날 때마다 정말 불쌍하였거든요. 그런데 요번에도 오래 가지 못하고 또 쫓겨났어요.

그러다 올리버 트위스트는 어떤 나쁜 아이를 따라가게 되었습니다. 그 아이는 도둑이었습니다. 그래서 올리버 트위스트도 도둑질을 할 수밖에 없었습니다. 나는 올리버 트위스트가 도둑질을 안 했으면 좋겠다고 생각했습니다.

올리버 트위스트는 첫 도둑질을 하기로 했어요. 도둑질의 목표는 어느 서점에서 책을 읽는 노인이었습니다. 올리버 트위스트는 끝내 도둑질을 하지 못하였어요. 들켰거든요.

그 노인은 올리버 트위스트가 마음에 들었는지 올리버 트위스트를 키워 주기로 하였어요. 또 그 노인과 친한 올리버 트위스트의 이모도 만나서 행복하게 살게 되었지요.

올리버 트위스트의 인생이 조금은 불쌍해도 나중에 행복하게 사는 것을 보니 기분이 좋았습니다.

# 영원한 이야기

|최성재|
〈삼국지〉를 읽고

누가 저한테 세상에서 제일 재미있는 책이 뭐냐고 물으면 저는 자신 있게 대답할 수 있습니다.

"삼국지요!"

이렇게 말예요. 그만큼 〈삼국지〉는 저에게 많은 영향을 끼쳤습니다. 〈삼국지〉를 읽느라고 밤을 홀랑 새운 적도 있었고 학교 숙제를 까먹고 있다가 혼난 적도 있었습니다. 그만큼 아무리 읽어도 〈삼국지〉는 싫증이 나지 않습니다. 다행히 너그러운 우리 엄마 덕분에 저는 세상에 나와 있는 〈삼국지〉를 거의 다 읽을 수 있었습니다.

"아이들이 한 가지 책만 계속 읽는 것은 아직도 새로움을 느낄 수 있기 때문이에요."

엄마는 다른 엄마들이 한 가지 책만 읽는다고 걱정하면 항상 그렇게 대답하시고는 합니다. 우리 엄마 말

씀이 옳습니다.
〈삼국지〉가 아무리 읽어도 싫증나지 않는 이유는 이야기 속도가 빠르기 때문입니다.
또한 넓고 광활한 중국 대륙을 누비는 장수들의 이야기가 너무도 흥미진진합니다.

만약에 유비가 제갈공명을 못 만났다면 어떻게 되었을까요? 어쩌면 유비가 그렇게 많은 영토를 차지할 수 없었을지도 모릅니다.

사실 유비는 성격이 소심한 편입니다. 제갈공명이 훨씬 넓고 대담합니다. 그러니까 유비가 그렇게 큰 공을 세울 수 있었던 것은 제갈공명 덕분이었지요.

아마 유비는 누구보다 자기 자신의 결점을 잘 알고 있었을지도 몰라요. 그러니까 부족한 면을 채우기 위해서 제갈공명을 자기 편으로 끝까지 끌어들이려고 애를 썼을 것입니다.

촉나라, 오나라, 위나라, 이렇게 머릿속에 새겨 놓지

않고 글을 읽으면 무슨 뜻인지 쉽게 파악하기가 어렵습니다. 새로운 인물이 등장할 때마다 어느 나라 사람인가를 써 보면서 읽으면 더 빨리 이해가 됩니다. 그리고 자기 나름대로 작전을 짤 수도 있구요.

의로운 인물들이었던 유비, 관우, 장비는 우연히 만나 복숭아밭에서 의형제를 맺게 됩니다. 그 당시 죄 없는 백성들을 괴롭히던 황건적을 물리치기 위하여 삼형제는 뜻을 모으고 정의의 깃발을 높이 쳐들었습니다.

마침내, 의로운 삼형제는 촉나라를 세우지만 결국은 삼국을 통일하지 못하고 세상을 떠납니다.

그 뒤를 이은 황제와 장군, 군사들이 힘을 모아 삼국을 통일하려고 피땀을 흘리며 노력합니다.

그러나 끝내 큰 뜻을 이루지 못하고 말았습니다. 의로운 삼형제가 삼국 통일을 하였다면 더 좋았을 것 같습니다. 그렇지만 그 넓은 땅을 하나로 통일하기가 그렇게 쉽지는 않았을 것입니다.

우리 나라도

옛날에 삼국 시대가 있었습니다.

　왕과 신하와 백성들이 한마음으로 뭉친 신라는 삼국을 통일했습니다. 하지만 불행하게도 우리는 다시 남북으로 갈라지고 말았습니다. 만약 유비, 관우, 장비 삼형제의 뜻과 같이 우리 모두 뭉칠 수 있다면 우리나라도 쉽게 통일을 이룰 수 있을 것입니다.

　유비는 너무 답답합니다. 그리고 조조는 너무 성급합니다. 하지만 부하를 어떻게 다스리면 되는지 너무도 잘 알고 있습니다. 유비 밑에는 제갈공명, 관우, 장비, 그런 장수밖에 없지만 조조 밑에는 숫자를 헤아릴 수 없을 만큼의 많은 장수들이 있었습니다.

　어쩌면 유비도 죽고 조조도 죽은 뒤에 누가 승리할 수 있느냐는 이미 결정이 되어 있었을지도 모릅니다.

　특히 조조의 온갖 유혹을 물리치며 의리를 자기 목숨보다 더 소중히 여기는 관우, 슬기와 지혜로 적을 무찌르는 제갈공명을 보고 참된 용기와 굳센 의지를 배웠습니다.

　앞으로도 저는 〈삼국지〉를 틈만 나면 볼 생각입니다. 〈삼국지〉 속에서 놀다 보면 정말로 제가 용감한 무사가 되어 열심히 작전을 짜고 있는 듯한 기분이 들기 때문입니다.

# 씩씩한 소년들

|김자연|
〈15소년 표류기〉를 읽고

15명의 소년들한테 사고가 났다. 큰 바다 한가운데에서 무서운 풍랑을 만난 것이다.

소년들이 겨우 정신을 차리고 보니 떠밀려 온 곳은 아무도 살지 않는 무인도였다.

그 무인도에서 소년들은 고향으로 돌아가기 위해서 온갖 지혜를 다 짜내고 노력을 하였다. 그리고 드디어 2년 후에는 그리운 집으로 돌아가게 된다.

나이도 어린 소년들이 슬기롭게 행동하면서 꿈을 잃지 않는 모습이 감명 깊었다. 나도 그 속에 끼여 있었다면 뭔가 열심히 도움이 되는 일을 했을 것 같다.

그 15명의 소년들이 가장 깊게 깨달은 것이 무엇일까. 아마도 호기심으로 무턱대고 위험한 일을 저질렀을 때 어떤 대가를 치르게 되는지를 톡톡히 깨달았을 것이다. 모험에는 위험이 따르기 때문이다. 모험을 즐기자면 철저한 준비와 올바른 판단력을 앞세운 행동이 뒤따라야 된다. 나이 어린 꼬마 아이들한테 모험이란 그래서 더 위험할 수밖에 없는 것이다.

참된 모험 정신이 무엇일까를 생각해 보았다. 깊은 생각과 날카로운 판단, 꺾이지 않는 의지와 인내일 것이다. 그리고 어떤 어려움 앞에서도 두려움 없이 헤쳐 나갈 수 있는 용기이다.

아주 어려서의 일이다. 외가에 갔는데 우리 또래 아이들하고 볏짚 앞에서 팽이를 돌리며 놀았다. 그런데 어떤 애가 짚단 속에서 고양이가 새끼를 낳았다면서 불을 놓자고 하였다. 우리는 호기심을 갖고 그 짚단에 불을 놓았다. 하지만 아무 것도 없었다. 불은 그 짚단만 태운 것이 아니라 외삼촌 돼지 우리로까지 번져서 아주 혼이 난 적이 있었다. 만일 그 불이 안채에까지 번졌다면 정말 큰일이었을 것이다.

아무 판단도 없이 호기심으로 저지른 행동이었다. 외삼촌 앞에서 두 시간 동안이나 무릎을 꿇고 벌을 서면서 다시는 그런 위험한 장난을 하지 않겠다고 맹세를 했었다.

이 책을 읽으면서 나는 모험이란 절대로 엉뚱한 행동을 앞세워 누군가를 놀라게 하거나 피해를 주는 것이 아니라는 것을 알았다.

그러니까 이 책에 나오는 15명의 소년들이 나를 가르치기 위해 나타난 인생 스승이었던 것이다.

15명이나 되는 소년들이 모이다 보니 크고 작은 사고는 계속 일어난다. 성격이 다르다 보니 말다툼도 자주 일어난다. 그러나 소년들은 그 어려운 환경 속에서 서로를 이해하고 지혜와 힘을 모아 악당을 물리치기도 한다.

가장 흐뭇했던 것은 소년들이 작은 민주 사회를 만들어서 지도자를 뽑고 질서를 지키며 자치 생활을 해 나갈 때였다. 아, 민주주의 사회는 이렇게 해서 가꿔지는 것이구나, 하고 생각하였다. 학급 회의도 그런 의미로 본다면 민주주의 사회를 좀더 발전시키기 위한 공부라는 것을 알았다.

서로를 위로하며 협동하는 마음으로 자연과 싸워 이긴 어린 소년들을 보면서 나는 굉장히 기뻤다. 마치 내가 큰일을 해낸 것 같은 기분이었다.

# 엉뚱하고 용감한 돈키호테

|정은선|
〈돈키호테〉를 읽고

　엉뚱한 행동을 하거나 엉뚱한 소리를 하면 사람들은 이렇게 말합니다.
　"너는 꼭 돈키호테 같은 짓만 하는구나."
　돈키호테가 얼마나 엉뚱하면 그런 말을 할까, 하고 여러 번 생각했습니다.
　이 책을 읽으면서 아, 이래서 엉뚱한 사람을 돈키호테 같다고 하는구나, 하고 고개를 끄덕였습니다. 눈물이 날 만큼 우스꽝스러우면서도 가슴 뭉클한 큰 감동을 받게 하는 이 책을 저는 단숨에 읽었습니다.
　스페인의 라만차 지방에 키하나라는 영감님 한 분이 살고 있었습니다. 영감님은 그 무렵 유행하던 기사 이야기책을 너무나 열심히 읽더니 자기 자신이 그 이야기 속의 주인공이 된 듯한 착각에 빠집니다.
　"부정한 것은 바로잡고 불쌍한 사람이나 억울한 사

람을 구하는 것이 기사 정신이다!"

영감님은 그렇게 외칩니다. 영감님은 자기 이름을 라만차의 기사 돈키호테라고 고쳤습니다. 그리고 옛 조상들로부터 내려오던 낡은 갑옷을 입고 말라빠진 말인 로시난테를 타고 기사 수업을 떠납니다. 너무 순박해서 어리석은 사람으로 보이는 산초라는 농부가 하인이 되어 따라갑니다.

돈키호테는 여행을 하면서 보는 것이나 듣는 것 모두 기사 이야기에 나오는 장면으로 착각합니다. 그래서 배꼽이 빠질 만큼 우스운 실수를 수도 없이 저지릅니다.

여관을 성으로 생각하고 찾아가기도 하고 바람에 저절로 돌아가는 풍차를 보고 "이 흉악한 거인아, 라만차의 기사 돈키호테의 칼을 받아라!" 하고 달려들다가 나가떨어지기도 합니다. 하하하, 웃음이 나와서 책장을 제대로 넘길 수가 없을 정도였습니다.

그렇게 엉뚱하고 늙은 기사에게도 한 송이 꽃처럼 순정이 있었습니다. 농부의 딸을 공주로 생각하며 무릎 꿇고 사랑을 고백하다가 야단을 맞고 실망하기도 합니다. 그런 모습은 너무나 측은하여 동정하는 마음이 절로 우러났습니다.

비록 엉뚱하기는 하지만 돈키호테는 자신이 옳다고

여기는 일은 꼭 행동으로 옮겼습니다. 남이 뭐라고 하든 상관하지 않았습니다.

하지만 너무 엉뚱한 일을 저지르다가 실패를 거듭하는 모습은 안타깝기만 했습니다. 정말 현실 감각이 너무도 없었습니다.

돈키호테는 남을 의심할 줄 모르는 순진한 사람이었으며 자기의 힘에 맞지 않는 강한 정의감을 갖고 실천하려고 애쓴 사람이었습니다.

"돈키호테 씨, 당신의 엉뚱하면서도 맑은 정신은 나에게 많은 생각을 하도록 해 줬습니다. 고맙습니다."

오랜만에 정말 좋은 책 한 권을 읽었다는 생각을 하며 책장을 덮었습니다.

# 이웃을 사랑하는 마음씨

|박영찬|
〈스크루지 영감〉을 읽고

엊그제가 제 생일이었습니다. 친구들이 많이 찾아와 주었습니다. 선물도 많이 받았습니다. 주로 학용품이 많았습니다. 양말을 선물로 사 온 친구도 있었습니다. 저는 여러 선물 중에서 〈스크루지 영감〉이라는 책이 제일 마음에 들었습니다. 이상하게 텔레비전에서 똑같은 영화를 본 뒤였습니다.

그 영화에서는 여자 사장님이 스크루지였습니다. 백화점 사장인데 일 중독자이고 구두쇠여서 아무도 그 여자를 사랑하지 않았습니다. 하지만 유령이 나타나서 구두쇠 사장님을 이리저리 끌고 다니며 자신이 얼마나 잘못 살고 있었는지를 깨닫게 해 주는 내용입니다.

이 책의 대강 줄거리는 이렇습니다.

어느 추운 크리스마스 전날, 상회의 주인 스크루지는 사무실이 너무 추워서 서기가 글씨조차 잘 쓰지 못

하는 형편인데도 석탄 한 덩이를 아끼고, 빈민 구제 모금원을 빈손으로 돌려보냅니다. 조카의 만찬회 초대도 거절하면서 성탄을 축하하는 사람을 비웃었습니다. 또 서기에게 성탄절 날 하루를 쉬니까 품삯을 빼겠다고 말할 정도로 스크루지는 아주 지독한 구두쇠 영감입니다.

그런데, 그 날 밤 꿈에 7년 전에 죽은 동업자 마레가 나타나 스크루지의 과거와 현재, 미래의 모습을 보여 주겠다고 합니다.
 이윽고 첫 번째로 나타난 과거 유령에게 이끌려서 스크루지는 아름다웠던 소년 시절의 모습을 보게 됩니다. 스크루지는 자기도 모르게 괴로움을 느낍니다.
 이번에는 현재의 유령에게 이끌려서, 어려운 형편에도 즐겁게 크리스마스를 보내는 가난한 사람들의 모습을 구경합니다. 또 자기의 조카인 프렛이 욕심꾸러기인 스크루지를 위해 기도 드리는 것을 봅니다. 그런 모습을 보면서 구두쇠 영감님은 인간이라면 어떻게 살아야 하는지를 생각하게 됩니다.
 끝으로 나타난 미래의 유령은 스크루지가 죽자마자 속옷까지 벗겨 가며, 울기는커녕 비웃고 좋아하는 사람들을 보여 줍니다. 스크루지는 공동 묘지의 한 무덤 앞에 있는 비석을 보고 깜짝 놀랍니다. 자기의 이름이 적혀 있었기 때문입니다. 묘비에는 이렇게 적혀 있었습니다.
 '평생을 자기만을 위해 살다 간 스크루지'
 구두쇠 영감님은 다시는 그러지 않겠다고 유령에게 용서를 빕니다.
 마침내 잠에서 깨어난 스크루지는 이제까지의 잘못을 크게 뉘우치고 명랑하고 상냥하며 인정이 많은 착한 사람으로 변한다는 내용입니다.

저는 이 책을 읽고서 더욱 절실히 느꼈습니다. 따뜻한 마음씨와 사랑하는 마음으로 서로서로 도와 가면서 살아야 되며, 그러기 위해서는 늘 양보하는 마음을 버리지 말아야 한다는 것을.

이 책을 덮으면서 정말 부끄럽다는 생각을 하였습니다. 항상 내 욕심만 챙기느라고 남의 불편은 생각도 하지 않고 살았기 때문입니다. 좋은 물건이 있으면 언제나 제가 먼저였고 귀찮은 일이 있으면 무조건 남에게 미루었습니다. 정말 저야말로 스크루지 영감 같은 사람이었습니다.

# 정의는 항상 이긴다

| 황보혜 |
〈삼총사〉를 읽고

재미있는 책을 읽다 보면 시간이 어떻게 가는지도 모르게 됩니다. 늦게까지 잠을 안 잤는데도 그 다음날 전혀 피곤하지 않습니다. 〈삼총사〉를 읽으면서 저는 밥 먹는 것도 잊고 있었습니다. 만화보다 더 재미있는 책이었습니다.

고향집을 떠난 달타냥이 파리의 트레빌 총사 대장을 찾아가다가 얼굴에 칼자국 흉터가 있는 로슈폴 백작과 마주칠 때부터 주먹에 땀이 고였습니다. 어떻게 될까, 여간 걱정이 아니었습니다.

그리고 달타냥이 칼 솜씨로 이름 높은 삼총사와 차례로 결투를 하자고 할 때에는 가슴이 두근거렸습니다.

달타냥은 그 때까지 큰 꿈을 가지고 자신의 꿈을 키우기 위하여 파리에 온 애송이에 지나지 않았기 때문입니다.

그리고 달타냥이 삼총사와 호위대 중간에 끼였을 때 호위대의 편을 들었다면 나라의 권력을 마음대로 휘두르는 리슈르 추기경의 신임을 얻어서 크게 성공했을 것입니다.

그러나, 달타냥은 이 갈림길에서 삼총사의 편에 섰습니다. 비록 자기와 결투를 해야 할 상대였지만 정의의 편에 서야겠다고 결심했기 때문이었습니다.

달타냥은 참 많은 교훈을 주었습니다. 어떤 상황이든지 정의를 먼저 생각하는 사람이 되어야 한다고 가

르쳤습니다.

어떤 위험 앞에서도 정정당당하고 비겁하지 않은 모습이 아직도 눈앞에 선합니다.

또한 미라디와 보나슈 부인은 정말 대조적인 인물들이었습니다. 미라디와 보냐슈 부인은 같은 여자이면서도 생각하는 것이나 행동하는 것이 너무도 달랐습니다. 미라디는 자기의 욕심만을 채우기 위해 불의의 앞잡이가 되어 나쁜 일을 서슴없이 저지릅니다.

그러나 보나슈 부인은 안느 왕비에게 충성을 다하며 죽음도 두려워하지 않는 용기 있는 부인이었습니다. 보나슈 부인도 정의는 반드시 이긴다는 것을 알게 해 주었습니다.

평화를 위해 자신을 희생하는 안느 왕비와 버킹검 공작도 훌륭한 인물이었습니다.

하지만 이 소설에서 가장 으뜸으로 존경할 만한 인물은 따로 있었습니다. 영국의 보석 세공사인 오레리 노인입니다. 노인은 도둑맞은 다이아몬드를 이틀 안에 만들 수 없었지만 사람의 목숨이 달려 있다는 말에 자기 몸도 돌보지 않고 그것을 만들어 냈던 것입니다.

모든 사람들이 정의를 위해 싸우는 모습이 너무도 아름다웠던 소설이었습니다.

# 짐의 여행

|김정희|
〈보물섬〉을 읽고

보물섬의 이야기는 아주 흥미진진하다. 처음부터 시선을 뗄 수가 없다. 금방이라도 어떤 사건이 일어날 것처럼 긴장감을 준다. 그래서 단숨에 읽었다.

짐은 어린 나이에 여행을 즐겨 한다. 나이가 어린데도 여행을 좋아하는 짐이 대견스러웠다. 우리들은 다 자라서도 어른들과 같이 가지 않으면 여행을 꿈도 못 꾼다. 그만큼 세상이 무서워져서 그럴 것이다.

바닷가에 있는 '벤보 제독'이라는 여관에 어떤 남자가 묵고 있었다. 그 남자는 자기를 선장이라고 부르게 했다.

어느 날 한 장님이 선장이 있는 곳을 알려 달라며 짐을 협박했다. 짐은 선장이 있는 곳을 알려 주곤 아래층으로 내려갔다.

얼마 후 짐이 선장의 방문을 열었더니 선장은 죽어

있었다. 숙박비를 계산하려고 가방을 열었더니, 금화와 지도가 있었다.

벌써부터 기대감이 커진다. 제목처럼 보물이 숨겨진 곳을 알려 줄 지도가 분명할 테니까.

짐은 의사인 리브지 선생에게 가 사건을 이야기하고, 지도를 보여 주었다. 옆에 있던 트릴로니는 지도를 보면서 소리쳤다.

나는 깜짝 놀랐다. 왜 소릴 지를까 궁금한 생각에 빨리 다음 페이지를 읽었다.

"이건 보물섬 지도야!"

그렇게 해서 짐과 그 친구들은 보물섬을 찾아 떠나기로 하였다. 곧 떠날 준비를 하고 출발을 했다.

많은 어려움을 이겨내고 일행은 마침내 섬을 찾아냈다. 정말 힘들게 찾아낸 섬이었다. 그러나 기쁨은 길지 못했다.

어느 날 밤 짐이 사과를 먹고 있는데 이런 소리가 들렸다.

"보물은 우리가 차지한다. 섬에 상륙해 보물을 찾으면 짐과 리브지, 트릴로니는 모두 죽여라."

짐은 이 일을 당장 리브지와 트릴로니에게 알렸다. 이 사건이 잘 해결되어야 할 텐데……. 기껏 고생해서 거기까지 왔으면서 서로 죽일 생각을 하다니 마음이 무거웠다.

　섬에 도착한 짐 일행은 통나무집에 들어가 해적들과 치열한 싸움을 벌였다. 짐은 배를 되찾기 위해 배 위로 가서 죽어 있는 해적 부하들을 바다로 떨어뜨리고, 다시 통나무집으로 왔다. 그런데 리브지 일행은 다른 곳으로 옮기고 실버가 통나무집을 점령하고 있어서 해적들에게 잡히고 말았다.

　짐이 어떻게 이겨낼지 걱정이 태산 같았다. 짐이 해적들 손에 죽을지도 모른다는 생각까지 들었다.

　지도를 넘겨받은 실버는 부하들을 시켜 땅을 팠으나 아무 것도 나오지 않았다. 그들은 짐을 죽이려고 했다. 그 때 리브지와 일행이 해적을 무찌르고 짐을 구해 주었다. 해적들은 앞을 다투어 도망갔다.

　안도의 한숨이 나왔다. 짐이 죽었다면 나는 많이 슬펐을 것이다. 항상 정의가 이긴다는 것을 다시 배웠다.

　짐이 보물이 있는 곳이 어디냐고 해적에게 물었더니 커다란 굴 속으로 안내했다. 거기에는 금화와 진귀한 보물이 많이 있었다. 짐 일행이 그 보물을 배에 싣는 데에도 여러 날이 걸렸다. 얼마나 많은 보물이었으면 그랬을까?

　보물을 다 실은 짐 일행은 영국으로 돌아갔다.

짐은 참 좋겠다. 여러 곳도 여행해 보고, 해적들과 싸워 이기는 지혜도 얻었으니 말이다. 나중에 나도 모험을 할 수 있는 나이가 되면 짐같이 훌륭한 여행을 하고 싶다.

# 삶에 대한 슬기로운 교훈

|박혜림|
〈이솝 이야기〉를 읽고

〈이솝 이야기〉는 아무리 읽어도 재미있습니다. 이 책에는 정말 많은 이야기가 재미있게 실려 있습니다.

대부분 동물을 빗대어 사람들이 바르게 살아가야 한다는 교훈을 재미있게 꾸민 것입니다.

〈여우와 학〉에서는 자기의 장점을 자랑하기 위해 남의 단점을 꼬집는 것은 잘못된 행동이라는 것을 말해 주고 있습니다. 항상 남의 단점을 감싸 주고 좋은 점을 칭찬해 주려는 마음이 가장 중요합니다.

〈욕심쟁이 개〉는 지나친 욕심은 손해만 가져오게 된다는 것을 말해 줍니다. 지나친 욕심 때문에 자신을 망치는 어리석은 사람은 되지 말아야겠습니다.

〈개미와 베짱이〉, 〈토끼와 거북〉 등은 노력하는 사람만이 성공할 수 있다고 말합니다. 땀 흘려 저축하여 겨우 내내 행복하게 살 수 있었던 개미와 느리지만 끝까지 최선을 다하는 거북의 행동은 무엇이든 '빨리 빨리'를 외치는 우리들에게 많은 교훈을 줍니다.

〈하늘을 나는 거북〉과 〈사자와 돌고래〉는 자기의 능력을 잊은 채 날뛰다가는 불행을 겪는다는 것을 알려 줍니다. 분수를 모르고 함부로 행동했다가는 남의 비웃음밖에 얻을 것이 없습니다.

〈나무꾼의 금도끼〉는 정직한 사람만이 복을 받을 수 있다고 말하고 있습니다. 정직한 마음으로 열심히 일하다 보면 어느새 행복이 곁에 다가와 있다구요.

〈보리밭과 종달새〉, 〈북풍과 해님〉은 사람이 살아 나가는 데 슬기는 어떤 힘보다 위대하다는 것을 말해 줍니다. 엄마 종달새는 슬기롭습니다. 그래서 이사 갈 때가 언제인가를 정확히 알고서 행동합니다. 엄마 종달새의 슬기는 진실된 것입니다. 거짓된 슬기는 언젠가는 들통이 나고 맙니다.

북풍을 이겨 낸 해님은 부드러움이 얼마나 아름다운 것인지를 알게 해 줍니다. 아무리 바람을 세게 불어도 사람은 춥기 때문에 옷깃을 여밀 수밖에 없습니다. 하지만 따뜻한 햇살을 쬐면 저절로 옷을 벗게 됩니다. 그런 것처럼 억지로 무슨 일을 하려고 하면 절대 성공할 수 없습니다.

〈쥐들의 회의〉는 용기를 말하고 있습니다. 아무리 빛

나는 슬기를 지녔어도 그 슬기를 행동으로 옮길 줄 모르면 아무 것도 이룰 수 없다는 것을 말해 줍니다.

〈개미와 비둘기〉, 〈은혜를 갚은 독수리〉, 〈고슴도치와 뱀〉은 은혜를 갚을 줄 알아야 한다는 이야기입니다. 개미와 비둘기, 그리고 독수리는 은혜를 알지만 고슴도치는 어려울 때 도움을 받은 것을 잊고 오히려 해를 끼치려고 합니다.

〈말과 당나귀〉는 협동을 하지 않으면 모두가 불행을 겪는다는 이야기입니다. 말이 힘이 약한 당나귀를 도와 주었더라면 서로 불행을 당하지 않았을 것입니다.

언제나 우리에게 좋은 교훈을 주는 〈이솝 이야기〉는 읽을수록 재미가 있습니다. 그리고 커 갈수록 느끼는 것도 많습니다. 항상 신념을 갖고 현명하게 살라는 부모님의 말씀과 〈이솝 이야기〉는 비슷한 점이 정말 많습니다.

# 우리들의 영원한 친구

|류민아|
〈안데르센 동화집〉을 읽고

안데르센은 덴마크의 유명한 작가입니다. 참 많은 작품이 있지만 저는 그 중에서도 〈인어 공주〉가 제일 마음에 듭니다. 정말로 인어 공주가 우리 곁으로 다가와 방긋 웃어 줄 것 같은 느낌이 들거든요.

깊은 바다 속 궁전에 살고 있는 장미꽃처럼 아름답고 착한 인어 공주는 윗몸은 사람이고 아래는 물고기인 이상한 모양을 하고 있었습니다.

바다 속에는 인어 공주 말고도 많은 인어 아가씨들이 살고 있습니다. 인어 아가씨들에게는 한 가지 소원이 있습니다.

"인간 세상의 이야기를 실컷 들어보고 싶어."

모두들 그렇게 말합니다. 그 중에서도 인간 세상에 대한 호기심이 가장 강한 인어는 막내 인어 공주입니다.

마침내 열다섯 번째 맞는 생일날, 인어 공주는 소원을 풀게 됩니다. 머리에 진주로 만든 흰 백합꽃 관을 쓰고 여덟 개의 굴조개를 꼬리에 달고서 바다 위로 나오게 되었습니다.

우리들은 엄마 따라 외가에 가거나 소풍을 갈 때 예쁜 옷을 입습니다. 아참, 추석이나 설날에도 입습니다. 오늘은 인어 공주 생일이니까 그렇게 예쁘게 차리고 인간 세상에 구경나올 수 있었을 거예요.

바다 속에서 나온 공주는 배에서 생일 파티를 하고 있는 잘생긴 젊은 왕자를 발견하고 마음을 빼앗기고 맙니다.

그런데 사고가 났어요. 갑자기 폭풍우가 몰아친 거예요. 배가 부서지고 공주는 죽어 가는 왕자를 간신히 구해 줍니다.

다른 동화책을 보면 거의 왕자님이 공주님을 구해 줍니다. 백설 공주도 그랬고 신데렐라도 그랬고, 엄지 공주도 그랬어요. 그런데 이 책에서는 공주님이 왕자님을 구해요. 같은 여자여서 기분 좋았어요.

그러나, 왕자는 누가 구해 주었는지도 모른 채 다른 아가씨들과 함께 궁궐로 돌아가 버렸습니다. 인어 공주의 슬픔은 말할 수 없이 컸습니다.

궁궐 가까운 바닷가에 숨어 발코니에 나와 있는 왕

자를 엿보곤 하면서 인어 공주는 더욱 인간 세상을 그리워합니다.

어느 날, 할머니로부터 참마음으로 사랑해 주는 사람이 있으면 사람의 영혼이 전해진다는 이야기를 듣고 공주는 가슴이 설레었습니다.

마침내 바다 밑 궁전의 화려한 무도회 날, 소용돌이치는 물결을 헤매며 숲 속 마귀 할멈의 집을 찾아갔습니다. 마귀 할멈은 공주의 아름다운 목소리와 두 다리를 바꾸기로 합니다. 그래서 공주는 두 다리를 얻은 대신 아름다운 목소리를 잃게 됩니다.

공주는 소원대로 왕자를 만날 수 있었어요.

왕자는 공주를 귀여워하지만, 어렴풋한 기억 속에 떠오르는 자기를 구해 준 아가씨를 못 잊고 있었습니다. 그러나 인어 공주는 말을 할 수가 없습니다. 가슴만 답답합니다.

왕자가 다른 아가씨와 결혼을 하게 되면 그 다음날 아침, 가슴이 터져서 인어 공주는 물거품이 되고 맙니다. 그런데도 공주는 누구의 도움도 못 받고 하루하루를 보냅니다.

왕자가 다른 아가씨와 결혼한다는 말을 듣고서 공주는 혼자 웁니다.

마지막 밤이 되었습니다. 아픈 마음을 달래려고 정신없이 춤을 추다가 잠깐 쉬고 있을 때, 언니들이 인어 공주를 부릅니다. 언니들은 칼을 주며 그 칼로 왕자의 가슴을 찌르면 무사히 살아날 수 있다는 말을 합니다.

공주는 왕자를 찌를 수 있을까요? 저는 마음이 너무 아팠습니다. 눈물이 나오려고 해서 자꾸만 눈을 끔벅였습니다. 기운 내, 인어 공주야.

왕자는 아무 것도 모른 채 잠이 듭니다. 그렇지만 공

주는 끝내 왕자의 가슴을 찌르지 못합니다. 너무 왕자님이 좋았거든요.

그렇게 해서 인어 공주는 바다에 떨어져 물거품이 되고 맙니다.

그 때, 공기 아가씨들이 나타나 인어 공주를 하늘 나라로 데려갔습니다. 공주가 왕자를 죽이지 않은 것이 잘 한 일일까요? 잘못한 일일까요? 저라면 어떻게 했을까 생각해 보았어요. 겁이 나서 처음부터 마귀 할멈한테 제 목소리와 다리를 바꾸자는 말도 못했을 것 같아요. 하지만 정말 좋은 왕자님이 생긴다면 저도 인어 공주처럼 할까요?

# 행복한 가족들이 살아요

|김주경|
〈사랑의 집〉을 읽고

　우리 집은 식구가 많습니다. 할아버지, 할머니, 그리고 부모님, 우리 삼남매, 이렇게 대가족이 삽니다. 엄마는 약국을 경영하시기 때문에 우리들은 주로 할머니 손에서 자랐습니다. 그러니까 우리들은 학교에서 돌아올 때면 "엄마!" 하고 부르지 않습니다. "할머니!" 하고 뛰어들어옵니다.

　저는 맏이라서 동생이 둘이나 있습니다. 동생들이 저를 괴롭히면 아유, 하고 짜증을 내고는 했습니다. 그런데 〈사랑의 집〉을 읽고 우리 집이 얼마나 행복한 집인지를 깨달았습니다.

　페플링 선생님은 가난한 음악 선생님입니다. 가난한 선생님이지만 항상 다정하지요.

　우리 아빠는 회사를 경영하십니다. 저번에 회사가 어려워서 많이 힘들었다고 하십니다. 그렇지만 집에 오셔서는 항상 잘 된다고 하십니다. 할아버지, 할머니께서 걱정하실까봐 그러실 거예요.

페플링 부인도 착합니다. 항상 웃음을 잃지 않고 가족을 돌보아 줍니다.

그 집안에는 아이들이 일곱 명이나 됩니다. 우리 집도 많다고 생각했는데 이 책을 읽으면서 아니구나, 하고 고개를 끄덕였습니다.

그 집의 아이들은 정말 착합니다. 부모님이 가난하

니까 갖고 싶은 물건이 있어도 절대 조르지 않습니다. 저는 그렇지 않습니다. 갖고 싶은 물건이 있으면 계속

졸라 댑니다. 안 그래야지, 다짐해도 소용이 없습니다. 탐나는 물건만 보면 저는 귀신이 들러붙는 모양입니다.

그 집 아이들은 공부도 헌책을 물려받아 열심히 합니다. 절대로 낭비하는 것을 모릅니다. 그러면서도 항상 즐겁고 명랑합니다.

부모님께는 효도하고 남매들끼리 서로 믿고 아껴 주었습니다. 그랬기 때문에 어렵게 사는 페플링 가정에는 언제나 웃음이 넘쳤습니다.

저는 이 책을 읽으면서 우리 가정이 얼마나 행복한 곳인지를 다시 깨달았습니다. 할머니, 할아버지는 항상 우리편이고, 부모님은 엄하시기는 해도 우리들을 언제나 사랑해 주십니다. 그리고 개구쟁이 내 동생들도 세상에서 제일 귀엽습니다.

내용 중에서 오토와 플리더의 이야기가 제일 기억에 남습니다. 플리더가 전나무를 메고 끝까지 주인을 찾던 일이었습니다. 그러나 형인 오토는 친구들한테 창피하다면서 동생에게 무거운 짐을 맡겨 버립니다.

"너는 비겁한 아이구나."

아버지의 그 말씀은 오토한테 무서운 매보다도 더 아픈 것이었습니다. 그 날부터 오토는 용감한 소년이 되려고 노력했습니다. 자기의 잘못이 무엇인지를 깨달고 고치려고 노력하는 오토의 마음씨가 대견했습니다.

　저번에 물병을 깨뜨렸습니다. 저는 겁이 나서 누가 깼는지 모른다고 거짓말을 했습니다. 할아버지께서 이렇게 말씀하셨습니다.

　"사람은 자기 잘못을 깨끗하게 인정할 줄 알아야 한단다. 그래야 사나이지."

　저는 그 말을 듣고서도 끝내 제가 깼다는 말을 하지 않았습니다.

　저는 이 책을 읽고서 다시 용기를 내었습니다. 엄마, 사실은 그 물병 제가 깼어요.

# 지구에 나타난 어린 왕자

|권예림|
〈어린 왕자〉를 읽고

 우리는 주위의 것들에 가끔씩 싫증을 느끼고 소중하게 대하지 않을 때가 있다. 예를 들자면 집에서 부모님께 반말을 하는 친구들이 학교에서 선배한테는 깍듯이 존대말을 쓰는 일이다. 도무지 이해가 되지 않는다. 그러나 정작 이런 글을 쓰는 나도 존대말을 쓰긴 하지만 가끔씩은 동생이나 부모님께 함부로 행동하고 멋대로 굴 때가 있다.
 이 글의 어린 왕자도 마찬가지였다. 나는 어린 왕자가 자기가 살던 별을 떠난 이유가 단순히 모험을 하고 싶어서만은 아니라고 본다. 어쩌면 갑자기 모험을 하고 싶었던 까닭이 지금 내가 사는 곳, 가지고 있는 것에 싫증이 나고 지금 내가 소유하고 있는 것들보다 더 멋지고 훌륭한 것들을 보고 싶어서가 아닐까?
 어린 왕자는 자신의 별에 무릎 정도까지밖에 오지

않는 화산 세 개와 이 세상에 하나밖에 없다고 자신하는 장미꽃 한 송이를 가지고 있다. 또 해가 지는 모습을 바라보는 것을 유일한 재미로 삼고 있다. 그리고 어린 왕자는 이런 모든 것들에 충실하다.

어린 왕자가 임금님, 돌고래, 불 끄는 사람 등을 만나고 지구로 왔을 때, 그 곳에는 몇 천 몇 만 송이의 장미꽃이 있었다. 하나뿐이라고 믿었던 소혹성에 두고 온 자신의 장미꽃이 지구에는 몇 억 개나 널린 수많은 장미꽃 중의 하나라는 것을 인식하자 결국 어린 왕자는 울음을 터뜨리고 만다.

그러나 여우를 만나 길들인다는 것을 알게 되고, 어린 왕자는 아무리 수많은 꽃들이라도 그 중에 내가 길들인(관계를 가진) 그 꽃은 이 세상에 하나뿐인 나의 꽃이라는 것을 깨닫게 된다. 그래서 다시 소혹성으로 돌아간다.

내 주위의 것들이 얼마나 소중한지, 우리는 그것을 깨닫지 못하고 있다. 이 세상에서 가장 소중한 가족, 친구들, 선생님부터 하찮게 여기던 연필 한 자루, 지우개 한 개, 모두 생각만 바꾸면 소중하기 이를 데 없는 것이다.

요즘에는 이산가족 찾기가 텔레비전에서 매일 나오고 있다. 평소에는 소중하게 생각되지 않았던 가족들의 소중함을 많이 느낄 수 있다. 잃어버린 뒤에 후회하고, 그 때 조금만 더 잘 할걸, 하며 눈물을 흘려도 이미 때가 늦어 있는 경우도 많다.
　이제부터라도 주위의 것들을 하찮게 여기거나 욕심만 부리기보다 내 곁에 있는 작지만 소중한 것들을 잘 간직하는 것이 어떨까?

# 은혜 갚은 쥐

|강한별|
〈사자와 쥐〉를 읽고

조그만 생쥐가 짐승의 왕 사자를 구한 멋진 이야기입니다. 정말 재미있어요.

생쥐 한 마리가 풀밭에 누워 있는 사자의 얼굴을 스쳤습니다. 실수였을 거예요. 사자는 힘이 셉니다. 생쥐는 힘이 약하구요. 그런데 어떻게 일부러 사자를 건드렸겠어요?

"살려 주세요!"

사자가 으르렁 하며 잡아먹으려고 하자 생쥐가 싹싹 빌었습니다.

"꼭 은혜는 갚겠습니다."

생쥐는 사자에게 그렇게 말했어요.

사자가 생쥐를 살려 주었을까요? 아니면 잡아먹었을까요?

제 생각에는 살려 주었을 것 같았습니다. 생쥐는 작

잖아요. 그렇게 작은 생쥐를 잡아먹어 보았자 배도 부르지 않을 거예요.

사자는 역시 왕자 같아요. 생쥐를 살려 주었거든요. 생쥐는 참 고마웠을 거예요.

다음날, 사자는 불행하게도 망에 걸렸습니다. 마침 생쥐가 그 곳을 지나다가 사자가 망에 걸린 모습을 보았습니다.

"잠깐만 기다리세요."

생쥐는 얼른 달려왔어요. 그리고 망을 갉아서 사자가 나올 수 있게 해 주었습니다.

정말 겁 없는 생쥐예요. 저 같으면 울면서 도망쳤을 거예요. 살려 주면 은혜도 모르고 생쥐를 잡아먹을 수도 있잖아요. 사자는 화가 나면 무엇이든 잡아먹을 만큼 무서운 동물이니까요.

앞으로 사자와 생쥐가 잘 지낼까요? 그럴 거예요. 사자가 힘세다고 뻐기다가는 생쥐 도움도 못 받을 것 아니겠어요?

# 물레방아를 훔치려다 잡힌 도둑들

|박주원|
〈어리석은 도둑〉을 읽고

저는 평소 욕심이 많았어요. 친구들과 같이 과자를 나누어 먹다가도 다른 친구가 나보다 많이 먹으면 화가 났어요. 하지만 이제부터는 안 그럴 거예요. 너무 욕심을 부리다가는 이 책에 나오는 도둑처럼 망신을 당하게 될 테니까요.

옛날 어느 산골짜기의 작은 움막집에 두 사람의 도둑이 살고 있었어요.

큰 도둑은 덩치도 크고 눈도 너무 무서웠어요. 작은 도둑은 몸도 호리호리하고 키도 작았어요. 제가 보기에도 두 사람은 너무 비교가 됐어요. 어떤 일을 처리할 때 몸의 차이처럼 생각 차이도 많을지 모른다는 생각을 했습니다. 그러면 무슨 일이든 실패할 수도 있습니다.

우리 부모님은 언니와 제가 싸우면 둘이 어쩌면 그

렇게 똑같으냐고 하세요. 그러니까 싸울 때도 있지만 사이좋게 놀 때가 더 많은지도 몰라요.

큰 도둑과 작은 도둑은 낮에는 잠만 잤어요. 밤이 되면 도깨비처럼 일어나 마을 한 군데 한 군데를 돌아다니며 보석과 동물들을 훔쳐 왔어요. 아주 나쁜 도둑들이었어요. 모두들 쿨쿨 잠을 자고 있는데 나쁜 사람은 남의 집 담장을 넘습니다. 그리고 좋은 물건도 훔쳐 가고, 돈과 반지, 목걸이도 훔쳐 가지요.

저번에도 어떤 집에 그런 나쁜 도둑이 들었습니다. 물건과 돈을 잃어버리기도 했지만 그 집 사람들은 무서워서 밤에 잠도 못 잔다고 했습니다.

마을 사람들은 큰놈, 작은놈을 잡아야 된다고 입을 모았습니다. 그래서 매일 둘을 잡으려고 애를 썼습니다. 하지만 큰놈, 작은놈은 잽싸게 산으로 도망갔어요. 큰놈, 작은놈은 달리기가 빨라서 잘 도망쳤어요.

어느 날 오후였어요. 그 날도 낮잠을 자다 깨어난 큰 도둑과 작은 도둑은 이야기를 나눴어요. 큰 도둑이 작은 도둑에게 말을 했어요.

"이건 너무 불공평해."

그 말에 작은 도둑이 무슨 말이냐고 물었습니다.

"너는 항상 작은 물건을 훔쳐 오고 나는 큰 물건을 훔쳐 오잖아."

그러자 작은 도둑이 말했어요.

"알았어. 지금부터는 큰 물건을 훔쳐 올게."

하지만 작은 도둑은 걱정이 많았습니다. 왜냐하면 작은 도둑은 무거운 걸 못 들기 때문이에요. 키가 작으니까 큰 물건을 들면 뛸 수도 없고 걸을 수도 없을 거예요. 저 같으면 못한다고 했을 거예요. 도둑질을 하면 가슴이 조마조마하고 무서울 텐데 어떻게 해요.

작은 도둑과 큰 도둑은 어느 집 담장을 넘었어요. 그리고 서로 마음에 드는 물건을 골랐습니다. 작은 도둑은 몹시 크고 단단한 물건 하나를 발견했습니다.

"이 정도면 큰 물건이지?"

작은 도둑은 신이 나서 떠들었습니다. 큰 도둑도 그 물건이 탐났습니다. 둘은 그 물건을 훔치기로 했습니다. 그런데 그 큰 물건은 만지지도 않았는데 저절로 움직이는 거예요.

우와, 두 도둑은 많이 놀랐을 거예요. 생각해 보세요. 무슨 물건을 만지지도 않았는데 스르르 움직인다면 펄쩍 뛰면서 엄마야, 소리를 지를 거예요.

그 도둑들은 겁이 없었나 봅니다. 글쎄 그 위에 누워 잠이 들었던 것이지요.

도둑들이 누워 잠든 곳은 바로 물레방아였어요. 단단하고 큰 것을 고른다는 것이 그만 물레방아를 골랐던 것입니다.

"도둑이다!"

소리가 요란하게 들리고, 마을 사람들이 물레방아로 우르르 몰려왔어요. 마을 사람들이 물레방아에서 도둑을 발견했던 것이지요.

어리석은 도둑들은 그만 잡히고 말았어요. 제가 보기에도 도둑들이 어리석어요. 어떻게 물레방아를 알아보지도 못했을까요? 너무 욕심을 부려서 그런가 봐요.

저는 앞으로 다른 사람에게 망신당하는 일은 하지 않을 거예요. 도둑질도 절대로 안 할 거예요. 저는 언제나 다른 사람에게 손가락질 받지 않는 착한 사람이 될 거예요.

# 요술 소시지

|김지인|
〈세 가지 소원〉을 읽고

옛날 어느 마을에 할머니와 할아버지가 살았어요. 할머니, 할아버지는 몹시 가난했습니다. 그런데 할아버지는 게으름뱅이였어요. 하루 종일 낮잠만 자고 저녁이 되면 또 잤어요.

저도 잠을 많이 자요. 아침에 일찍 일어나라고 엄마가 깨우면 화가 나요. 더 자고 싶은데 더 잘 수 없으니까 짜증도 나구요. 아마 할아버지도 일어나는 것이 싫어서 계속 잠만 잤나 봐요.

오늘도 이른 아침부터 일을 하고 있던 할머니는 빗자루로 바닥을 탁탁탁 치면서 고함을 질렀습니다. 얼마나 무섭게 고함을 쳤는지 놀란 할아버지는 자다 말고 깨어나 허겁지겁 산 속으로 달아났습니다. 할머니가 굉장히 무서웠나 봐요. 우리 아빠는 우리 엄마를 안 무서워해요. 엄마도 아빠를 안 무서워해요.

숲 속으로 도망친 할아버지는 후유, 하고 한숨을 내쉬었어요. 그 때 누가 할아버지를 불렀어요.

"저 좀 도와 주세요."

쳐다보니까 조그만 마차에 금빛 옷을 입은 작은 공주가 타고 있었어요. 공주는 아주 위험해 보였습니다. 할아버지는 귀찮은 생각이 들었어요. 일하는 것이 너무 싫은데 도와 달라고 하니까 싫었던 것입니다. 그래도 할아버지는 공주가 안전하도록 도와 주었습니다.

"도와 주셨으니까 소원 세 가지를 이룰 수 있게 해 드릴게요."

공주가 그렇게 말했지만 할아버지는 믿지 않았어요. 공주는 금빛 옷을 펄럭이며 사라졌습니다.

집으로 돌아온 할아버지는 할머니한테 그 말을 했어요. 저는 할머니하고 할아버지가 무슨 소원을 빌지 궁금했어요. 저라면 무슨 소원을 빌까요? 음, 우리 집이 부자가 되게 해 달라고 할래요. 그리고 우리 나라 통일이 되게 해 달라고 할 거예요. 또 제가 공부를 잘하게 해 달라고 할 거예요. 그래서 훌륭한 과학자가 되고 싶거든요.

그런데 할머니는 엉뚱한 소원을 빌었어요.

"소시지나 실컷 먹게 해 달라고 해 봐요."

할아버지의 말을 믿지 않았기 때문에 그렇게 말했을

겁니다.

그런데 정말 소시지가 와르르 쏟아졌어요. 할머니와 할아버지는 굉장히 놀랐을 거예요. 진짜로 소원이 이뤄졌잖아요.

할머니는 다시 젊어졌으면 좋겠다고 말했지만 할아버지가 반대를 했어요. 일하기 싫어 죽겠는데 다시 젊어지면 어떻게 하느냐고 했거든요. 그 말에 할머니가 화를 내고 말았어요.

"정말 어쩔 수 없는 사람이네. 아이고 한심해라. 코에 소시지나 붙이고 다녀요!"

이렇게 소리를 질렀어요. 그러자 소시지는 금방 할아버지 코에 철썩 붙어 버렸습니다.

이제 소원이 한 가지밖에 안 남았기 때문에 할머니와 할아버지는 고민을 많이 했어요. 할 수 없이 그냥 자기로 했습니다.

할머니, 할아버지가 자고 있는데 쥐들이 몰려왔어요. 쥐들은 할아버지 코에 붙은 소시지를 마구 긁어먹기 시작했어요.

"아이고 사람 살려!"

할아버지는 코가 아파서 비명을 질렀어요. 할머니도 놀라 깨어났어요.

"아이고 큰일났네. 얼른 코에서 소시지가 떨어져라!"

이렇게 해서 세 가지 소원은 모두 끝났습니다. 정말 아까웠을 것 같아요. 더 좋은 소원을 빌 수 있었는데 겨우 소시지만 먹고 말았잖아요.
　그런데 다행스럽게도 그 뒤 할아버지는 부지런한 사람으로 바뀌었어요. 할머니도 할아버지를 미워하지 않았구요.
　열심히 일하면 모두 행복해요. 미워하지도 않구요. 저도 하기 싫은 일을 형한테 미루지 않겠습니다.

# 훌륭한 장사들

|정태형|
〈네 사람의 장사〉를 읽고

옛날 옛적에 한 늙은 부부가 살았습니다. 그 부부에게는 아이가 없었습니다. 그런데 어느 날 산에 버려진 갓난아이를 발견했습니다. 노부부는 너무나 좋아서 어쩔 줄을 몰랐습니다. 우리 부모님도 저를 낳고 굉장히 좋아했다고 합니다. 이 책의 할머니, 할아버지도 우리 부모님처럼 기뻐하셨을 것 같습니다.

그런데 놀라운 일이 벌어졌습니다. 아이가 돌도 되지 않아 수수깡 지게도 부숴 버리고 나무 지게도 부숴 버리는 것이었습니다. 하는 수 없이 할아버지는 쇠로 지게를 만들어 주었습니다. 옛날에는 장난감이 많지 않았습니다. 그래서 모두 만들어 썼다고 합니다. 할아버지도 아마 장난감처럼 갖고 놀라고 지게를 만들어 주었을 것입니다. 그런데 쇠로 만든 지게도 망가뜨렸을까요?

　아니에요. 어느 날 할아버지는 산 하나가 움직이는 것을 보았어요. 그런데 그것은 아이가 쇠 지게에 잔뜩 나무를 해 오는 모습이었습니다. 얼마나 많이 짊어졌으면 산이 움직인다고 생각했을까요?
　그 아이의 이름은 장쇠였습니다. 장쇠는 자라 전쟁에 나가게 되었습니다. 그런데 갑자기 태풍이 불어왔습니다. 자세히 보니 그것은 한 사람의 콧바람이었습니다. 장쇠는 그 콧바람 장사를 데리고 전쟁터로 향했습니다.
　두 사람이 함께 전쟁터로 나가는 중에 한 장사가 곰

배로 산을 밀어 내고 있었습니다. 장쇠가 곰배를 발로 밟았습니다. 사내는 곰배를 빼려고 했지만, 꼼짝도 하지 않았습니다. 아주 신기한 일입니다. 산을 밀어 내는 장사보다도 힘이 센 장쇠의 힘은 정말 대단합니다. 정말 그런 장사들이 있다면 얼마나 좋을까요? 그러면 세상에 나쁜 일은 하나도 안 벌어질 거예요.

장쇠는 곰배 장사도 데리고 전쟁터에 나갔습니다.

세 사람이 함께 길을 가는데 갑자기 물이 흘렀습니다. 그런데 더욱 신기한 일이 생겼습니다. 한 사내가 오줌을 싸고 있는데 얼마나 많이 싸는지 시냇물처럼 흐른 것입니다.

장쇠는 그 사내의 목덜미를 잡아당겼습니다. 그러고는 그 사내도 동생으로 삼아 전쟁터로 데려 갔습니다.

그 전쟁은 보나마나입니다.

오줌 장사가 오줌을 싸고, 콧바람 장사가 콧바람을 불어 대자 오랑캐는 모두 날아갔습니다. 그 다음 곰배로 싹싹 긁어 버리자 모두 죽고 말았습니다. 오랑캐들도 죽으면서 정말 어이없었을 것 같습니다. 오줌에 빠져 죽은 사람은 더 그랬을 거예요.

집으로 돌아오는 길에 네 사람은 외딴집에 들렀습니다. 그런데 곧 집 주인이 나타나 네 사람을 골방에 가두어 버렸습니다. 집주인은 날개 달린 중의 부하였습니다.

 날개 달린 중은 네 사람을 자신의 생일날 잔칫감으로 삼자고 하였습니다.

 사람을 잔칫감으로 삼자고 하는 날개 달린 중과 부하들은 너무 나빠요. 좋은 일을 하고 돌아오는 네 사람을 왜 괴롭히는지 모르겠어요. 네 사람이 아니었으면 나라가 위험했을 텐데…….

 네 사람은 겁이 없어요. 조금도 당황하지 않았거든요. 저는 남자인데 겁이 많아요.

 저번에 혼자 집에 있는데 천둥도 치고 번개도 쳤어요. 엄마도 아빠도 없으니까 눈물이 나오려고 했어요. 그래서 이불을 뒤집어쓰고 눈만 내놓고 텔레비전을 보았습니다. 그러다 잠이 들고 말았어요. 깨어나 보니까 식구들이 모두 와 있었어요. 너무 기뻤습니다.

 네 장사는 바보들이 아니에요. 아무리 어려운 일을 당해도 영리하게 해결하는 장사들이에요. 네 장사는 도둑 하나를 죽여 그 뼈로 고눗돌을 만들어 고누놀이를 하였습니다.

 날개 달린 중이 이 광경을 보고 화를 냈습니다. 그래서 장쇠와 싸움을 벌였습니다.

 두 사람은 하늘에서 싸웠는데 장쇠의 팔이 땅으로 떨어졌습니다. 중의 아내가 떨어진 팔에 재를 묻히려고 했습니다. 그럼 다시 팔을 붙일 수가 없게 됩니다. 그 때 장쇠의 부하들이 팔을 빼앗아 밀가루 반죽을 묻혀 올려 보냈습니다.

이번엔 중의 손이 떨어졌습니다. 아내가 잡아 밀가루 반죽을 묻히려 하자 장사들이 빼앗아 재를 묻혔습니다. 그래서 중의 손은 붙지 않았습니다. 장사들은 중의 아내를 죽였습니다. 그러자 아내는 구미호가 되었습니다.

옛날에는 신기한 일이 참 많았나 봐요. 여우가 사람이 되기도 하고 사람이 호랑이가 되기도 했으니까요. 제 친구들은 옛날 이야기니까 거짓말이라고 해요. 그렇지만 저는 그렇게 생각하지 않아요. 정말로 사람들이 새처럼 날아다니기도 하고 하늘 나라를 구경하기도 했을 것 같아요. 산신령이나 용왕도 만났을 것 같구요. 지금도 그랬으면 좋겠습니다.

장사들은 창고에 있는 보물을 사람들에게 고루고루 나누어 주고 고향을 향해 씩씩하게 발걸음을 옮겼습니다.

저도 커서 네 장사들처럼 훌륭한 인물이 되고 싶어요. 그러면 우리 엄마가 제일 좋아할 거예요. 우리 엄마는 저한테 겁이 많다고 걱정하시거든요.

# 착한 두꺼비와 나리

|류용진|
〈은혜 갚은 두꺼비〉를 읽고

한국 전래 동화 책을 읽었어요. 〈은혜 갚은 두꺼비〉였습니다.

어떤 마을에 나리라는 처녀가 어머니와 살고 있었어요. 나리는 마음씨가 정말 고왔습니다. 병든 어머니를 보살피며 열심히 일했어요. 아무리 힘들어도 방글방글 웃어요. 웃는 나리 얼굴이 꽃 같았을 것 같아요.

하루는 부엌에 들어갔는데 두꺼비 한 마리가 있었어요. 두꺼비는 나리를 도와 주려 찾아왔나 봐요. 나중에 나리 생명을 구해 주거든요.

그런데 나리가 자기한테 어떻게 하나 보려고 일찍 와 있었던 것 같아요. 나리는 두꺼비한테 매일 밥을 주었어요. 두꺼비는 굉장히 많이 자랐습니다. 밥도 많이 먹었어요.

동네에 고민이 생겼어요. 괴물이 나타난 거예요. 사

람들은 괴물에게 사람을 바치며 제사를 지냈습니다. 예쁜 처녀를 바치면 괴물은 더 이상 괴롭히지 않았지요.

올해는 나리가 괴물의 밥이 되어야 했어요. 나리가 불쌍해요. 어머니를 놔두고 어떻게 죽지요?

나리는 죽지 않았어요. 두꺼비가 괴물을 독으로 죽였거든요. 그리고 두꺼비도 죽었어요.

나리는 두꺼비한테 고마워했어요. 두꺼비도 나리한테 은혜를 갚느라고 대신 죽었을 것입니다.

나리는 어머니하고 편하게 살 수 있게 되었어요. 마을 사람들도 그랬구요. 마음씨가 착한 나리 덕분이지요.

# 바보 같은 호랑이

|김요섭|
〈어리석은 호랑이〉를 읽고

누나랑 독후감을 쓰기로 했어요. 〈어리석은 호랑이〉가 재미있을 것 같았어요.

"누나, 나는 이거 읽을래."

그랬더니 누나는 읽어 본 책이래요. 재미있다고 했어요.

호랑이는 바보예요. 덫에 걸렸을 때 아저씨가 구해 주었어요. 죽었다가 살아났으니까 고맙다고 하면 되는데 그 아저씨를 잡아먹으려고 했습니다.

아저씨는 자기가 뭘 잘못했는지 알려 달라고 했어요. 호랑이를 구해 준 일밖에 없는데 왜 잡아먹느냐구요.

그랬더니 호랑이는 아저씨를 잡아먹어야 되는 이유를 토끼 앞에서 설명하였습니다. 그렇지만 토끼는 영리해요. 자기가 아저씨를 구해 주지 않으면 큰일날 것 같으니까 꾀를 냈거든요.

 "나는 아무리 설명해도 모르겠어요. 호랑이님이 처음부터 있었던 일을 그대로 보여 주세요."

 그렇게 말했더니 호랑이는 아저씨를 놔두고 얼른 덫에 치여 보인 거예요. 그래서 다시 잡히게 되었지요.

 제가 호랑이였다면 아저씨를 잡아먹으려 하지 않고 고맙습니다, 인사한 뒤에 은혜를 갚겠다고 약속했을 겁니다.

 아저씨가 죽지 않아서 좋았어요. 토끼야 고마워.

 호랑이는 어떻게 되었을까요? 살려 달라고 다시 애원했지만 소용이 없었을 거예요. 나쁜 소문만 퍼져서 아무도 도와 주지 않았을 거구요. 어쩌면 사람들이 달려와서 잡아먹었을지도 몰라요.

　사람은 은혜를 모르면 벌을 받는대요. 부모님한테 나쁜 짓만 했다가 벌을 받은 사람 이야기도 있어요. 저는 나중에 부모님께 정말 잘 할 거예요. 저를 키워 주신 것은 우리 부모님이거든요.

# 지네의 다리가 많은 이유

|황준두|
〈지네는 웬 다리가 그리도 많을까?〉를 읽고

   심심해서 아무 책이나 읽었다. 오늘 읽은 책 제목은 〈갸우뚱 이야기〉이다. 내용이 다 달랐다. 나는 그 중에서 〈지네는 웬 다리가 그리도 많을까?〉를 읽었다.
   지네의 다리는 도대체 몇 개일까?
   사실 지네의 다리는 지네의 것이 아니다.
   옛날 옛날에, 하느님이 이 세상을 만들 때 지네에게 말했다.
   "지네야, 너는 동물들에게 다리를 만들어 주어라."
   그렇게 말씀하셨다. 지네는 동물들에게 다리를 만들어 주는 가게를 차렸다. 기린에게는 긴 목처럼 긴 다리, 약한 토끼에게는 앞다리보다 긴 뒷다리를 만들어 주어 빨리 도망가게 해 주었다. 가게는 아주 잘 되었다.
   뱀이 지네를 찾아와 부탁했다.

"내 다리 줘."

지네는 아무 다리나 뱀에게 주었다. 지네는 뱀이 싫었나 보다. 그러니까 아무 다리나 준 것이다. 나도 싫은 친구가 있으면 먹을 것도 나눠 먹지 않는다.

"네 것이야."

지네가 던져 주는 뱀 다리는 너무 미웠다. 뱀도 지네가 싫었나 보다. 그러니까 자꾸 불평을 하는 것이다. 뱀은 다른 것을 달라고 했다.

지네는 할 수 없이 또 만들었다. 뱀이 싫다고 한 다리는 문어에게 주었다. 문어의 다리는 전에 받았던 다리 네 개와 합쳐 보니 여덟 개가 되었다.

동물들은 다 다리가 생겼다. 남은 것은 뱀뿐이다.

지네가 여러 번 다리를 만들어 주었지만 뱀은 자꾸만 싫다고 했다. 사흘 동안 밤새워 만든 다리도 받지 않았다. 뱀이 정말 나쁘다. 고마워할 줄도 모르고 불평만 한다.

내가 누나 물건을 빼앗으면 누나는 막 소리친다. 그렇지만 그냥 주면 나는 누나한테 꼭 고맙다고 말한다.

지네는 정말 화가 났다. 그래서 뱀이 아무리 부탁해도 다리를 만들어 주지 않았다. 그 동안 만들었던 다리는 할 수 없이 지네가 붙이고 다녔다.

나는 이 책을 읽고 남이 주는 것을 불평하지 않고 고

맙게 받아야겠다는 생각을 했다. 그렇지 않으면 아무 것도 받지 못한다는 것을 알았기 때문이다.

　뱀 때문에 그 많은 다리를 끌고 다녀야 하는 지네가 불쌍하다. 잘못은 뱀이 했는데 왜 지네가 벌을 받는지 모르겠다.

# 지혜로운 사람은 좋아요

| 강효정 |
〈소도둑 가려내기〉를 읽고

도둑들은 참 이상합니다. 왜 남의 물건을 훔치려고 하는지 모르겠습니다. 만약 도둑들이 자기 물건을 다른 사람한테 도둑을 맞는다면 어떻게 할까요? 정말 궁금합니다. 제 생각에는 도둑들도 기분이 나쁠 것입니다. 도둑들이 그런 생각을 하고 남의 것을 훔치지 않았으면 좋겠습니다.

가난한 농부가 소를 사서 애지중지 키우고 있었습니다.

하루는 농부가 소에게 풀을 먹이려고 들로 갔습니다. 농부는 소를 풀밭에 놓았습니다. 마음껏 풀을 먹을 수 있게 해 주기 위해서입니다. 그러다 농부는 깜빡 잠이 들었습니다.

잠시 후, 잠에서 깬 농부는 소가 없어진 것을 보고 놀랐습니다. 농부가 잠든 사이에 어떤 사람이 소를 끌고 간 것입니다. 농부는 그 사람을 쫓아갔습니다. 그러고는 그 사람을 붙잡았습니다.

"이 소는 내 소요."

농부가 말했습니다.

그러나 도둑은 시치미를 떼었습니다.

"뭐라고? 이 소가 어째서 당신 소요!"

그래서 싸움이 일어났습니다. 그러자 농부가 말했습니다.

"지혜로운 사람의 판단에 따릅시다."

도둑도 좋다고 했습니다.

두 사람은 지혜로운 사람에게로 갔습니다. 그러자 지혜로운 사람은 소에게 무엇을 먹였냐고 물었습니다. 도둑이 말했습니다.

"보리를 먹였습니다."

하지만 농부는 다른 대답을 했습니다.

"약풀을 절구에다 찧은 다음 물에 타서 소에게 먹였소."

지혜로운 사람은 소에게 무엇인가를 먹였습니다. 그러자 소는 먹은 것을 다 토해 냈습니다. 소가 토해 낸 것에서 농부가 먹인 것이 나왔습니다. 그래서 지혜로운 사람은 누가 도둑인지 가려냈습니다. 그제야 소도둑은 농부에게 잘못했다고 빌었습니다.

저는 이 책을 읽고 거짓말을 하면 들통이 나니까 거짓말을 하면 안 되겠다고 생각했습니다. 그리고 거짓말을 하면 나쁜 사람이 된다고 엄마께서도 말씀하셨습니다. 거짓말은 나쁜 것입니다.

지혜로운 사람이 옆에 있으면 좋겠습니다. 아무리 머리 아픈 일이라도 쉽게 해결할 수 있을 테니까요.

우리가 싸우면 선생님께서 말려 주세요. 그리고 왜 싸웠는지 물어 보세요. 그리고 나서 누가 잘못했는지를 말씀해 주시지요. 아마 저희에게는 지혜로운 사람이 선생님인가 봅니다.
　나쁜 사람은 정말 싫어요. 저는 지혜로운 사람이 되고 싶어요.

# 용감한 홍길동

|권혁우|
〈소년 홍길동〉을 읽고

홍길동은 용감합니다. 목숨이 한 개인데 무서워하지 않고 싸웁니다. 나라가 어지러우니까 도둑 떼가 많이 생겼습니다.

가난한 사람들은 배가 고파서 죽어 갔습니다.

홍길동은 양반들을 혼내 주었습니다. 가난한 사람들이 죽어 가는데 양반들은 잘 먹고 잘 살았기 때문입니다. 양반들의 곡식을 빼앗아 가난한 사람들에게 나눠 주었습니다. 홍길동은 도깨비 같습니다. 여기로 번쩍, 저기로 번쩍 하면서 날아다닙니다.

임금님이 홍길동을 잡아 오라고 했습니다. 여덟 명이나 잡혀 왔습니다. 모두 허수아비로 만들어진 홍길동이었습니다.

임금님이 바뀌어 새로 인조 임금님이 왕의 자리에 앉았습니다. 인조 임금님은 홍길동에게 벼슬을 주었습니다. 너무나 훌륭한 일을 했기 때문이에요.

　홍길동은 벼슬자리가 싫었어요. 그래서 다시 싸움터로 나갔어요. 활빈당이라는 것을 만들어 부하들을 모았어요. 삼천 명이나 몰려 왔어요.

　홍길동은 부하들을 이끌고 바다 건너로 갔어요. 거기에는 무서운 괴물이 살아요.

　홍길동은 그 섬의 괴물을 다 물리치고 거기에서 임금님이 되었습니다.

　홍길동이 정말 살아 있으면 좋겠어요. 그러면 나쁜 사람을 다 물리칠 수 있잖아요.

# 영리한 머슴과 미련한 머슴

|황준두|
〈부자가 된 머슴〉을 읽고

저는 옛날 이야기가 재미있습니다. 엄마가 옛날 이야기를 해 주면 더 좋습니다. 그런데 우리 엄마는 옛날 이야기를 잘 모르는 모양입니다. 저는 그래서 주로 책으로 봅니다.

저는 오늘 책으로 옛날 이야기를 읽었습니다. 〈부자가 된 머슴〉이었습니다. 어떻게 머슴이 부자가 되었을까요? 아마도 열심히 일하고 저축해서 부자가 되었을지도 몰라요. 저축을 잘 해야 돈을 많이 모을 수 있잖아요.

옛날에 복동이와 길동이라는 두 친구가 살았어요. 둘은 다 가난했어요. 요즘도 가난한 사람이 많아요. 그래도 초등 학교는 모두 다닐 수 있어요. 두 친구는 공부도 할 수 없었을 거예요. 열심히 농사를 지어야 밥을 먹을 수 있으니까요.

길동이와 복동이는 김대감 댁 머슴이 되기로 했어요. 그래서 김대감 집을 찾아갔습니다.
"나이도 어린데 일을 할 수 있겠느냐?"
"네, 우린 어려서부터 일을 하며 자랐습니다. 그래서 잘 할 수 있습니다. 딱 삼 년만 일할 수 있게 해 주십시오."
두 사람의 부탁에 김대감은 좋다고 허락을 하였습니다. 이 책에 나오는 두 친구의 나이가 궁금했습니다. 어리다고 했으니까 아직 우리 또래밖에 안 될지도 모릅니다.

만약에 저더러 남의 집에 가서 머슴을 살라고 하면 엉엉 울 것 같습니다. 엄마, 아빠랑 헤어져야 하고 일을 못하면 매를 맞을지도 모르잖아요. 우리 집은 부자는 아니지만 제가 머슴을 하러 가지 않아도 되니까 다행입니다.

복동이와 길동이는 열심히 일을 하였습니다.

드디어 3년이 지났습니다.

대감이 두 사람에게 부탁을 하였습니다.

"마지막으로 새끼줄을 꼬아 다오. 그 새끼줄을 쓰면서 너희들을 생각하마."

"예, 알겠습니다."

두 사람은 똑같이 대답을 하였습니다. 그렇지만 행동은 달랐습니다. 복동이는 열심히 새끼를 꼬았지만 길동이는 꾀를 냈습니다.

"내일이면 집으로 돌아가는데 뭐 하러 새끼를 꼬아."

그러면서 이웃집에 놀러 가 버렸습니다. 복동이는 달랐습니다.

"마지막으로 하는 일이니까 꼼꼼하게 해 놔야겠구나."

길동이는 밤늦게 돌아와서 아무렇게나 새끼를 꼬아 놓고 자 버렸습니다.

저는 여기까지 읽으면서 고개를 끄덕였습니다. 대감

님이 복동이한테는 돈을 많이 주고 길동이는 돈을 조금 줄 거라고 생각했습니다.

그런데 제 생각이 조금 틀렸습니다. 이튿날 두 사람이 꼬아 놓은 새끼를 보고 대감님은 이렇게 말했습니다.

"자기가 꼰 새끼줄에 엽전을 끼어서 집으로 갖고 가거라."

저는 하하하, 하고 웃었습니다. 길동이 얼굴이 어떻게 변했을까 생각했거든요. 아마 울상이 되었을 거예요.

복동이는 가늘고 곱게 새끼를 꼬았기 때문에 엽전을 많이 낄 수 있었습니다. 그러나 길동이는 아무렇게나 새끼를 꼬았기 때문에 엽전을 낄 수가 없었습니다.

복동이는 부자가 되었습니다. 자기가 꼰 새끼줄에 엽전을 잔뜩 낄 수 있었거든요. 길동이는 몇 개 못 끼었을 것입니다.

나중에 길동이는 어떻게 됐을까, 궁금했어요. 아마 부자가 된 복동이 집에서 다시 머슴을 살지도 모릅니다. 크게 실수를 해서 부자가 될 수 있는 기회를 놓쳤으니까 이번에는 절대 안 그래야지, 하고 생각했을 것입니다.

거짓말을 하고 남을 속이면 나쁩니다. 항상 정직해야 된다고 엄마는 말씀하셨습니다.

# 용감한 어머니와 두 아들

| 박민지 |
〈노루발 어머니와 두 아들〉을 읽고

안녕? 노루발아!
　학원에서 전래 동화를 읽고 독후감을 써야 한다고 하는 말에 너를 알게 되었어. 수많은 전래 동화 중에서도 〈노루발 어머니와 두 아들〉이라는 책이 재미있을 것 같았어. 바로 너희들이 나오는 책 말이야.
　너희 아빠는 '우경'이라는 도사지? 엄마 발이 노루발처럼 생겼는데 너희들까지 노루발이어서 놀림을 받았겠구나. 그래도 나는 너희들이 부러워. 힘도 세서 엄마도 지켜 주고……. 하지만 그 힘으로 동네 아이들이 놀렸다고 때리면 못써. 너희 힘이 너무 세서 아이가 죽었다며? 그 아이의 어머니가 얼마나 속상하겠니? 너희가 죽으면 너희 엄마가 좋겠니? 당연히 싫겠지. 앞으로 그러지 마. 힘이란 좋은 일에 썼을 때는 좋은 결과를 낳지만 나쁜 일에 쓰는 것은 아주 안 좋아.

동네 사람들이 너희를 죽인다고 했을 때 내 가슴도 조마조마했어. 아버지는 산 속으로 들어가고, 너희는 엄마를 따라 집을 떠날 때 나도 슬펐단다. 산에서 살기 힘들었겠다. 나는 편하고 따뜻한 집에서 사는데…….

엄마가 먹을 것을 구하러 갈 때 중국 사람에게 맡겼는데 그게 이별이 될 줄 아무도 몰랐어. 엄마가 음식을 구해 왔는데 너희는 중국 땅으로 끌려가고 말았어.

이럴 때 너희들의 훌륭한 무예로 나쁜 중국 사람을 해치우지 왜 가만히 있었니? 동네 아이들은 때리면서 나쁜 중국 사람은 왜 못 때렸을까. 다시는 사람을 때리면 안 된다고 생각했기 때문이었니?

너희 엄마는 너희들을 잃고 혼자 살아갔지. 도둑까지 들었었어. 다행히 엄마는 힘이 세서 도둑을 해치웠어. 너무 무서웠을 것 같아.

너희 엄마는 정말 훌륭한 분이더구나. 여자라고 가만히 있으면 안 된다고 생각하시잖아. 열심히 무예를 닦는 모습이 정말 존경스러웠단다.

너희 아빠도 깊은 산 속으로 들어가 여러 해 동안 도를 닦았는데 혼자 살면서 외로우셨을 거야. 나는 혼자 있으면 무서워서 미칠 것 같은데.

너희 아빠는 훌륭한 제자도 한 명 키우셨어. 바로 을

지문덕이라는 사람이야. 정말 위대한 장군이셨지. 너희 아빠의 뛰어난 솜씨를 배워서 고구려에서 가장 훌륭한 장수가 되었대. 와! 좋겠다. 열심히 배워서 훌륭한 장수가 되다니. 나도 플루트를 열심히 연습해서 플루티스트가 될 거야. 뭐든지 열심히 하면 꿈을 이룰 수 있다고 믿으니까.

고구려는 수나라가 쳐들어올 거라는 것을 미리 알고 군대를 모으기 시작했어. 너희 엄마도 들어갔지. 을지문덕은 여자가 군대에 들어오다니, 하고 이상하게 생각했어. 그래서 너희 엄마는 차근차근 이야기를 했어. 왜 여기까지 왔는지를 듣고 난 뒤 을지문덕은 자기의 스승이 바로 우경이었다는 것을 밝히지.

수나라로 끌려가 군인이 된 너희들은 어머니가 이쪽 고구려 군대에 있는지도 모르고 쳐들어왔어. 혹시라도 너희들과 엄마한테 안 좋은 일이 생길까봐 얼마나 가슴 졸였는지 몰라.

수나라에서 '녹족'으로 불리는 너희들은 엄마 부대 대장을 죽이려고 했지. 엄마는 '녹족'이 너희들일 거라고 생각했지. 엄마는 노루발을 보이며 너희들을 찾았어. 엄마를 보았을 때의 기분이 어땠니? 나는 매일 엄마를 보고 살지만 잠시만 헤어져도 보고 싶어져. 엄마는 아무리 같이 있어도 편하잖아.

너희들이 고구려 진지로 넘어와서 엄마와 행복하게 살 수 있어서 얼마나 다행스러웠는지 몰라. 아이들이 너희들을 더 이상 놀리는 일이 없겠지. 이제는 훌륭한 장수가 되었으니까.

나는 이제야 깨달았어. 서로 협동하여 살면 좋다는 것을. 너희 가족들에게 감사해야겠다. 늘 최선을 다하고 살아야 된다는 것을 배우게 했으니까. 안녕.

# 생각없는 이춘풍

|김선주|
〈이춘풍전〉을 읽고

　글쓰기 시간에 선생님께서 전래 동화를 읽고 독후감을 쓰라고 하셨습니다. 저는 무엇을 쓸까 하다 〈이춘풍전〉을 쓰기로 하였습니다. 전래 동화 중에서도 저는 〈이춘풍전〉이 가장 기억에 남았기 때문입니다.
　옛날 어느 마을에 사내아이가 태어났습니다. 이춘풍이었습니다. 어머니, 아버지는 외동아들 이춘풍이 해 달라는 것은 다 해 주고 사 달라는 것도 다 사 주었습니다. 그러고 보니 이춘풍은 돈이 얼마나 소중한지를 깨닫지 못하였습니다.
　사람이 돈 귀한 줄 모르면 안 된다고 우리 엄마는 말씀하십니다. 이춘풍의 부모님이 그걸 미리 알려 주었더라면 좋았을 텐데……
　이춘풍도 어른이 되었습니다. 이춘풍의 어머니, 아버지께서는 장가를 보내 주어야겠다고 생각했습니다.

"춘풍아, 이제는 너도 장가 갈 때가 되었으니, 장가를 가야겠구나."

"예, 어머니."

이춘풍은 예의 바르고 착한 신부를 만났습니다. 정말 잘 되었다고 생각했습니다. 이제는 착한 신부와 저축하며 살 거라고 여겼기 때문입니다.

저도 좋은 이야기들을 많이 들려 주고 예의 바른 친한 친구 지현이를 만났듯이 이춘풍도 좋은 신부와 잘 지내기를 바랐습니다.

제 바람대로 이춘풍은 나중에 영리한 신부 덕분에

그 많은 재산을 버렸다가 되찾게 됩니다.

그 많은 돈을 갖다 버린 이춘풍이지만 나중에 땀 흘려 일하며 돈의 소중함을 깨닫게 됩니다. 모두 착한 신부 덕분입니다.

저도 1, 2, 3학년 때까지만 해도 매일 필요 없는 물건을 샀습니다. 아빠께서 힘들어하시는 것도 모르고 매일 엄마께 돈을 달라고 하였습니다. 이제 보니 제가 쓴 돈만 해도 어마어마할 것 같습니다.

제가 얼마나 쓸데없는 낭비를 하였는지 부끄러웠습니다. 그 돈으로 차라리 불우 이웃을 도왔다면 보람이라도 느꼈을 것입니다.

이춘풍은 기방에 드나들면서 술을 마시며 재산을 다 없앴습니다. 하지만 거기까지는 실수였지만 나중에는 자기 잘못을 깨닫고 열심히 살게 됩니다. 어른스럽고 착한 부인 덕분이지요.

좋은 친구를 만나면 아무리 어려운 일이라도 무난하게 이겨 낼 수 있습니다. 나쁜 친구를 만나면 반대로 더 곤란한 지경에 빠집니다. 절약할 줄 모르고 낭비만 일삼았던 이춘풍이지만 자기 문제점을 깨닫고 다시 새 사람이 된 것은 정말 다행입니다.

# 높고 높은 부모님 은혜

| 안지현 |
〈말에게서 배운 부모님 은혜〉를 읽고

저는 이제껏 부모님의 은혜를 잘 알지 못하였습니다. 그렇지만 이 책을 읽으면서 부모님의 은혜를 다시 느끼게 되었습니다.

저는 이 책의 제목을 보고 무척 놀랐습니다. 말에게서 어떻게 부모님의 은혜를 배운다는 것인지 이해가 안 갔습니다. 내용이 궁금해서 얼른 글을 읽어 나갔습니다.

고구려 시대에는 고려장이라는 풍습이 있었습니다. 고려장이란 일할 능력이 없는 노인이나 병자를 멀리 산 속 토굴에 버려 두었다가 죽으면 장사 지내 주는 풍습이었습니다.

저는 이 고려장이라는 풍습이 아주 나쁘다고 생각합니다. 아무리 늙으셨지만 이제껏 키워 주신 부모님을 버리는 것은 생각만 해도 끔찍합니다.

그 당시에 박 정승이라는 분이 살았는데 이 분에게도 늙은 어머니가 한 분 계셨습니다. 아무리 정승의 어머니라고 하나 나라의 법대로 고려장을 시키지 않을 수가 없었습니다. 효성이 지극한 박 정승은 밤잠도 자지 못하고 고민을 했습니다.

'아 무슨 좋은 수가 없을까? 이 고려장이라는 나쁜 법을 고칠 수는 없을까?'

하지만 뾰족한 방법이 떠오르지 않았습니다. 마침내 박 정승은 몰래, 어머니를 마루 밑에다 숨겼습니다.

그러던 어느 날이었어요. 당나라 사신이 고구려를 골탕 먹이기 위하여, 지혜 겨루기 내기를 하자고 청했습니다. 고구려로서는 거절할 수가 없었습니다. 당나라 사신은 똑같이 생긴 말 두 필을 가져와서는 이렇게 말했습니다.

"지금부터 열흘의 기간을 주겠소. 이 말 두 필 중 어느 말이 어미 말이고 어느 것이 새끼 말인지 구별해 내시오."

정말 어려운 문제였습니다. 두 필의 말은 크기나 모양이 너무 똑같았기 때문입니다. 임금님도 신하들도 걱정이 태산 같았습니다.

박 정승은 수심이 가득 찬 얼굴로 집에 돌아왔습니다. 마루 밑에 있던 박 정승의 어머니가 물었습니다.

"애야, 무슨 일이 있었느냐?"

박 정승은 모든 이야기를 털어놓았습니다.

이야기를 다 들은 어머니가 빙그레 웃으며 박 정승의 귀에 대고 몇 마디를 소곤거렸습니다.

박 정승은 대궐로 달려갔습니다. 그리고 임금님께 답을 알아냈다고 말씀드렸습니다.

다음날이었습니다. 당나라 사신은 그 말 두 필을 끌고 와 문제를 맞추라고 하였습니다. 박 정승은 사신에게 어느 쪽이 어미 말인지 먼저 써 놓으라고 했습니다. 그런 뒤 하인을 시켜 여물을 가져오도록 하여 두 필의 말에게 갖다 놓았습니다. 그러자 한 필은 여물을 먹고 나머지 한 필은 입맛을 다실 뿐이었습니다. 한 필의 말이 배불리 먹고 나서야 나머지 한 필이 여물을 먹기 시작했습니다. 박 정승이 말했습니다.

"먼저 여물을 먹은 쪽이 새끼 말이고 나중에 먹은 쪽이 어미 말입니다."

사신이 답을 적은 쪽지를 보니 박 정승이 말한 그대로였습니다.

사신이 어떻게 알았냐고 물어 보자 박 정승은 이렇게 말했습니다.

"아무리 짐승이지만 어미가 새끼를 사랑하는 것은 똑같습니다. 새끼는 어미가 배부르든 말든 자기부터 먹지만, 어미는 그렇지 않습니다."
 사신은 아무 말도 못하고 돌아가 버리고 임금님께서는 기뻐하시며 박 정승에게 무엇이든 요구하라고 하셨

습니다.

　박 정승은 임금님께 나라의 법을 어기고 어머니를 몰래 감추었다며 벌을 내려 달라고 하였습니다. 그리고 답은 어머니께서 가르쳐 주셨다고 하였습니다.

　임금님께서는 박 정승을 용서해 주고 고려장 풍습을 없앤다고 대답하셨습니다.

　박 정승은 어머니를 모시고 오래오래 행복하게 살았습니다.

　세상의 모든 어머니들은 자식을 생각하고 염려하느라 하루도 마음 편할 날이 없다는 것을 다시 한 번 느꼈습니다. 앞으로는 어머님의 은혜를 생각하며 어머니를 정성껏 모시겠습니다.

# 욕심 많은 친구

|오은비|
〈원숭이와 게〉를 읽고

　저는 재미있는 이야기를 참 좋아해요. 그래서 한 번 들은 얘기를 또 한 번 더 들려 달라고 하기도 해요. 친구들은 그래서 저를 좋아해요. 자기들이 하는 얘기를 들으면서 제가 즐거워하니까 친구들도 즐겁대요.
　책에 들어 있는 재미있는 이야기도 똑같아요. 읽고 또 읽고 하지요. 어떤 책은 열 번도 더 읽었어요. 그래서 몇 권의 책은 조금 지저분하기도 해요. 저희 집에 있는 책 중에 좀 지저분하게 느껴지는 책은 제가 많이 읽은 책들이에요. 그만큼 재미있는 책들이고요.
　제가 오늘 독후감을 쓰려고 하는 책에도 무척이나 재미있는 이야기가 담겨 있었습니다. 제목은 〈원숭이와 게〉입니다.
　원숭이와 게는 친구였어요. 그 원숭이와 게는 어느 날 떡을 나눠 먹기로 했어요. 하지만 원숭이는 나무

위에 올라가 떡을 다 먹어 치우려고 했어요. 게는 얼마나 속이 상했을까요? 같이 나눠 먹기로 했으면 그렇게 해야지 왜 거짓말을 하고 욕심만 부리는지 모르겠어요. 저는 세상에서 거짓말하는 아이와 욕심만 내는 아이가 제일 싫어요.

게는 꾀를 하나 생각해 냈어요.

"원숭이야, 떡을 그렇게 보관하면 어떡하니?"

"그럼?"

"썩은 나뭇가지 위에다 놓아야 썩지 않고 잘 먹을 수 있지."

"고마워. 넌 내 친구야."

원숭이는 게의 말대로 썩은 나뭇가지 위에다 떡을 놓았어요. 그랬더니 떡을 놓았던 썩은 나뭇가지가 똑 부러진 것이었어요. 아하, 그랬었군요! 원숭이가 급히 나무 아래로 내려왔지만 게가 더 빨랐어요. 게는 떡을 집어서 얼른 자기 굴 속으로 들어갔어요. 게가 그런 꾀를 낼 줄은 몰랐어요. 게가 똑똑하다는 사실을 처음 알았어요.

원숭이가 사정해 봤지만 게는 모른 척했어요. 원숭이는 화가 나서 게의 굴 속에 엉덩이를 밀어 넣었어요. 게도 화가 나서 원숭이의 엉덩이를 집게로 꽉 물어 버렸어요. 다른 때 같았으면 게가 너무 했다고 생각했겠지만, 이번만큼은 달라요. 정말 속이 다 시원할 정도로 고소해요. 그렇게 거짓말하고 욕심만 부리는 사람들은 당해 봐야 해요. 그래야 다시는 안 그러죠.

그 때 원숭이는 엉덩이가 빨개졌고 게는 원숭이의 털이 엄지발가락에 붙어서 털이 있는 것이래요. 믿을 수는 없지만 하하하, 웃음이 나오는 재미있는 내용이에요.

# 착한 동생 나쁜 형님

|김정아|
〈도깨비 방망이〉를 읽고

　착한 사람은 복을 받고 나쁜 사람은 벌을 받습니다. 이 책에 나오는 두 형제도 그랬습니다. 우리 언니하고 저는 누가 더 착할까 하고 생각해 보았습니다. 언니가 착할 때도 있고 제가 착할 때도 있는 것 같습니다.
　옛날 어느 고을에 형과 아우가 살았습니다. 아우는 착하였으나 형은 욕심꾸러기였어요.
　하루는 아우가 나무를 하러 갔다가 쉬고 있었어요. 그런데 머리 위에서 무엇인가 떨어졌어요.
　"어, 이거 개암이구나, 네 개가 떨어졌네. 하나는 아버님께, 하나는 어머님께, 하나는 형님께, 그리고 마지막으로 남은 것은 형수님께 드려야지."
　어쩌면 그렇게 욕심이 없을까요? 저는 아우를 본받아야겠다는 생각이 저절로 들었습니다. 먹을 것이 있으면 먼저 가족부터 챙기는 것을 실천해 보아야겠습니다.

 곧 캄캄한 밤중이 되고 말았습니다. 비까지 후루룩 떨어졌어요. 동생은 얼른 외딴집으로 몸을 피했습니다.

 그렇게 비가 오면 분명히 뭔가가 나타납니다. 주로 도깨비가 나타나지요. 제 예감이 맞았습니다. 도깨비들이 그 외딴집으로 찾아와 밤새 도깨비 방망이를 갖고 놀았거든요. 금 나와라 뚝딱, 하면 금이 나오고 은 나와라 뚝딱, 하면 은이 나왔습니다.

 시간이 얼마 지나지 않아 아우는 배가 몹시 고팠습

니다. 그래서 아우는 주머니에 있는 개암을 꺼내어 이로 깨물었습니다. 그러자, 딱! 하고 큰 소리가 났어요.

도깨비들은 으악! 비명을 지르며 도망쳤습니다.

그래서 동생은 그 방망이를 들고 집으로 돌아왔습니다. 그것을 본 형이 욕심을 내며 아우에게 물었어요.

"어떻게 해서 그 방망이를 얻게 되었냐?"

아우는 사실대로 말했어요. 형도 도깨비 방망이를 찾아 나섰어요. 그러나 형은 도깨비들한테 얻어맞고 돌아왔어요. 왜냐하면 도깨비들은 두 번 속을 만큼 어리석지 않거든요.

욕심을 내지 말고 착한 어린이가 되어야겠지요? 그래야 도깨비를 만나도 도깨비 방망이를 얻을 수 있겠지요? 욕심부리다가는 형처럼 실컷 얻어맞고 혹만 달고 올 수 있으니까요.

# 용감한 사람들

|김은비|
〈송장을 업고 뛴 사나이〉를 읽고

　이 책은 제가 아끼는 책이라서 여러 번 반복해서 자꾸 봅니다. 그래서 이 책에서 인상깊게 보았던 이야기를 남겨 두기 위해서 이렇게 독후감을 씁니다.
　이시택이란 소금 장수가 산에서 길을 잃었습니다. 밤은 점점 깊어 가고 어디선가 짐승 울음소리가 요란하게 들려왔습니다. 이시택은 두려움에 덜덜 떨며 길을 찾았습니다.
　산길이라면 무서운 호랑이나 늑대, 여우가 나올 텐데, 소금 장수가 빨리 길을 찾을 수 있었으면 좋겠습니다. 산짐승에게 잡아먹히기 전에 말이에요.
　이시택은 성황당을 찾았습니다. 성황당이 있다는 것은 마을이 가까이 있다는 증거입니다.
　"성황당이다! 이쯤에 마을이 있겠군. 어서 빨리 가자. 밤이 더 깊어 오고 있어."

이시택은 기분이 좋아서 소리쳤습니다.

잘 됐어요. 저는 이 책을 읽으며 이시택에게 무슨 일이 생기면 어떡하나 걱정했는데 다행입니다. 어둠 속에서 길을 잃으면 누구든지 두려움에 떨 것입니다. 이시택 같은 사람이라두요. 성황당이 나왔으니 주린 배도 채울 수 있을 것이고 이슬을 맞으며 잠을 자지 않아도 될 것입니다.

어쩌다 집을 떠나서 잠을 잘 때에는 아늑하고 따뜻한 우리 집이 너무도 그리워집니다. 하지만 이시택처럼 산 속에서 헤맬 때는 우리 집이 아니더라도 마을을 만나기만 해도 기쁠 것입니다.

이시택의 걸음은 더욱더 빨라졌습니다. 산 속을 더 이상 헤매지 않아도 된다는 생각에 들떠 있었기 때문입니다.

어느 정도 걸어가던 이시택은 잠시 쉬어 가려고 땅에 앉았는데 옆에 곡식 자루가 떨어져 있었습니다. 이시택은 곡식 자루를 주워 소금 짐과 함께 지게에 얹어 놓았습니다.

곡식 자루까지 주웠으니 기분이 정말 좋았어요.

운이 너무 좋으면 그 다음에는 불길한 일도 생기게 마련인데 은근히 걱정이 앞섰습니다.

반대로 슬픈 일이 생기면 그 다음에는 즐거운 일이

뒤따라오지요. 이시택에게 제발 나쁜 일은 없어야 하는데, 다시 걱정이 되었습니다.

이시택은 일어나 다시 걷기 시작했습니다. 그런데 이상하게도 마을이 나오기는커녕 호롱불 하나 보이지 않았습니다.

"허 참, 큰일났군."

이시택이 짐을 짊어진 채로 걱정하고 있는데, 반짝거리는 것이 보였습니다. 반짝이는 그것은 혹시 불빛이 아닐까요?

역시 집에서 흘러나온 불빛이었어요.

이시택은 주인 여인에게 청하여 하룻밤 묵을 수 있게 되었습니다. 그런데 여자는 이시택 짐에 얹어진 곡식 자루를 보고 꼬치꼬치 물었습니다.

이시택은 그 동안 있었던 일을 자세히 말해 주었습니다.

그 여인은 왜 그럴까요? 그 곡식 자루가 자기 것인 것 같아서 그러는 걸까요?

여인은 흐느끼며 말했습니다.

"흑흑, 오래 전부터 늙은 호랑이가 나타났었죠. 그 곡식 자루는 제 남편 것이에요. 호랑이에게 제 남편이 잡혀 간 거예요. 흑흑흑."

여인은 말을 끊고 눈물을 닦으며 이시택을 쳐다보았

습니다.

"손님, 저와 호랑이를 잡으러 함께 가 주세요."

이시택은 망설였지만 여인의 청을 거절할 수가 없었습니다.

무시무시한 호랑이를 잡으러 가다니 이시택보다 여인이 더 용감해요. 여자의 몸으로 호랑이를 잡을 생각을 하다니 대단해요. 저는 호랑이만 보면 등이 오싹하던데 말이에요. 동물원 울 안에 갇혀 있어도 호랑이는 무섭게 보이거든요.

역시 호랑이 굴 안에는 여자의 남편 시체가 있었어요. 이시택은 조금 꺼림칙하였으나 송장을 업고 뛰었어요.

송장을 업고 뛰다니 저 같았으면 호랑이를 잡으러 가지도 않았을 것이고 송장을 업고 뛰지도 못했을 거예요. 송장도 무겁고 호랑이도 무서워서 겁에 질려 꼼짝 못했을 것입니다. 이시택과 여인이 호랑이에게 잡아먹히지 않았으면 좋겠어요.

송장을 업고 뛰었지만 다행히 호랑이를 따돌릴 수 있었어요. 하지만 호랑이는 자기의 먹이가 없어진 것을 알고 무서운 속도로 쫓아오는 중이었습니다. 그런데 여인은 겁도 없어요.

시퍼런 도끼로 호랑이와 맞서 싸우거든요. 이시택은

송장을 지키고 있었습니다. 남자보다 여자가 더 용감했어요. 호랑이와 맞서 싸우는 여자의 모습이 눈에 보이는 것 같았어요

여인은 잽싸게 도끼로 호랑이의 머리를 내리쳤어요. 그리고 어떤 일이 벌어졌을까요?

와! 정말 여인이 호랑이를 죽였어요. 이 부분을 읽는 동안 손에는 땀이 고여 있었어요. 하지만 남편이 죽은 것이 안타까웠습니다.

여인은 남편의 복수를 해 주기 위해 그렇게 호랑이와 싸운 것이지요. 비록 소금 장수의 도움을 받기는 했지만 죽은 남편을 위해 온힘을 다해 싸우는 여인의 모습이 가여웠습니다. 하지만 남편은 죽어서도 아내의 그런 깊은 사랑에 감사했을 것입니다.

호랑이가 죽고 여인은 남편의 송장을 고이 묻었습니다. 그리고 길을 떠났던 이시택은 불길한 생각이 들어 여인에게 돌아왔습니다. 여인은 막 목숨을 끊으려던 중이었습니다. 이시택은 놀라 여인을 붙들었습니다.

"이것도 인연인데, 우리 힘을 모아 잘 살아 봅시다."

남편을 따라 죽으려 했던 여인은 깊은 생각에 잠겼습니다. 그리고 가만히 고개를 끄덕였습니다. 이시택이 좋은 사람을 만나서 다행입니다. 이제는 소금 장사를 하면서도 외롭지 않을 거예요.

여인은 참 성격이 용감하고 대담했어요. 저는 큰 개만 봐도 몸이 부들부들 떨리는데 그 여인은 그렇지 않아요. 이 이야기의 주인공은 이시택인데, 저는 그 용감한 여인이 주인공으로 더 잘 어울린다고 생각해요.

제가 인상깊게 보았던 장면은 그 여인이 호랑이를 죽일 때예요. 참 멋있었지요. 비록 제 간이 콩알만 해졌지만요.

저도 이제 용기를 길러 용감한 여자로 다시 태어나고 싶어요. 호랑이 굴에 들어가도 정신만 바짝 차리면 살 수 있다는 말을 늘 기억하겠습니다.

# 착한 할머니의 빵 세 개

|박동혁|
〈빵 세 덩이〉를 읽고

착한 사람은 복을 받습니다. 나쁜 사람은 벌을 받습니다. 우리 선생님은 착한 일을 한 사람은 상을 주고 나쁜 일을 한 사람은 벌을 줍니다. 저는 착할 때도 있고 나쁠 때도 있습니다. 그래서 칭찬을 받기도 하고 야단을 맞기도 합니다. 이 책에 나오는 할머니도 착했기 때문에 부자가 되었습니다.

어느 바닷가 오두막집에 할머니가 살았어요.

할머니는 오래 전에 할아버지를 잃고 어부들 그물 고치는 걸 도와 주고 그 돈으로 밀가루를 사서 겨우 끼니를 때웠습니다.

어느 날 갑자기 폭풍이 몰아쳤어요. 그래서 어부들이 바다에 못 나갔습니다. 할머니의 일거리도 없어졌어요. 할머니는 빵이 없어서 굉장히 배가 고팠을 것입니다. 늙어서 다른 일도 못하니까 더 밀가루를 구할 수가 없었을 것입니다.

할머니는 부잣집에 가서 밀가루를 좀 달라고 하였습니다. 그러나 부잣집 주인은 자기 먹을 것만 남기고 다 팔아 버렸다고 하였습니다. 그러자 할머니는 이렇게 말했습니다.

"창고 바닥에 있는 것이라도 좋으니 조금만 주세요."

그래서 부자는 바닥에 있는 것을 가져가라고 하였습니다. 할머니는 바닥에 쏟아진 밀가루를 쓸어 담으면서 행복해 했습니다.

그 밀가루로 구수한 빵 세 개를 만들었습니다. 그리고 빵을 맛있게 먹으려는 순간입니다.

"똑똑."

문 두드리는 소리가 났어요. 문을 열어 보니 겨우 서 있는 사람이 있었어요. 이 사람은 강도를 만나 재산을 모조리 빼앗기고 간신히 도망을 왔다고 했어요. 그래서 배가 고프다고 했습니다.

텔레비전에서 봤는데 강도가 들어 불쌍한 처지에 빠진 사람이 많았어요. 그리고 소망 빌라에 사는 설경이 친구 엄마 아빠도 강도가 들어 피하다 발목을 삐어 수술을 했대요.

할머니가 그 사람이 불쌍해서 귀한 빵 한 개를 준 것은 정말 잘한 일이에요. 만약에 빵 한 개도 안 주었으면 그 사람은 배가 고파 죽었을지도 모르니까요.

그리고 두 번째 빵을 먹으려고 하는데 또 똑똑 하는 소리가 납니다.

문을 열어 보니 한 남자가 서 있었어요. 불이 났는데 간신히 살아 나온 사람이었어요.

요즘은 여름이라 불이 잘 안 나는데 그 때는 가을 정도 됐나 봐요. 그리고 불이 나면 죽을 수 있는데 그 사람은 운이 좋았나 봅니다. 그리고 인자한 할머니를 만나 빵까지 얻을 수 있었으니 얼마나 다행인가요.

할머니가 마지막 남은 빵을 먹으려고 하는데 폭풍이 몰아쳤습니다. 빵이 날아가고 집도 날아가 버렸어요. 정신을 차린 할머니는 화가 났어요.

할머니는 지혜의 왕인 솔로몬 왕에게 갔어요. 빵 한 개도 먹을 수 없는 것이 너무 슬펐거든요. 할머니의 이야기를 들은 솔로몬 왕은 이렇게 말했습니다.

"그 바람으로 상인들의 배가 항해하고 있으니까 배가 돌아오면 바람을 부르겠습니다."

솔로몬 왕은 정말 위대합니다. 사람뿐만 아니라 바람까지 불러올 수 있으니까요.

할머니도 솔로몬이 위대하니까 찾아와 억울함을 호소했을 것입니다.

그런데 신기한 일이 벌어졌습니다. 항해를 마치고

돌아온 상인들이 찾아왔습니다. 금화 7천 개를 갖고 와서 가난한 사람을 위해 써 달라고 했습니다. 폭풍을 만나 위험에 빠졌는데 빵 한 개가 날아와 구멍이 난 배를 막아 줬기 때문에 살아날 수 있었다고 합니다. 그래서 하느님께 살려만 주면 배에 실은 물건의 십분의 일을 내놓겠다고 약속했다는 것입니다. 그 금화 7천 개는 당연히 할머니가 받게 되었습니다. 가난한 할머니는 이제 부자가 되었습니다.

정말 신기합니다. 바람이 그 빵을 훔쳐 가 구멍난 배를 막아 줬다니까 너무 기뻤습니다.

할머니는 빵 세 개로 착한 일을 했습니다. 착한 일을 많이 해서 하느님이 도와 준 것이에요.

저는 욕심이 많아요. 먹을 것이 있으면 제일 많이 먹으려고 해요. 누나하고 동생은 조금만 줍니다. 욕심을 안 부리고 싶어도 먹을 것만 있으면 침이 꿀꺽 넘어가는 걸 어떻게 해요.

# 꽃만 좋아했던 총각

|유 리|
〈꽃쟁이와 처녀〉를 읽고

저는 꽃이 참 좋아요. 꽃이 활짝 핀 것을 보면 제 얼굴도 활짝 펴지지요. 그래서 겨울이 싫어요. 겨울에는 꽃을 많이 볼 수 없잖아요. 세상에 꽃처럼 아름다운 것들만 있었으면 좋겠어요.

옛날에 꽃을 좋아하는 총각이 있었어요. 얼마나 꽃을 좋아했는지 아버지와 어머니께서 정해 준 결혼도 생각 안 하고 이곳 저곳 꽃을 찾아 다녔어요.

사람들은 그 총각을 '꽃쟁이'라 불렀어요. 만약 꽃쟁이 총각에게 자식과 아내가 있었어도 꽃쟁이 총각은 꽃만 찾았을 거예요.

저라면 그렇게까지 꽃을 좋아하지는 않았을 거예요. 무엇보다 가족이 소중하니까요. 꽃은 열심히 가꾸면 다시 볼 수 있지만 가족은 한번 헤어지면 영원히 만날 수 없게 될 수도 있거든요.

　그 총각은 꽃을 보면 볼수록 더 많이 찾아보고 싶어 했어요.

　그 날도 총각은 꽃을 구하러 다니다 산길을 헤매고 있었어요. 날씨가 더워서 땀이 줄줄 흘렀습니다. 총각은 바위 위에 앉아 땀을 닦고 있었어요. 그런데 무슨 소리가 들려 왔습니다.

　"하늘 나라에 가면 꽃이 아주 많아."

　분명히 소리를 들었는데 주위에는 아무도 없었습니다. 총각은 고개를 갸우뚱했어요. 잘못 들은 모양이라고 생각했던 것이지요.

그런데 그 소리가 계속 들리는 거예요. 그 때서야 총각은 누가 소리를 내는지 자세히 살펴볼 생각으로 바위를 내려왔습니다.

그런데 눈 깜짝할 사이에 거미줄이 내려왔어요. 너무 빨리 내려와 총각은 깜짝 놀랐어요.

그 총각은 거미줄을 잡고 하늘 높이 올라갔어요. 아까 하늘 나라에 가면 꽃이 많다고 했던 소리는 바로 거미가 했던 말이었거든요.

너무 높이 올라가 정신이 아찔했어요. 하지만 그 총각은 새로운 꽃을 구하기 위해 참고 올라갔어요.

저라면 아마 거미줄을 중간에 자르고 내려왔을 거예요. 그렇게 하늘로 올라가면 영원히 돌아올 수 없을지도 모르잖아요.

총각은 한참을 더 올라갔어요. 갑자기 총각은 배가 너무 아팠어요. 그리고 무섭기도 했어요.

"구해 주세요."

총각이 소리를 질렀어요. 그러자 어떤 처녀가 나타나 총각을 구해 주고 아까 그 자리로 데려다 주었어요.

총각은 그 처녀가 너무 아름다워 바라보기만 했어요. 꽃만 찾던 꽃쟁이가 꽃을 찾을 생각도 안 했을 정도로 처녀는 아름다웠어요.

그래서 그 총각은 처녀를 집으로 데려 갔어요. 그런데 신기한 일이 벌어졌어요. 그 처녀는 바로 총각과 결혼하기로 되어 있는 처녀였대요. 총각은 기분이 너무 좋아 꽃을 다시는 안 봤어요.

꽃쟁이 총각이 결혼을 하게 된 것은 다행이에요. 하지만 저는 꽃쟁이 총각이 이제는 꽃을 안 보살피는 것은 마음에 안 들어요.

# 바닷물이 왜 짠지 아세요?

|김지혜|
〈착한 농부와 소금 장수〉를 읽고

어른들은 착한 일을 많이 하면 복을 받는다고 합니다. 하지만 저는 그 얘기를 믿을 수 없었어요. 제가 보기에 저는 참 착한 것 같은데 별로 좋은 일이 일어나지 않았거든요. 하지만 이 책을 읽으면서 더욱더 착해져야겠다 생각했어요. 그럼 저도 착한 농부 아저씨처럼 부자가 될지 모르잖아요.

농부 아저씨는 참 착해요. 왜냐하면 물에 빠진 개미를 구해 주었기 때문이에요. 개미는 작아서 물에 빠진 것도 잘 보이지 않았을 거예요. 그런데 농부 아저씨는 그 보이지도 않는 개미를 위해 물 속으로 들어가 개미를 구해 주었지요. 우리들은 불쌍한 개미를 가지고 놀다 발로 밟아 죽이는데 말이에요.

그렇지만 농부 아저씨만 착한 게 아니에요.

개미는 산으로 올라가 산신령님을 만났지요. 그러고

는 산신령님께 말해 부자가 될 수 있는 맷돌을 받아 농부에게 주었어요. 농부와 산신령님, 그리고 개미, 이 책에 나오는 사람들은 모두 착하지요. 아차, 개미는 사람이 아니지요.

그 맷돌은 돈이 나오라면 돈이 나오고 쌀이 나오라고 하면 쌀이 나오지요.

착한 농부는 복이 많은 사람이었어요. 저도 불쌍한 곤충이 있으면 구해 주기도 하는데 그것 때문에 복 받은 일은 없거든요. 농부 아저씨처럼 개미를 살려 주고 부자가 된다면 얼마나 좋을까요? 하지만 농부 아저씨는 평소에도 착해서 복을 받은 것이지요. 어떻게 개미 한 마리 구해 주었다고 그렇게 복을 받겠어요.

그런데 그 맷돌을 소금 장수가 훔쳤지요. 저는 소금 장수를 조금 이해할 것 같아요. 소금이 귀하니까 많은 사람들에게 소금을 팔 수가 없었을 것 아니겠어요? 남의 물건을 훔친 것은 잘못이지만 많은 사람들에게 소금을 팔기 위해서 어쩔 수 없었을 것 같아요.

하지만 소금 장수는 죽고 말았어요.

바다로 도망치면서 소금이 나오는 주문만 외우고 그만 나오라는 주문은 못 외웠거든요. 그래서 소금 때문에 배가 가라앉아 버렸어요. 지금도 바다 속에는 맷돌이 돌고 있어서 바닷물이 짜대요.

맷돌을 훔치지만 않았더라면 소금 장수는 바닷물에 빠져 죽지 않았을 거예요. 또 착한 농부처럼 소금 장수도 정직하고 착하게 살았더라면 귀한 맷돌을 얻을 수 있었을지도 몰라요. 소금 장수가 도둑질을 했기 때

문에 산신령님이 화가 나서 바닷물에 빠지게 했을 것 같아요.

　아마 소금 장수가 농부 아저씨에게 맷돌을 갖고 싶다고 했다면 농부 아저씨는 그것을 줬을지도 몰라요. 농부 아저씨는 착하니까요.

　소금 장수가 불쌍하기는 하지만, 도둑질을 한 것은 나빠요. 저는 갖고 싶은 물건이 있을 때에도 소금 장수처럼 도둑질을 하지 않고 용돈을 모아서 살 거예요. 만약 남의 것을 훔치다가 소금 장수 아저씨처럼 되면 어떡해요.

　저도 착한 농부처럼 정직하고 착하게 살아서 귀한 맷돌 같은 그런 선물을 받고 싶어요.

# 생명 잃은 두레박 소년

|이현진|
〈마르지 않는 샘물〉을 읽고

　세상에서 가장 슬픈 일은 내가 좋아하는 사람이 이 세상을 떠나는 일일 것이다. 샘물 소녀가 다시 정신을 차리고 난 후, 두레박 소년이 없어진 것을 알면 얼마나 슬플까? 생명을 잃은 두레박 소년도 너무 가엾다. 조금만 기다리면, 더위가 가실 때쯤 오랫동안 정신을 잃었던 샘물 소녀를 만날 수 있었을 텐데.
　처음 두레박 소년과 샘물 소녀는 무척이나 쑥스러워 했을 것 같다. 나도 우리 반에 전학 온 친구를 만나면 무척 쑥스러워한다. 처음 보는 친구들을 보면 이상하게 쑥스럽고 부끄럽다.
　샘물 소녀가 얼마나 바깥 세상을 보고 싶었으면 심부름 온 두레박 소년에게 얼마든지 길어 올리라고 하였을까? 내 생각에는 세상 구경을 전혀 하지 못해서 그런 것 같다. 샘물 소녀는 땅에 갇혀 있는 동안 참

답답했을 것 같다.

두레박 소년과 샘물 소녀는 정말 정이 많이 들었나 보다. 두레박 소년은 샘물 소녀를 사랑하지 않고서는 견딜 수가 없었다. 우물 속에서 혼자 외롭기만 한 샘물 소녀도 마찬가지였다.

나도 친구와 정이 들면 친구밖에 모른다. 두레박 소년과 샘물 소녀도 그런 거겠지?

아무튼 그 해 여름날, 제일 심한 가뭄이 들었다. 동

네 사람들은 낮과 밤을 가리지 않고 샘물을 얻으러 왔다. 두레박 소년은 지칠 대로 지쳐서 정신이 없었다. 그래서 샘물 소녀와는 정다운 이야기를 나눌 수가 없었다. 얼마나 아쉬웠을지, 짐작이 간다.

그러던 어느 날, 샘물 소녀가 없어졌다. 그리고 그 후, 두레박 소년은 마음에 병이 나서 죽어 버렸다. 두레박 소년이 너무 가엾다.

나도 물을 먹고 살지만, 물을 가지러 온 사람들이 너무 미웠다. 두레박 소년과 샘물 소녀가 힘들어하는 것도 모르고 그렇게 한꺼번에 많은 물을 퍼 가면 어떻게 하자는 것인지 모르겠다. 자기들도 한꺼번에 너무 많은 일을 하면 금세 지쳐 버리면서……

친구는 세상에서 가장 소중한 것이다. 보물 중에서도 가장 큰 보물이다. 마음을 나눌 수 있는 친구가 누구일까, 생각해 보았다. 나한테는 정말 소중한 친구가 많다는 것을 깨달았다.

"고마워, 친구들아!"

# 뒤바뀐 공주님

|김은주|
〈거위 치는 아가씨〉를 읽고

　옛날부터 전해 오는 이야기는 항상 재미있다. 세계 이야기, 한국 이야기, 모두 흥미롭다. 오늘은 〈거위 치는 아가씨〉를 읽었다.
　이 '거위 치는 아가씨' 라는 제목의 책은 아가씨가 공주가 되어 결혼하는 내용일까? 아니면 거위 치는 아가씨가 그 나라의 공주와 서로 바뀌어 왕자와 결혼하였다가 진짜 공주에게 쫓겨난다는 내용일까? 읽기도 전에 여러 이야기를 상상해 보았다. 대개 가난하고 불쌍한 아가씨가 나오면 꼭 왕궁과 연결되기 때문이다.
　〈신데렐라〉도 그랬고, 〈콩쥐팥쥐〉에서 콩쥐도 그랬고, 〈엄지 공주〉도 그랬다. 마음씨가 착하면 하늘이 도와 준다는 것을 알려 주기 위해서 그랬을 것이다.
　옛날 어느 나라에 마음씨 착하고 예쁜 공주가 살고 있었다.

공주는 아버지인 임금님이 오래 전에 돌아가셨기 때문에 어머니인 왕비와 둘이서 쓸쓸하게 살고 있었던 것이다.

어느덧 세월이 흘러 공주는 결혼할 나이가 되었다.

그래서 공주는 먼 나라 왕자님과 결혼하기 위해서 여행을 떠나게 된다. 왕비는 자기 손을 깨물어 피를 낸 다음 흰 손수건에 세 방울을 떨어뜨렸다. 그리고 이 손수건을 공주에게 주면서 나쁜 일이 생기지 않도록 해 주는 손수건이니 소중히 간직하라고 당부하였다.

공주는 얼마나 행복할까? 자신을 지켜 줄 손수건도 있고, 든든한 푸아라다라는 말도 있으니 말이다. 그 말은 사람의 말을 알아듣고 말을 할 수도 있는 영리한 말이었다. 공주는 시녀 한 명을 데리고 길을 떠났다.

날씨가 무더워서 조금만 걸어도 땀이 비 오듯 흘렀다.

공주는 시녀에게 물을 떠 달라고 부탁을 하였다. 시녀는 청을 거절하였다. 그 시녀는 몹시 나쁜 여자였다. 공주가 무슨 부탁을 해도 모두 거절하는 것이었다.

불쌍한 공주, 왕비님이 이걸 보시면 얼마나 놀라실까?

하는 수 없이 공주는 냇가에 엎드려 물을 마셔야 했다.

그런데 큰일이 생겼다.

왕비님이 공주를 지켜 주기 위해 만들어 준 손수건

을 냇물에 떨어뜨린 것이다.

이제 공주에겐 어떤 일이 생길까?

떠내려가는 손수건을 보고 시녀가 공주에게 소리쳤다.

"이제 너는 아무 힘도 쓸 수 없어. 이제부터 내 말을 잘 들어야 해."

그리고는 공주의 옷을 빼앗았다. 말도 빼앗았다.

정말 나쁜 시녀다. 공주가 어려움에 빠지면 도와 주어야 할 시녀가 그렇게 나쁘게 굴다니. 그런데 그런 위험을 만날 수도 있는데 왜 왕비님은 공주 혼자 길을 떠나게 했을까?

공주가 시녀로 바뀌고 시녀는 공주가 되었다. 시녀는 공주에게 입을 잘못 놀리면 죽이겠다고 하였다.

이윽고 왕자의 성에 다다른 공주와 시녀는 성안으로 들어갔다.

시녀는 성에 들어가 왕자와 함께 호화롭게 살고, 진짜 공주는 거위 치는 아가씨로 일을 해야 했다.

불쌍한 공주님, 시녀의 꾀임에 빠져 자신의 몸이 시녀의 몸으로 바뀌다니 세상에 이런 일이 또 있을까? 그런데 가짜 공주는 말의 목을 베라고 하였다. 말할 줄 아는 말이 너무 두려웠던 것이다.

그런데 그게 말썽이 되었다. 죽은 말머리와 거위 치

는 아가씨가 말을 주고받는 모습을 거위 치기 소년이 본 것이다. 그 사실을 왕자가 알게 되고 나중에는 그 거위 치는 아가씨가 진짜 공주라는 사실이 밝혀졌다. 죽은 말이 도와 준 것이다.

참 다행이라는 생각이 든다. 이제 거위 치는 아가씨가 진짜 공주라는 사실이 밝혀졌으니까.

임금님은 공주에게 예쁜 옷을 입히고 성대한 파티를 열어 공주를 위로해 주도록 하였다.

그리고는 가짜 공주를 불러 무거운 벌을 주었다.

역시 마음씨 착한 사람이 복을 받는다더니 공주가 제 자리로 돌아와서 참 다행이다.

이렇게 해서 공주님과 왕자님은 언제까지나 평화롭게 살았다.

전래 동화는 우리에게 많은 것을 깨닫게 해 준다. 주로 착한 사람이 복을 받는다는 것을 알게 해 준다.

솔직히 이해 안 가는 부분이 많기는 하다. 시녀한테 다 빼앗기고도 말 한 마디 못한 공주도 어리석어 보이기는 하다. 마술에 걸려 말을 할 수 없었던 것도 아닌데.

앞으로도 전래 동화를 많이 읽어 볼 생각이다.

# 일곱 번째 공주님

|이치화|
〈바리 공주〉를 읽고

옛날, 아주 오랜 옛날의 일입니다. 섬나라에 오구 대왕이라는 대왕이 살았어요. 그런데 그 대왕에게는 왕비가 없었어요.

그래서 길대라는 여인을 왕비로 맞아들였어요. 대왕은 그 길대라는 여인을 보자, 첫눈에 반해서 왕비로 삼았지요. 그런데 그 대왕은 어진 정치를 못했나 봐요. 왜냐면 어진 정치를 베푸는 왕들은 여자를 멀리 했거든요.

결혼하기 전에 점쟁이가 찾아와 이상한 예언을 했습니다.

"내년에 결혼하면 일곱 아들을 낳아 태평스럽게 살 것이고, 올해 결혼하면 딸만 일곱을 낳을 것입니다."

점쟁이 말대로 하려면 1년을 더 기다려야 합니다. 그런데 대왕은 더 기다릴 수가 없었습니다. 서둘러 결혼식을 올리고 말았습니다.

이윽고 왕비는 잉태를 했어요. 온 나라의 관심은 왕비에게로 쏠렸어요.

아기가 나오자 왕은 실망을 했어요. 왜냐면 공주였기 때문이지요.

그 부분이 조금 이해하기 어려웠습니다. 왜 딸을 낳았다고 실망을 할까요? 아마도 그 때는 전쟁이 자주 일어나니까 공주보다 왕자가 더 필요했는지 모릅니다. 전쟁이 나면 왕자가 앞장서서 나서야 할 테니까요.

왕비는 또 잉태를 했습니다.

그러나 또 실망을 했어요. 두 번째도 공주였기 때문이지요.

저는 외아들입니다. 그래서 여동생이 하나 있으면 좋겠다는 생각을 많이 합니다. 그러면 서로 도우면서 살 수 있을 테니까요.

점쟁이 말대로 왕비는 줄줄이 딸 일곱을 낳았습니다.

그런데 일곱 번째 공주가 태어날 때 신기한 꿈을 꾸었어요.

그 꿈은 청룡, 황룡이 궁궐의 대들보를 감도는 꿈이었어요. 그 꿈 때문에 왕과 왕비는 잔뜩 기대를 했습니다. 이번에는 왕자겠지, 했거든요.

그런데 이번에도 왕자가 태어나지 않았어요.

왕은 너무 실망해 그 공주를 바다에 버렸습니다.

그 공주는 궤짝에 실려 바다 멀리 사라졌어요. 어린 생명을 바다에 버리는 부모가 왕과 왕비라니 그 나라 백성들이 그 사실을 안다면 어떻게 될까요? 요즘 세상이라면 왕 자리에서 쫓겨나야 했을 것입니다. 왕비는 슬퍼하며 공주 이름을 바리라고 지어 주었습니다.

그리고 15년이 흘렀어요. 왕과 왕비가 위독하다는 소문이 쫙 퍼졌습니다. 아무도 병을 고칠 수가 없었어요. 그런데 한 소녀가 약수를 구해 와 왕과 왕비에게 먹였습니다. 그 소녀는 두 사람이 바다에 버린 일곱 번째 공주였습니다.

그 공주는 아들 없는 왕과 왕비에게 아들보다 더 큰 효도를 한 것입니다.

만약에 바리 공주가 자기를 버린 부모님을 끝까지 용서하지 않았다면 어떻게 됐을까요?

# 할머니의 넋

|김지민|
〈할미꽃〉을 읽고

저는 저를 보살펴 주신 분께는 마땅히 보답을 해야 한다고 생각합니다. 그리고 또 불효를 하는 사람은 벌을 받아야 합니다. 그래야 불효하거나 버릇없이 구는 사람이 없어지지요.

저는 꽃을 좋아합니다. 그래서인지 〈할미꽃〉이라는 책에 마음이 끌렸습니다. 책장을 넘기며 시원한 물을 마시는 기분으로 글을 읽었습니다.

아주 먼 옛날, 손녀 셋을 둔 할머니가 살고 있었습니다. 손녀들이 다 자라 시집을 가는 사이 살림은 아주 가난해졌습니다. 할머니도 많이 늙었습니다.

허리도 굽어 혼자서는 살 수가 없게 되었습니다. 할머니는 세 손녀들을 위해 너무도 열심히 살았기 때문에 더 빨리 늙으신 것 같습니다.

할머니는 늘 다정합니다. 우리 할머니도 우리한테

정말 잘 해 주십니다. 안산에 사시는데 우리만 가면 좋아서 어쩔 줄을 모르십니다. 세상의 모든 할머니들은 손주들에게 모두 자상하신 모양입니다.

할머니는 맏손녀 집을 찾아갔습니다. 더 이상 일을 할 수 없으니까 찾아가신 것이지요. 맏손녀는 처음에는 할머니를 잘 모셨지만 몇 달 가지 않아 구박을 하였습니다.

저는 맏손녀를 혼내 주고 싶었습니다. 또 늙고 병이 든 할머니가 불쌍했습니다. 설마 둘째 손녀는 안 그렇겠지? 하고 믿으며 다시 글을 읽어 나갔습니다.

할머니는 둘째 손녀 집을 찾아갔습니다.

"할머니 어서 오세요. 저희 집에서 오래오래 사세요."

둘째 손녀도 반갑게 맞았으나 얼마 가지 않아 역시 짜증을 내며 싫어하였습니다.

역시 둘째 손녀도 어쩔 수 없군요. 막내 손녀만은 할머니를 잘 모시고 살아야 할 텐데, 저는 걱정이 태산이었습니다.

할머니는 막내 손녀 집을 찾아가려고 찬바람이 씽씽 부는 날, 둘째 손녀 집을 나왔습니다. 막내 손녀 집으로 가는 고갯마루에 올라오는 동안 갑자기 눈보라가 치기 시작했습니다. 할머니는 눈 속을 헤치며 언덕 위를 겨우 올라섰습니다.
"얘 아가야 내가 왔다. 늙은 할미가 왔다."
그러나 할머니의 목소리는 퍼붓는 눈송이에 묻혀 멀리까지 들리지 않았습니다. 추위와 배고픔에 더 이상 견딜 수 없었는지, 할머니는 이 한 마디를 하고는 픽 쓰러졌습니다.
저는 할머니가 너무 불쌍했습니다. 막내 손녀에게 빨리 알리고 싶었습니다.
그 날, 막내 손녀는 이웃 사람에게서 할머니가 자기 집을 찾아 나섰다는 소식을 들었습니다. 막내 손녀는 허둥지둥 집을 나와 할머니를 찾아다녔습니다. 눈길에 미끄러지면서 겨우 고갯마루에 닿았습니다. 온통 하얗게 쌓인 눈 속에 할머니가 쓰러져 계셨습니다.
"할머니, 할머니!"
그러나 할머니는 싸늘하게 몸이 식어 있었습니다. 이미 이 세상을 떠난 것입니다.
막내 손녀는 뒷산 양지바른 곳에 할머니를 고이 묻어 주었습니다.
겨울이 다 가고 봄이 왔습니다.
어느 날이었습니다. 막내 손녀가 무덤을 찾아와 보니 죽은 할머니의 모습과 같이 허리가 구부러지고 머리카락이 흰 꽃이 피었습니다.

그 후, 해마다 봄이면 그 꽃은 어김없이 피어났습니다. 사람들은 할머니의 넋이 꽃이 되었다고 하여 그 꽃을 할미꽃이라고 부른답니다.

책을 읽으면서 눈물이 날 것 같았습니다. 할머니가 사시면 얼마나 산다고 그렇게 불효를 했을까요? 할머니가 돌아가신 뒤 첫째와 둘째 손녀가 어떻게 했을지 궁금했습니다. 자신의 불효를 후회하며 엉엉 울었을까요? 아니면 여기저기 돌아다니다 자기들만 욕먹게 했다고 짜증을 냈을까요?

우리는 남매가 많습니다. 사 남매나 됩니다. 딸이 셋이고, 아들이 하나입니다. 나중에 엄마, 아빠가 힘없고 늙으시면 어떻게 할까, 생각해 보았습니다. 오늘 읽은 이 책을 떠올리며 꼭 효도하는 자식이 되겠습니다.

# 강아지가 된 어머니

| 류민아 |
〈구경 못하고 죽은 어머니〉를 읽고

 제가 이 글을 쓰게 된 동기는 학교 방학 숙제이기도 하였지만 〈구경 못하고 죽은 어머니〉라는 제목에 관심이 갔기 때문입니다.
 옛날 어느 마을에 일밖에 모르는 어머니가 한 분 살았습니다. 이 어머니는 나들이도 모르고 계속 일만 하였습니다. 이렇게 어머니가 집안 일을 해치우니 아들이나 며느리는 할 일이 없었습니다.
 저는 그 어머니가 너무 어리석다고 생각했습니다. 며느리도 있고 아들도 있는데 굳이 어머니 혼자 일을 하다니, 이해할 수가 없었습니다. 적당히 나눠서 일을 하면 아들 며느리도 행복할 텐데요.
 그런데 어느 날, 아침 일찍부터 보리 방아를 찧던 어머니가 갑자기 돌아가셨습니다. 마지막 순간까지도 일을 하다가 돌아가신 것입니다.

어머니는 염라 대왕 앞에 섰습니다.
"네가 살아 있을 때 가본 곳 중에서 가장 경치가 좋은 곳은 어디냐?"
어머니는 평생 일밖에 몰랐기 때문에 구경한 곳이 없다고 염라 대왕에게 말을 하였습니다.
염라 대왕은 어머니를 개로 태어나게 해 주었습니다.

실컷 구경도 하고 착한 일도 하라는 뜻이었습니다.

이 세상 사람들 모두가 환생을 하면 좋겠어요. 그러면 슬프게 헤어진 사람들도 마음의 상처를 치료할 수 있잖아요.

개가 된 어머니는 자기가 살던 집으로 돌아왔어요. 그런데 그 날이 마침 어머니의 제삿날이었어요. 그래서 어머니는 제상에 놓인 조기를 물어 가다가 아들에게 몽둥이로 맞았습니다.

그 날 밤, 며느리와 아들은 똑같은 꿈을 꾸었습니다.

조기를 물고 간 개가 나타나 눈물을 흘리며 꾸짖는 꿈을 꾼 것입니다.

제가 만약 이 아들이었다면 강아지가 이미 조기를 물어 갔고 다시 뺏어 봤자 먹지도 못하니까 그냥 그 강아지에게 조기를 주었을 것입니다. 그런데 그 아들은 왜 그 강아지를 때렸을까요? 아마도 평생 고생만 하다 죽은 어머니의 제사 음식을 물어 가서 그랬을 것입니다.

아들과 며느리는 그 꿈에서 깨어나자마자 조기를 물어 갔던 강아지를 찾았습니다.

개를 찾아 산 속으로 들어간 아들은 불쌍한 어머니 생각에 그만 울음을 터뜨렸습니다.

그 때 어디선가 가냘픈 소리가 들려서 그 쪽으로 가

보니 그 개가 있었습니다. 아들은 그 개를 업고 집으로 데려와서 해인사, 경포대 등 여러 곳을 구경시켜 드렸습니다.

사람들은 아들의 효성스런 마음을 칭찬해 주었습니다. 세상 구경을 마친 개는 집으로 돌아와 이내 스르르 잠들 듯이 죽었습니다.

어머니는 다시 염라 대왕 앞에 섰습니다. 염라 대왕은 어머니에게 세상 구경을 한 느낌이 어떠냐고 물어보았습니다. 말할 수 없이 좋았다는 어머니 대답에 염라 대왕은 기뻐하며 '극락'이라는 곳으로 들어가라고 했습니다. 그리고 어머니는 다시 나오지 않았습니다.

저희 집안에는 돌아가신 분이 없습니다. 그러니까 돌아가시기 전에 즐겁게 해 드리고 조금이라도 더 잘해 드려야겠습니다. 그래야 다시 태어나 고생하는 일이 없을 테지요.

위인전

# 우리 엄마 같은 신사임당

|오세정|
〈신사임당〉을 읽고

　신사임당은 정말 인자하세요. 우리 엄마 같아요. 부모님, 남편, 자식들을 위해 열심히 일했거든요.
　우리 엄마도 참 착합니다. 아빠한테 굉장히 친절하세요. 동생과 저한테도 정말 좋은 친구입니다. 저는 친구들하고 싸우면 꼭 우리 엄마한테 이릅니다.
　"그랬구나. 다음에는 네가 언니처럼, 우리 싸우지 말자, 하고 말하면 되잖아."
　엄마는 그렇게 저를 타이릅니다. 그러면 저는 그 친구랑 다시는 싸우지 않게 됩니다.
　신사임당은 아기가 뱃속에 있을 때도 교육에 힘을 쏟았습니다. 태교라고 했습니다. 좋은 생각만 하고 좋은 말만 듣고 아름다운 꽃이나 나비를 보면 꼭 뱃속의 아기에게 그 모습을 들려주고는 했습니다.
　그래서 율곡 선생 같은 분을 낳을 수 있었던 것입니

다. 우리 엄마도 동생과 제가 뱃속에 있을 때 그랬다고 합니다. 예쁜 사진을 벽에 걸어 놓고 보았대요.

신사임당은 부모님께도 효도를 잘 했습니다. 부모님 몸이 불편하면 잠을 자지 않고 걱정을 하며 간호를 했습니다. 그래서 친정을 떠나 서울로 가면서 대관령 고개 위에서 끝없이 눈물을 흘렸던 것입니다.

신사임당은 글씨도 잘 썼고 그림도 아주 잘 그렸습니다. 수도 아주 잘 놓았다고 합니다. 저번에 강릉에 가서 오죽헌을 구경한 적이 있습니다. 그 안에는 신사임당의 솜씨가 전시되어 있습니다. 정말 갖고 싶은 것들이 많았습니다.

저는 고집이 셉니다. 그래서 엄마는 고집을 너무 부리면 남에게 피해를 줄 수 있다고 저를 타이르십니다. 저도 그건 알고 있습니다. 제가 먹고 싶은 아이스크림을 다 먹겠다고 하면 제 동생이 먹지 못합니다.

하지만 이 책을 읽고서 이제 다시는 고집을 피우지 않겠다고 다짐했습니다. 우리 엄마처럼 다정하고 상냥하게 행동하면 다른 친구들도 저를 많이 좋아하게 될 것입니다.

위인은 남자들밖에 없는 줄 알았는데 오늘 신사임당을 읽어서 기분이 좋았습니다. 저도 나중에 신사임당처럼 훌륭한 엄마가 될 것입니다.

# 떡장수 아들

|지윤희|
〈한석봉〉을 읽고

아주 어려서 할머니가 이런 이야기를 해 주셨어요.

어떤 아들이 절로 공부를 하러 들어갔는데 어머니는 그 동안 떡장사를 해서 아들 학비를 대주었습니다.

절에서 공부를 하던 아들은 어머니가 너무 보고 싶었습니다. 그래서 몰래 절을 빠져 나와 어머니를 찾아갔습니다.

아들을 본 어머니는 깜짝 놀랐습니다. 어머니는 아무 말 없이 방으로 아들을 끌고 들어갔습니다. 불을 끄면서 어머니가 말했습니다.

"네가 붓글씨를 쓰는 동안 나는 떡을 썰 것이다. 누가 더 반듯한 모양을 만드는지 겨뤄 보자."

결과는 어머니가 이겼습니다. 어머니가 썬 떡은 고르고 예뻤지만 아들이 쓴 글씨는 삐뚤삐뚤 보기 싫었습니다. 그래서 아들은 집에 있겠다고 고집을 피우지 못하고 다시 절로 들어갔습니다.

　저는 오늘 〈한석봉〉을 읽으면서 그 이야기에 나오는 엄마가 한석봉의 어머니였다는 것을 알았습니다. 한석봉이 어떻게 해서 그렇게 글씨를 잘 쓸 수 있었는지도 알았습니다.

　옛날에는 장사를 하면 사람들의 손가락질을 받았습니다. 양반은 떡장사를 할 수 없다고 믿었습니다. 그렇지만 한석봉의 어머니는 안 그랬습니다. 창피하다는 생각도 하지 않았습니다. 떡을 팔아야만 아들 공부를 시킬 수 있었기 때문입니다.

　부끄러움 모르고 떡을 팔았던 어머니 덕분에 한석봉

은 훌륭한 사람이 될 수 있었습니다.

　명나라의 학자 왕세정은 한석봉의 글씨를 몹시 부러워했다고 합니다.

　"성난 사자가 바위를 갉아 내고 목마른 천리마가 내로 달리는 것같이 힘차다."라고 말했다고 합니다.

　저는 그 말이 무슨 뜻인지는 모르지만 칭찬이라는 것은 분명합니다. 그것은 아주 대단한 칭찬일 것입니다.

　당시의 임금님인 선조도 한석봉의 글씨를 좋아했습니다.

　"볼수록 신기하고 장쾌함이 이루 말할 수 없도다."

　이렇게 칭찬하였습니다.

　한석봉은 훌륭한 어머니 덕분에 그렇게 훌륭한 사람이 되었습니다. 저도 우리 엄마의 은혜를 받고 자랍니다. 하지만 조금만 화가 나도 투정부터 부립니다. 앞으로는 항상 엄마의 고마움을 생각하기로 하였습니다.

# 뛰어난 화가

|김지용|
〈김홍도〉를 읽고

　저는 위인전을 좋아합니다. 위인전을 읽으면 숙제도 재미있어지고, 학원에 가는 것도 즐거워집니다. 저도 나중에 어른이 되어 위대한 사람이 되고 싶기 때문입니다. 위인이 되려면 무슨 일이든 열심히 해야 된다고 엄마가 그랬거든요.

　오늘은 〈김홍도〉를 읽었습니다. 어제는 〈링컨〉을 읽었기 때문에 오늘은 우리 나라 사람의 이야기를 읽기로 하였습니다.

　엄마도 제가 위인전을 읽고 있다고 하면 공부하라고 하지 않아요.

　김홍도는 아버지를 일찍 여의고 가난하게 살았어요. 그림을 무척 좋아했지만 종이가 없었습니다. 나무 막대기로 흙이나 돌, 잎 등에다 그림을 그리며 놀았어요. 놀면서도 그림 공부를 한 것이지요.

저는 그림을 그리다 잘못 그리면 스케치북을 북, 찢어 버려요. 김홍도가 그 모습을 보았다면 몹시 아깝다며 달라고 했을 거예요.

김홍도는 어려운 환경 속에서도 그림 그리는 일을 한 번도 포기하지 않았어요. 어려우면 더 열심히 그림을 그렸어요. 그래야 덜 힘드니까 그랬을 거예요.

저도 유치원 다닐 때 그림을 잘 그렸다고 상을 받았어요. 아이들이 다 모였는데 원장 선생님 앞으로 나가 받았어요. 얼마나 기분이 좋았는지 몰라요. 김홍도도 지금 살고 있다면 그림을 잘 그려서 상도 많이 받았을 것 같아요.

　김홍도는 나중에 임금님께 인정을 받아서 벼슬도 받았지요. 그림 그리는 직업을 그 무렵에는 천하게 여겼다는데 정말 다행이에요. 김홍도의 실력은 임금님께서도 높이 인정하셨던 것이지요.

　만약에 요즘 김홍도 같은 인물이 있다면 훨씬 더 좋은 대접을 받았을 것입니다.

　김홍도는 가난한 생활을 한 번도 원망하지 않았어요. 시간만 나면 이리저리 돌아다니며 아름다운 경치를 그림으로 그렸습니다.

　김홍도는 죽는 날까지 그림을 그렸습니다. 그래서 지금까지 남겨진 그림은 문화재로 대접받고 있다고 해요. 금강사군도, 용주사 불상, 해금강 총석정, 사경산수 등 여러 점의 그림이 남아 있습니다. 저도 그림책에서 김홍도의 그림을 많이 봤어요. 씨름하는 모습은 정말 좋아요. 정말 사람들이 모여서 씨름을 하고 구경을 하는 것 같거든요.

　〈김홍도〉를 읽고 김홍도처럼 모든 일에 최선을 다하는 사람이 되어야겠다는 생각을 하였어요.

　그래서 이제부터는 어떤 일이든 꾀 안 부리고 열심히 해서 나중에 우리 나라를 빛내는 위인이 되고 말 거예요.

# 키가 작은 장군

|전가영|
〈나폴레옹〉을 읽고

저는 몸이 약합니다. 그래서 씩씩한 사람을 보면 참 부럽습니다.

남자아이들은 햇빛이 많이 비치는데도 밖에 나가서 잘 놉니다. 하지만 저는 그렇지 못합니다. 한 시간만 햇빛에 서 있어도 어지럽습니다. 엄마는 제가 밥을 잘 먹지 않아서 그런다고 합니다. 제가 보기에 저는 많이 먹는데 말이에요.

저는 장군들이 전쟁에 나가서 싸움을 하는 것을 보면 기분이 좋습니다. 전쟁은 사람을 죽게 하는 것이지만, 그래도 언제나 착한 사람이 이기는 것 같아 기분이 좋습니다. 그래서 저는 훌륭한 나폴레옹 장군의 이야기를 좋아합니다.

나폴레옹은 훌륭한 장군입니다. 나폴레옹은 어릴 때부터 몸이 건강하여 몸이 약한 형을 도와 주었습니다.

나폴레옹이 열 살이 되었을 때, 어머니께서 나폴레옹과 그의 형을 프랑스로 보냈습니다. 넓은 곳에 나가 많은 것을 배우라는 것이었습니다.

만약에 제가 부모님과 헤어져야 된다면 굉장히 슬플 것입니다. 저는 집에 부모님이 안 계시면 싫어합니다. 하룻밤만 떨어져 있어도 제대로 못 잡니다. 그래서 엄마 아빠도 다른 곳에서 잠을 잘 못 잡니다. 저 때문에 꼭 집으로 돌아오십니다. 그런데 나폴레옹은 열 살밖에 안 되는 어린 나이인데도 엄마와 헤어지면서 울지 않았습니다.

저는 나폴레옹의 형과 닮은 점이 있는 것 같습니다. 첫 번째로는 몸이 좀 약한 것입니다. 그리고 두 번째로는 놀림을 많이 받는 것입니다. 마지막으로 세 번째는 아이들이 때리거나 놀리면 우는 것입니다.

아이들이 놀릴 때 울면 더 놀린다고 엄마는 말씀하십니다. 그렇지만 저는 아이들이 놀리거나 조금만 슬퍼도 울어 버립니다. 엄마 말을 떠올리며 울지 말아야겠다고 생각하지만 눈물이 납니다.

나폴레옹과 그의 형은 프랑스에 있는 학교에 입학하여 프랑스 말을 공부하였습니다. 그리고 나폴레옹은 스물일곱 살 때 군인이 되었습니다. 키는 작지만 뭐든지 노력하는 나폴레옹을 모두 좋아하였습니다. 나중에는 나폴레옹을 찾는 사람들이 많아졌습니다.

　나폴레옹은 대장이 되었습니다. 그리고 전쟁이 벌어졌습니다. 총소리가 들리고, 대포 소리가 들렸습니다.

　저는 전쟁이 무섭습니다. 텔레비전에서 전쟁을 하는 영화를 보면 제가 죽는 것 같습니다.

　전쟁이 나면 많은 사람이 죽습니다. 그러나 나폴레옹은 조금도 겁을 내지 않았습니다. 나폴레옹은 열심히 싸웠습니다.

　그리고 전쟁이 끝났습니다. 많은 사람들이 죽었지만 전쟁은 승리하였습니다. 나폴레옹은 잠도 제대로 자지 않고 싸워서 이긴 것입니다.

　저는 장군은 싸움만 잘 하면 되는 것이라고 생각했습니다. 그런데 그게 아니었습니다. 장군은 싸움만 잘 해서 되는 게 아니라 머리도 좋아야 했습니다. 그래야 적군을 언제 공격해야 할지 알게 되니까요.

# 어린이의 영원한 친구

|오은비|
〈소파 방정환〉을 읽고

　방정환은 훌륭합니다. 그는 고등 학교도 제대로 졸업하지 못했습니다. 집안이 너무 가난했거든요. 돈을 벌어 가족을 돌보아야 했습니다.
　고생만 하던 방정환도 출세를 합니다. 손병희의 사위가 되었기 때문입니다. 엄마한테 손병희가 누구냐고 여쭈어 보았습니다.
　"천도교 교주를 지낸 분이야."
　엄마는 간단히 설명을 해 주셨습니다. 그러니까 우리 아빠가 우리 엄마 집으로 장가를 온 것과 같다고도 해 주셨습니다. 하지만 우리 아빠는 외가에서 살지 않았습니다.
　방정환은 부인의 집에 살면서 많은 도움을 받습니다.
　나중에 방정환은 독립 운동을 하기 시작합니다. 나라가 위험했기 때문입니다. 학생들이 모두 힘을 합쳐

3월 1일 독립 만세를 부르게 하기도 했습니다. 하지만 힘이 없어 독립 운동은 실패하고 말았습니다. 다른 나라로 가서 좋은 것을 배워 오기로 결심하고 방정환은 조국을 떠났습니다.

일본에 가서 방정환은 느낀 것이 너무 많았습니다. 그 곳 학생들의 모습이 너무도 씩씩하고 건강해 보였기 때문입니다.

"그 무렵 우리 나라 학생들은 일본 경찰과 헌병들의

감시 때문에 공부도 제대로 할 수가 없었단다. 우리 나라 글씨인 한글도 쓸 수 없었으니까."

엄마가 다시 설명해 주셨습니다.

"그렇다! 우리 나라의 먼 장래는 자라는 젊은 청소년들의 힘에 기대할 수밖에 없다. 장차 나라의 새 주인이 될 어린이의 힘을 키우자!"

방정환은 그렇게 다짐했습니다. 마음이 아팠습니다. 어린이는 아직 힘이 없습니다. 그래서 아무리 나라가 위험해도 아무 일도 할 수 없습니다. 그렇게 어린아이들이 나라를 위해 일을 할 수 있으려면 오래 기다려야 합니다. 그 때 나라가 많이 힘들었는데 언제 어린이들을 키워 나라를 튼튼히 할 수 있을까, 하고 생각했습니다. 방정환도 그런 생각을 하였을 것입니다. 우리 엄마가 힘들 때마다 "너를 언제 다 키우니?" 하는 것처럼요.

방정환은 전국을 돌아다니며 구연 동화 대회를 열었습니다. 명작 동화를 번역하여 책을 내기도 했습니다. 그렇게 해서 어린이날이 탄생되었다고 합니다. 일 년에 한 번씩 어린이날을 결정해 어린이들을 기쁘고 즐겁게 해 주기로 했던 것이지요. 어린이들이 희망과 꿈을 품고 무럭무럭 자라 먼 훗날 훌륭한 일을 해 주기를 바랐던 것입니다.

저는 부끄러운 생각이 들었습니다. 어린이날만 되면 부모님께 좋은 선물을 해 달라고 졸랐거든요. 그 날은 선물을 받는 날이라고 생각했기 때문입니다. 어떻게 해서 어린이날이 생겼는지 알았다면 부모님을 조르지 않았을 것입니다.

저만 모르는 것이 아니라 제 친구들도 모두 모릅니다. 모두 선물 받고 에버랜드에 놀러 가는 날인 줄 압니다.

방정환은 우리 어린이들이 참되고 씩씩하고 바람직하게 자랄 수 있는 정신을 심어 주었으며 일제에 대한 저항 정신과 함께 독립, 애국 애족 정신을 높이려 어린이날을 정했던 것이라고 합니다. 무슨 뜻인지 다 몰라도 고개가 숙여졌습니다. 정말 부끄러웠습니다.

방정환은 평생 어린이만 생각하며 살았습니다. 그러다가 아깝게 세상을 떠났습니다.

〈방정환〉을 읽으면서 어린이날이 되어도 부모님을 조르지 않겠다고 다짐하였습니다. 그리고 친구들에게 왜 어린이날이 생겼는지 자세히 설명해 주겠습니다.

# 귀찮게 물어 봐도 대답해 주세요

|최준일|
〈에디슨〉을 읽고

"누가 가장 위대한 발명가일까요?"
선생님께서 우리한테 이렇게 물어 보셨어요. 친구들은 많은 이름을 댔어요. 저도 대답했어요.
"에디슨이요."
다른 아이들도 에디슨이 가장 위대한 발명가라고 했어요.
"그러면 에디슨을 읽고 독후감을 써 오도록 해요."
선생님께서 그러셨습니다. 우리들은 쓰기 싫으니까 "그냥 읽으면 안 돼요?" 하고 여쭈었습니다. 선생님은 안 된다고 하셨습니다.
"에디슨이 어떻게 발명가로 유명해졌는지 느낌을 쓰면 됩니다."
선생님은 잘 쓴 사람한테 상으로 사탕을 주겠다고 하셨습니다. 저는 사탕을 받고 싶었어요. 그래서 집에 돌아와 얼른 위인전 중에서 〈에디슨〉을 꺼내 읽었습니다.

에디슨은 참 엉뚱해요. 알을 품으면 병아리가 나온다고 생각합니다. 그래서 알을 품고 있었습니다. 어느 날은 호박벌 둥지를 막대기로 쑤셔 봤다가 혼이 나기도 했어요. 자기 집을 쑤셔 대니까 벌이 화를 낸 것이지요.

저도 저번에 벌에 쏘인 적이 있어요. 화단에 서서 꽃을 따고 있었는데 팔을 따끔하게 쏜 거예요. 얼마나 무서웠는지 몰라요. 엉엉 울면서 교실로 들어갔더니 선생님이 약을 발라 주셨어요.

에디슨은 개구쟁이이기도 했지만 궁금한 것이 있으면 참지 못했어요.

"엄마, 바람이 뭐야? 어디서부터 불어오는 거야?"

그렇게 물으면 어머니가 꼭 대답해 주셨습니다.

"응, 바람은 저 높은 하늘에서 온단다. 공기의 흐름이 바람이지."

"그럼 공기는 뭐예요?"

"사람이 숨쉬는 산소나 탄산가스처럼 우리 눈에는 보이지 않지만 공간에 많이 있는 기체란다."

"그럼 별은 얼마나 높은 곳에 떠 있나요? 왜 안 떨어져요?"

에디슨은 엄마를 몹시 귀찮게 했어요. 저도 궁금한 것이 있으면 못 참아요. 그런데 우리 엄마는 제가 귀찮게 물으면 꽥 소리를 질러요.
"저리 가. 바빠 죽겠는데 왜 그래? 책 보면 알 수 있

잖아."

　그러세요. 책을 봐도 모르겠는데…….

　사람들은 그런 에디슨을 두고 머리가 이상한 아이라고 했어요. 너무도 엉뚱한 질문만 하니까 그랬나 봐요.

　학교에서도 에디슨은 놀림을 받았어요. 너무 귀찮게 질문만 하니까 선생님도 친구들도 싫어한 것이지요.

　어른들은 귀찮으면 소리를 질러요. 그리고 우리들이 소리를 지르면 조용히 하라고 해요. 천재 에디슨 같은 아이가 있어도 시끄럽다고 소리만 지르면 바보 에디슨이 될 거예요. 궁금한 것이 있어도 아무도 안 가르쳐 주니까요.

　에디슨은 학교에서 쫓겨나기도 했어요. 그렇지만 어머니는 에디슨을 이해해 주었어요. 그리고 직접 가르치기로 했어요.

　에디슨은 전등을 발명하기도 했어요. 지금도 전등이 없어서 촛불을 켜고 살아야 된다면 얼마나 불편하겠어요. 텔레비전도 없고 컴퓨터도 없을 거예요. 전기가 없으면 텔레비전이나 컴퓨터도 켤 수 없으니까요.

　에디슨은 축음기도 발명해서 우리들이 아름다운 음악을 들을 수 있게 해 주기도 했어요. 영화도 발명했다는 것을 알고 깜짝 놀랐어요. 정말 에디슨은 천재예요. 어떤 것을 생각하면 그것 한 가지만 생각한 것이 아니라 다른 여러 가지도 생각할 줄 알았으니까요.

　저는 에디슨이 더 좋아졌어요. 그래서 궁금한 것이 있으면 엄마한테 혼나도 질문을 하기로 했어요. 그래야 나중에 에디슨 같은 훌륭한 과학자가 될 수 있을 거예요.

# 훌륭한 선생님, 좋은 친구

|박동혁|
〈에이브러햄 링컨〉을 읽고

우리 엄마는 잔소리를 잘 합니다. 저만 보면 더 잔소리를 합니다.

"책 좀 읽어. 왜 그렇게 책을 안 보는 거냐?"

이렇게 말입니다. 저도 불만이 많습니다. 책을 보고 싶어도 시간이 없습니다. 학교에서 돌아오면 학원에 가야 됩니다. 학원이 끝나면 집에 오시는 영어 선생님하고 공부를 해야 됩니다. 그리고 만화도 보아야 합니다. 숙제를 끝내면 잘 시간이 됩니다. 간신히 일기 쓰면 아무 것도 하기 싫은데 어떻게 책을 읽어요.

"그래도 책을 읽어야지."

학원을 그만 두게 해 주면 책을 읽겠다고 해도 엄마는 안 된다고 하십니다. 학원 안 가면 절대 안 된다고 하십니다.

오늘도 책 안 읽는다고 꾸중을 들었습니다. 그래서

책을 읽은 것이 아닙니다. 학교 숙제가 독후감 쓰기이기 때문에 할 수 없이 책을 펼쳤습니다.

저는 저번에 읽어 보았던 〈링컨〉을 다시 꺼내 읽었습니다.

링컨은 정말 가난한 집안에서 태어났습니다. 미국 켄터키 주에 있는 원시림에서 한 가난한 개척민의 아들로 태어났습니다. 링컨은 초라한 통나무집에서 태어나 미국의 대통령이 된 것이지요.

열 살도 안 되었는데 링컨은 일을 합니다. 힘겨운 도끼질을 하면서 아버지를 도왔습니다. 학교도 다닐 수가 없었습니다. 평생 동안 겨우 일 년밖에 학교를 못 다녔다고 합니다.

거기까지 읽는 동안 저는 괜히 엄마한테 죄송하다는 생각이 들었습니다. 엄마는 어려운 살림에도 저를 학원에 보내 주려 하는데 저는 꾀만 부렸잖아요.

"죄송해요, 엄마."

저는 가만히 속으로 중얼거렸습니다.

링컨은 아무리 힘들어도 밤이면 책을 읽었습니다. 등불 아래에서 혼자 공부를 했습니다. 만약 저처럼 학원에도 다니고 학교에도 다닐 수 있었다면 링컨은 훌륭한 학자가 되었을지도 모르겠다는 생각이 들었습니다. 그렇지만 공부를 덜 해서 미국의 대통령이 되었다면 그게 더 나을 것 같았습니다. 링컨 덕분에 많은 흑인들이 해방되었기 때문입니다.

링컨이 노예 해방 전쟁을 일으키기 전까지 흑인들은 사람이 아니었다고 합니다. 물건처럼 사고 팔았다고 합니다. 힘이 없는 여자나 노인은 싼 값에 팔았고, 건강한 청년들은 아주 비싼 값에 팔렸다고 합니다.

열심히 공부한 덕분에 링컨은 나중에 변호사가 되었습니다. 링컨은 어렵게 공부를 해서 변호사가 되었지만 그 실력을 가난한 사람들을 위해 썼습니다.

대통령이 된 뒤에도 링컨은 몹시 촌스러웠다고 합니다.

"저 촌스런 대통령이 언제 무슨 실수를 저질러 웃음거리가 되는지 지켜볼 테다."

그를 미워하는 사람들은 그렇게 말했습니다. 하지만 국민들은 항상 링컨 대통령을 믿고 따랐습니다.

정직함과 성실함, 정의롭고 용기 있는 대통령이었기 때문입니다.

억지로 책을 읽기는 했지만 참 잘 했다는 생각이 들었습니다. 하기 좋은 일만 하면 안 된다는 것도 깨달았습니다. 아무리 힘들게 학원을 다녀도 책을 많이 읽어야지, 하는 생각이 들었습니다. 그래야 링컨처럼 훌륭한 사람이 될 테니까요.

# 훌륭한 어머니를 둔 율곡 이이

|김선주|
〈율곡 이이〉를 읽고

저는 〈율곡 이이〉를 읽고 독후감을 쓰기로 하였습니다. 원래 좋아했던 위인이라서 좋았습니다. 저는 율곡 이이도 좋지만 신사임당도 무척 존경합니다. 그 분만큼 자상한 어머니는 세상에 없을 거예요.

율곡 이이는 이름난 학자였어요. 조선에서 가장 뛰어난 학자였습니다. 저도 율곡 이이처럼 훌륭한 학자가 되고 싶습니다.

세상에는 참 많은 직업이 있습니다. 그렇지만 자기 적성에 맞는 직업은 찾기 힘듭니다.

저는 성격이 조용합니다. 그래서 공부를 하는 직업을 갖는 것이 좋겠다는 생각을 합니다.

하지만 이이도 학문만 잘 해서 벼슬에 아홉 번씩이나 오른 것은 아닙니다. 잘 하는 것도 많지만 여러 가지의 고통을 이겨 낸 결과였습니다.

무슨 일이든 쉽게 되지 않습니다. 공부를 잘 하고 싶어도 어려운 일입니다. 그만큼 노력을 해야 됩니다. 고통을 잘 이겨 내면 좋은 일이 생기지만 포기하면 좋은 일도 실패하고 맙니다. 위인들은 힘든 일이 있어도 절대 포기하지 않습니다. 끝까지 해 내고 맙니다.

율곡 이이는 어렸을 때부터 총명하고 똑똑하였습니다. 모든 사람들이 그 분을 좋아하였습니다.

율곡 이이는 언제나 약한 사람 편을 들었습니다. 약한 사람들을 배려해 주고 친절하게 대하고 보잘 것 없는 사람도 도와 주는 모습을 보면서 훌륭한 사람은 정말 다르구나, 하고 생각했습니다.

율곡 이이가 모든 일에 열심일 수 있었던 것은 어머니 신사임당의 영향이 큽니다. 신사임당은 정말 훌륭한 어머니였습니다. 항상 바른 행동으로 자식들을 가르치고, 부모님께 효도하였습니다. 그리고 공부하는 습관을 스스로 행동으로 옮겨 자식들이 본받게 했습니다. 그런 어머니 밑에서 자란 율곡 이이는 당연히 훌륭한 인물이 될 수밖에 없었을 것입니다.

하지만 이이도 큰 슬픔에 빠지고 말았습니다. 1551년 어머니 신사임당이 돌아가셨거든요. 신사임당은 율곡 이이에게 단순한 어머니가 아니었습니다. 훌륭한 스승이었습니다. 그렇기 때문에 신사임당의 죽음은 율곡 이이에게 큰 슬픔이었습니다. 율곡 이이는 삼 년 동안 어머니의 죽음을 슬퍼하였습니다.

어떻게 삼 년 동안이나 무덤 앞을 지켰을까요? 저는 엉뚱한 생각을 했습니다. 무섭지는 않았을까? 힘들지는 않았을까?

아무래도 무덤은 산 속에 있는데 그 산 속에서 지낸다는 것은 보통 일이 아닙니다. 하지만 부모님의 죽음을 그렇게 슬퍼하는 모습을 보면서 고개가 절로 숙여졌습니다.

그리고 이이에게는 송구봉이라는 친구가 있었습니다. 하지만 그 송구봉은 양반이 아니었어요. 하지만 율곡 이이는 사람들이 어떻게 해서 공부를 잘 하느냐고 물으면 송구봉에게 배웠다고 떳떳하게 말합니다. 이렇게 용기가 있으니 정말 부러웠습니다. 양반이 아니면 부끄럽다고 상대도 안 할 것 같은데, 율곡 이이는 그렇지 않았습니다. 가장 소중한 친구로 대했던 것이지요. 송구봉도 양반이 아니라서 출세도 못하는데 친구까지 무시했다면 굉장히 화가 났을 겁니다.

율곡이 병조 판서가 되던 해, 임진왜란이 터졌습니다. 하지만 이이는 급히 군사를 북쪽 변방으로 보내 오랑캐를 물리칠 수 있었습니다. 그러나 그것을 모함한 간신배들의 행동은 도저히 이해할 수가 없었습니다. 이이가 조용히 고향으로 내려가는 모습이 눈에 보이는 것 같습니다. 나라 걱정에 발걸음이 무척 무거웠을 것입니다.

그 후 몇 년의 세월이 흘렀습니다. 병이 든 율곡 이이는 1584년 세상을 떠나고 말았습니다. 모두들 슬퍼하였습니다. 저도 눈물이 나왔습니다.

세상을 착하게 살면 하늘에 가서도 좋은 일이 생길 것입니다. 그러니까 이이는 하늘에 가서도 좋은 일을 하며 살고 있을 것 같습니다.

율곡 이이의 나라 걱정하는 마음이 제 마음을 무겁게 했습니다.

# 힘이다, 힘을 길러야 한다

|김나진|
〈도산 안창호〉를 읽고

여름 방학 숙제로 독후감 쓰기가 있었어요. 무엇을 읽을까 고민하다가 〈도산 안창호〉를 읽기로 하였습니다. 위인 독후감은 아무래도 잘 알고 있는 위인을 고르는 것이 쉬울 것 같았거든요.

책을 펼쳤습니다. 첫 장을 펼치자 이런 내용이 적혀 있었습니다.

덕행은 서로 권하고
잘못은 서로 타이르며
예절바른 풍속으로 서로 사귀고
어려움을 당해서는 서로 도와야 한다.

안창호가 서당에서 배운 내용을 복습하는 소리였습니다. 〈사자소학〉이었습니다. 안창호는 소를 풀어놓고

꿀을 베면서도 그런 식으로 공부를 했던 것입니다. 엄한 할아버지 덕분에 안창호는 바르게 자랄 수 있었습니다.

개구쟁이 짓도 많이 합니다. 시집 간 고모 집에 가고 싶으면 거짓말을 하기도 하지요. 참외가 먹고 싶으면 참외밭으로 찾아가 멀쩡하게 거짓말을 하기도 합니다. 할아버지가 쫓아온다며 숨겨 달라고 하면 주인은 참외밭에 숨으라고 합니다. 그러면 안창호는 숨은 척하면서 맛있는 참외 하나를 따먹습니다.

하지만 어른들 모두 안창호를 좋아했습니다. 어려서부터 입담이 좋아 사람들을 모아 놓고 이야기꽃을 피우고는 했습니다. 어린 시절을 그렇게 즐겁게 보냈기 때문에 안창호는 끝까지 포기하지 않고 최선을 다해 나라를 위해 싸웠을 것입니다.

어린 시절은 행복했지만 어른이 되어 갈수록 힘든 일이 벌어졌습니다. 나라가 너무도 위험했습니다. 청나라, 러시아, 일본 등이 우리 나라를 집어삼키려고 호시탐탐 노리고 있었습니다.

그것만이 아닙니다. 극심한 가뭄, 압록강 기슭의 수해로 백성들은 굶주림에 시달려야 했습니다. 벼슬아치들은 제 욕심만 차리고 도적 떼는 날로 늘어만 갔습니다. 마침 평양에 있었던 안창호는 평양성이 짓밟히는 끔찍한 광경을 보고 분노를 터뜨렸습니다.
"청나라와 일본이 무엇 때문에 남의 나라에 와서 전쟁을 일으킨단 말인가?"
안창호는 1908년 봄에 '대성 학교'를 세웠습니다. 그리고 청일 전쟁에서 얻은 교훈을 바탕으로 힘을 강조하는 교육을 펼쳤습니다.
도산은 아이들에게 항상 이렇게 외쳤습니다.
"힘이다, 힘! 힘이 최고야!"
누구에게나 힘이 필요합니다. 힘이 없으면 강한 자에게 당하고 맙니다. 저도 예전에는 힘이 약했습니다. 항상 힘 센 아이들에게 맞기만 했습니다. 그런데 어느 날 생각해 보니 제가 바보 같았습니다. 열심히 힘을 길러야 된다는 생각을 하였습니다. 그래서 열심히 힘을 길렀습니다. 이제는 누구랑 싸워도 절대 지지 않습니다. 안창호가 말한 힘이란 지식이겠지만 육체의 힘도 중요합니다.
안창호는 여러 곳을 돌아다니며 힘을 외쳤습니다.
"힘이다, 힘을 기르자!"
그것은 안창호의 평생 신조였습니다.
1909년 10월 일본이 우리 나라를 침략하였습니다. 나라는 아수라장이 되고 말았습니다. 그리고 1909년 10월 안중근 의사는 침략의 원흉인 이토 히로부미의 심장에 총을 쏘았습니다. 만주의 하얼빈 역에서 벌어진 일입니다. 그 소식을 들은 국민들은 해방이라도 만난 듯 기뻐하였습니다.

그러나 그 사건으로 인하여 일본 경찰은 애국 지사들을 모두 잡아 갔습니다. 암살의 배후에 반드시 국내의 독립 운동가들이 있을 거라고 추측했기 때문입니다.

나라 없는 슬픔을 저는 잘 모릅니다. 그렇지만 역사책을 보면 일제 36년이 우리 나라에 얼마나 큰 슬픔을 안겨 줬는지 깨닫게 해 줍니다. 다시는 나라 없는 국민이 되어서는 안 된다는 것을 느끼게도 됩니다.

도산 같은 사람만 있다면 나라는 절대 위험에 빠지지 않을 것입니다.

도산은 평양의 대성 학교 교무실에서 체포되었습니다. 도산도 국내 애국 지사였기 때문입니다. 도산은 체포되기 직전 중요한 서류는 모두 불살라 버렸습니다. 그리고 끌려 가면서 걱정하는 선생님과 학생들을 타일렀습니다.

"내 걱정은 마라. 누구든 함부로 가볍게 행동하지 말고 신중하게 움직여라."

다행히 도산은 감옥에서 풀려났습니다. 하지만 다시 해외로 나갔습니다. 국내에 있다가는 언제 또 잡혀갈지 모를 일이었습니다.

　저는 어린 새싹들을 염려하는 도산이 너무도 존경스러웠습니다. 어린 새싹을 키워야만 나라를 되찾을 수 있다고 믿었던 것이지요. 어린 새싹들부터 힘을 키워 나간다면 먼 훗날 우리 나라는 세계에서 가장 강한 나라가 될 수 있겠지요.

　제가 그 시대에 살았다면 분명히 도산을 찾아갔을 것입니다. 그래서 제 힘이 닿는 일이 있다면 열심히 해냈을 것입니다. 작은 힘이라도 보태야만 했으니까요.

　어느 날, 도산은 어처구니없는 일을 당합니다. 이유필이라는 친구의 집에 볼일이 있어서 갔다가 프랑스 경찰에 붙잡힙니다. 그 때까지 프랑스 경찰은 그 집을 감시하고 있었는데 도산이 그 집 주인인 줄 알았던 것이지요.

　도산은 이 집 주인은 자기가 아니라고 했지만 소용이 없었습니다. 도산은 이유필 대신 감옥에 갇히고 말았습니다. 그 소식을 듣고 이유필이 뒤늦게 찾아왔지만 이미 시간이 늦어 있었습니다.

　저 같으면 그 친구와 말도 하지 않을 텐데, 도산은 달랐습니다. 그 친구를 너그럽게 감쌌습니다.

　감옥에서 같이 있었던 사람들에게서 병이 옮고 말았

습니다. 도산은 결국 환갑을 8개월 앞두고 숨을 거두고 말았습니다. 나라의 별이 지고 만 것이지요.

일본 경찰에게 도산은 참 골치 아픈 인물이었을 것입니다. 나라의 해방을 위해 목숨을 아끼지 않는 사람을 누가 두려워하지 않겠어요.

도산은 일본 재판관 앞에서 이렇게 말합니다.

"나는 일본이 망하기를 원하지 않는다. 좋은 나라가 되기를 진정으로 원한다. 이웃집 대한을 짓밟는 것은 결코 일본에 이익이 되지 않을 것이다. 원한 품은 2천만 국민을 억지로 일본의 국민으로 만드는 것보다 우정 있는 2천만을 이웃 국민으로 두는 것이 일본의 이익일 것이다. 대한의 독립을 주장하는 것은 동양의 평화와 일본의 행복까지도 위하는 길이기 때문이다."

그 말에 감탄하지 않은 사람은 없었을 것입니다. 병든 몸으로 끝까지 할 말을 다 했던 도산이 정말 존경스럽습니다.

# 막내로 태어난 천재 음악가

|오은비|
〈모차르트〉를 읽고

저는 음악을 좋아합니다. 그 중에서도 모차르트의 곡을 들으면 기분이 좋습니다. 춤을 추고 싶어집니다.

모차르트는 정말 천재 같습니다. 230년 전 잘츠부르크라는 고장에서 막내로 태어난 모차르트가 세계적인 음악가가 될 줄은 아무도 몰랐을 거예요. 왜 유명한 음악가는 서양에서만 태어났을까요? 왜 우리 나라는 유명한 음악가가 없나요?

모차르트는 세 살이 되던 해 집에서 피아노 3도 화음을 쳤어요. 세 살 때 피아노를 쳤다니까 믿어지지 않았습니다. 우리 동네에 세 살 꼬마가 있는데 그 애는 지금도 기저귀를 차고 다니거든요. 똥도 아무 데나 싸구요.

모차르트의 누나인 난넬이 말했어요.

"어머, 네가 그런 곡을 칠 줄 안단 말이야?"

그 곡은 난넬이 아버지한테 피아노를 배우면서 쳐 봤던 곡이었어요.

누나는 몹시 기뻐서 그 사실을 아버지한테 말했어요. 모차르트가 세 살인데 피아노를 친다는 소문은 멀리까지 퍼졌어요.

모차르트는 세 살 크리스마스 때부터 피아노를 배우게 되었어요.

"아빠, 저도 피아노 가르쳐 주세요."

모차르트가 이렇게 말했거든요.

"서양에서 세 살은 우리 나라 나이로 다섯 살 정도란다."

엄마가 말씀해 주셔서 저는 모차르트를 다시 생각했어요. 다섯 살이라고 해도 너무 어려요. 제 동생이 다섯 살인데 정말 개구쟁이거든요. 제가 갖고 있는 물건은 몽땅 자기 것이라고 우겨요. 제 동생이 피아노 앞에 앉아서 건반을 두드렸다면 저는 기절했을 거예요.

모차르트는 다섯 살 때 2년 동안 빈으로 여행을 갔어요. 빈에 가서도 음악밖에 몰랐습니다. 머리가 좋다고 공부 잘 하는 것 아니라고 엄마가 그러셨어요. 노력을 많이 하는 사람이 일등을 한다구요. 아마 모차르트도 머리는 안 좋은데 노력을 많이 해서 훌륭한 음악가가 되었을지도 몰라요.

짹짹거리는 참새 소리, 졸졸졸 흐르는 시냇물 소리, 음매음매 젖소 소리…… 모차르트는 그런 소리들을 들으면서도 음악을 생각했어요. 그래서 그 소리들을 음악으로 바꾸어 놓기도 했습니다.

모차르트의 가족은 빈을 돌아다니면서 유명한 음악가는 다 만나 보았어요. 모두들 모차르트를 칭찬하였습니다.

세월이 흘렀어요. 집으로 돌아와 보니 초청장이 와 있었어요.

'베르사유의 궁전에 와서 모차르트의 훌륭한 솜씨를 보여 주시오.'

모차르트 가족은 기쁜 마음으로 궁정을 향해 출발하였습니다. 모차르트는 궁정에서 정말 많은 칭찬을 받았습니다.

"일곱 살 나이에 저렇게 훌륭한 연주를 하다니, 정말 하늘에서 내린 천재입니다."

모두들 칭찬을 하였어요.

칭찬을 받았어도 모차르트는 우쭐하지 않았어요. 더 열심히 노력해서 좋은 곡을 연주하였습니다.

모차르트도 청년이 되었어요. 서른한 살 때 베토벤을 만났습니다. 베토벤은 모차르트에게 피아노를 배웠습니다. 베토벤은 모차르트를 실망시키지 않았어요.

그렇게 좋은 실력을 가졌으면서도 끝까지 노력하는 두 사람의 자세가 부러웠어요. 조금만 힘들어도 꾀를 부리는 제 자신이 너무도 부끄러웠습니다.

모차르트가 무리를 했던가 봐요. 병이 나고 말았어요. 그리고 서른다섯 살 때 숨을 거두고 말았습니다.

그렇게 조금만 살고 가야 했기 때문에 더 열심히 공부하고 작곡을 했는가 봐요. 저도 피아노를 칩니다. 그렇지만 매일 치면서 신경질을 냅니다. 끝날 때는 기분 좋은데 피아노 학원에 가는 일은 정말 화나거든요. 저도 이제는 꾀부리지 않고 피아노를 칠 거예요. 그래서 빈으로 유학 갈래요. 그러면 베토벤 같은 친구를 만날지도 모르잖아요.

엄마, 피아노 열심히 칠게요!

# 바보였고 문제아였던 물리학자

|윤하늘|
〈아인슈타인〉을 읽고

아인슈타인을 생각하면 괜히 웃긴다. 어느 광고에서 아인슈타인이 혀를 길게 빼고 웃기는 표정을 짓고 있었기 때문이다.

아인슈타인은 어려서부터 억압받고 명령받는 일을 아주 싫어했다고 한다. 군대식이거나 주입식 공부도 싫어했다. 독일 국민이라면 누구나 우러러보는 군인도 싫어했다. 아인슈타인은 평화주의자였기 때문이다. 아 참, 아인슈타인은 독일 사람이었다.

미국에서는 에디슨이 유명한 과학자였다면 독일에서는 아인슈타인이고, 한국에서는 장영실이라는 생각을 하였다. 세 사람 모두 어려서부터 다른 사람과 달랐다. 뭔가 궁금한 것이 있으면 직접 해 보고는 했다. 그리고 세 사람 모두 가난한 집안에서 태어났다. 에디슨도 기차 안에서 물건을 파는 일을 어려서부터 했고 장영실의 부모는 종이었기 때문에 아이들이 같이 놀려고도 하지 않았다.

아인슈타인은 집안이 가난했지만 훌륭한 부모님 밑에서 자랐다. 아버지와 어머니는 아들이 피아노, 시, 바이올린 같은 것을 아주 잘 할 수 있도록 키웠다.

그래서 아인슈타인은 시인 뺨치는 풍부한 감성을 갖고 있었고 어머니한테 배운 바이올린 실력도 좋았다. 아인슈타인은 어딜 가든지 어머니한테 배운 바이올린을 켰다. 그래서 짐 속에는 항상 바이올린이 있었다고 한다.

하지만 학교 다닐 때 아인슈타인은 바보라고 따돌림을 받았다. 문제아였고 낙제생이었기 때문이다.

학교 가는 것도 싫어하고 엄격한 선생님의 주입식 교육도 끔찍하게 싫어했다. 그래서 선생님들은 그를 문제아라고 했던 것이다.

사업에 실패한 아버지가 이탈리아로 이사할 때 아인슈타인은 너무도 좋아했다. 지긋지긋한 독일식 공부를 하지 않아도 되었던 것이다.

스위스 취리히 대학에 다니면서 아인슈타인은 천재성을 발휘하기 시작했다.

나는 상대성 이론이 무엇인지 잘 모른다. 그렇지만 아인슈타인은 그 이론으로 세계적인 과학자가 되었다.

원자폭탄은 아인슈타인이 살아 있을 때 만들어졌다. 아인슈타인은 그 개발에 참여하지는 않았다고 한다. 하지만 일본 땅에 그 폭탄이 떨어지고 수없이 많은 사람들이 죽거나 병에 시달리는 것을 보면서 많이 괴로워했다고 한다.

과학자들은 연구만 할 것이 아니라 자신이 연구한 결과도 책임져야 된다고 했다. 세계의 평화를 지키기 위해서이다.

아인슈타인은 정말 존경스러운 사람이다. 장난도 좋아했고 어린애 같았다.

나는 과학을 좋아하지 않는다. 억지로 외워야 하고 알기 어려운 말도 너무 많아서 싫다. 그렇지만 이 책을 읽으면서 한 사람의 위대한 과학자는 그 나라뿐만 아니라 세계를 바꿔 놓을 수도 있다는 것을 깨달았다. 앞으로는 과학 공부를 좋아하도록 노력하겠다.

# 불행을 극복한 음악가

|이기영|
〈베토벤〉을 읽고

"누가 가장 위대한 음악가지요?"

이렇게 묻는다면 나는 "베토벤이요."라고 대답할 것이다.

베토벤은 훌륭한 음악을 작곡했기 때문에 위대한 인물로 대접받는 것은 아니다. 귀가 들리지 않는데도 훌륭한 곡을 만들었기 때문이다.

베토벤은 1770년 독일의 라인 강 근처의 작은 마을에서 태어났다. 그의 집안은 모두 음악가였다. 할아버지는 노래를 잘 부르는 가수였고, 아버지도 가수였다.

우리는 천재는 태어난다고 생각한다. 그러나 그런 것만은 아닌 것 같다. 베토벤이 비록 음악가 집안에서 태어난 재주꾼이었다고 해도 노력하지 않았다면 절대 성공하지 못했을 것이다.

아버지는 욕심이 많았다. 하루라도 빨리 베토벤을

음악가로 만들고 싶어했다. 겨우 네 살밖에 안 된 아들에게 하루도 빠짐없이 피아노를 가르쳤다.
 재주도 뛰어났지만 무슨 일이든 끝까지 해야 마음을 놓는 베토벤은 아버지의 가르침대로 열심히 피아노를

공부했다.

하지만 나는 아버지를 이해할 수가 없었다. 지나치게 무섭고 인정도 없는 사람 같았다. 밤늦도록 술을 마시고 돌아와서는 곤하게 자는 아들을 억지로 깨워 피아노 앞에 앉혔다. 아버지의 무서운 호통과 고난을 견디며 베토벤은 음악 공부를 열심히 했다.

베토벤은 열일곱 살 때 빈에서 모차르트를 만났다. 베토벤은 너무도 기뻤다. 꿈에도 그리던 위대한 음악가를 만났으니까.

그렇지만 어머니가 세상을 떠나는 바람에 베토벤은 모차르트 곁을 떠나야 했다. 어머니가 돌아가신 뒤 아버지 성격은 더 괴팍해지고 술 주정도 심해져 갔다.

베토벤의 초상이나 사진을 보면 몹시 고집스러워 보인다. 넓은 이마, 꽉 다문 입, 날카로운 눈, 곱슬거리는 머리카락…….

베토벤은 그런 고집스러움을 가장 잘 이용한 인물이었다. 아버지까지 세상을 떠난 뒤 가정을 돌보면서도 음악에 대한 열정은 버리지 않았다.

베토벤은 40년 가까이 귀머거리로 살았다. 그런데 놀라운 것은 귀가 잘 들릴 때보다 안 들릴 때 더 멋진 교향곡을 만들어 냈다는 것이다.

나는 조금만 힘이 들어도 꾀를 부리는 편이다. 끝까

지 하는 일이 별로 없다. 처음에 시작은 잘 했으면서도 나중에는 아무렇게나 팽개친다.

　베토벤을 생각하면서 내 행동이 너무 부끄러웠다. 불행한 환경을 탓하기보다는 더 열심히 자기의 꿈을 펼쳐 간 베토벤의 정신을 잊지 말아야겠다고 생각했다.

# 고맙습니다, 장군님

| 이치화 |
〈이순신 장군〉을 읽고

    현충일이 다가오고 있습니다. 선생님께서 현충일과 관련된 글을 써 오라고 하셔서 저는 위인전 앞으로 다가갔습니다. 그리고 이순신 장군의 일생을 적은 책을 꺼내 읽기 시작했습니다.

    이순신 장군을 생각하면 제일 먼저 거북선이 떠오릅니다. 그리고 임진왜란에서의 싸움과 숨을 거두기 직전의 모습이 떠오릅니다.

    유성룡은 〈징비록〉이라는 책에 이순신에 대해 이렇게 적었다고 합니다.

    '조정에서는 공을 밀어 주고 당겨 주는 이가 없어 급제한 지 10여 년이 지나도록 출세하지 못했다.'

    충무공은 출세를 위해 부끄러운 짓을 하지 않았습니다. 기회가 와도 떳떳한 일이 아니면 과감하게 거절을 했습니다.

　한번은 율곡 선생이 충무공을 만나고 싶어했습니다. 하지만 충무공은 한 마디로 거절을 했습니다.
　"율곡과 나는 같은 성이다. 서로 만나는 것도 좋겠지만 그가 벼슬을 주는 대신 자리에 있는 동안은 만나지 않겠다."
　이순신은 그렇게 항상 깨끗하고 떳떳했습니다. 저는 그 대목을 읽으면서 이런 생각을 했습니다. 만약 이순신 장군이 실력도 없는 인물이었다면 과연 그렇게 떳떳할 수 있었을까? 저는 불가능하다고 생각합니다.
　"실력은 힘이야."
　선생님은 자주 그런 말씀을 하십니다.
　"지식이 없는 열정은 빛 없는 불과도 같다."

그런 말씀도 하십니다. 충무공은 그렇게 떳떳할 수 있는 실력을 지니고 있었습니다. 실력만이 살길이라고 굳게 믿었던 것이지요. 내 힘이 없으면 남의 노예가 되고 말기 때문입니다.

함경도에서 오랑캐를 무찌른 큰 공을 세우고도 병사 이익의 시기로 옥에 갇혔을 때에는 원망하는 말 한 마디 하지 않았습니다.

충무공은 전쟁의 목적이 적군을 쳐부수는 데에만 있지 않다는 걸 가장 잘 보여 주었습니다. 오히려 백성을 보호하는 데 있다는 것을 실천해 보였습니다.

"적군이 타고 나올 배가 없으면 마을로 올라와서 우리 백성에게 큰 해를 입힐 것이다. 배를 남겨 두어서 놈들이 타고 나올 수 있도록 하라."

충무공은 그렇게 백성을 사랑하는 힘이 컸습니다.

노량해전은 10 대 1의 불리한 전쟁이었습니다. 그 악조건 속에서 승리를 거둘 수 있었던 것은 오직 죽으려고 하면 살고, 살려고 하면 죽는다는 진리를 실천한 덕분이었습니다.

이순신 장군.

6월이 되면 수없이 많은 선열들을 향해 존경을 보내지만 충무공 이순신 장군에게 보내는 존경은 더 클 수밖에 없습니다.

# 곤충의 아버지

|전병구|
〈파브르〉를 읽고

나는 관찰하기를 좋아한다. 1년 전에는 길거리에서 달팽이를 주웠다. 작고 예쁜 달팽이였다. 그걸 주워다 이리 보고 저리 보며 놀았다. 풀을 뜯어다 그 위에 올려 놓기도 했다. 그러다 밤이 되자 화분 위에 달팽이를 올려 놓았다. 그리고는 그 달팽이를 잊어버렸다. 그런 뒤 몇 달이 지났다. 화분 갈이를 하려고 하던 엄마가 깜짝 놀라 소리치셨다.

"아니, 이게 무슨 달팽이야?"

달려가 보니 화분 안에서 수십 마리의 달팽이가 살고 있었다. 그 때에야 나는 달팽이가 어떻게 해서 그 화분 속에서 살고 있었는지를 깨달았다. 참 재미있는 경험이었다.

아마 파브르도 나와 같은 경험을 많이 겪었을 것이다.

파브르의 집은 가난했다. 그렇지만 한 번도 관찰하는 일을 멈추지 않았다.

파브르의 곤충기는 그가 평생 동안 곤충의 생태에 대하여 연구한 것이다.

"파브르는 과학자다운 생각을 갖고 예술가와 같은 관찰을 하였으며 시인과 같은 느낌으로 곤충의 세계를 그린 놀라운 학자이다."

어느 학자는 그렇게 말했다고 한다. 파브르의 곤충기는 곤충의 생활, 생태의 신비스러움과 놀라운 점이 끝없이 펼쳐진다. 제아무리 작고 하찮은 곤충이라도 파브르의 눈에 잡히면 신비하고 아름다운 생명체로 태어났다.

파브르는 곤충기를 쓰면서 참 많은 것을 느꼈다고 한다.

감쪽같이 땅 속에 죽은 시체를 묻는 송장벌레, 대모벌과 독거미의 치열한 결투, 안테나처럼 예민한 거미의 통신성의 작용, 정교한 들판의 상생자 사마귀의 집게발 놀림. 파브르의 곤충기를 읽으면서 곤충 세계가 참 신비하다고 생각했다.

아무리 가난하고 돈이 없어도 파브르는 곤충에 대한 관심을 굽히지 않았기 때문에 우리는 편하게 곤충 세계를 구경할 수 있다.

무슨 일이든 시작보다 더 중요한 것은 끈기라고 부모님은 항상 말씀하신다. 머리가 똑똑해도 노력하지 않으면 깡통 소리가 난다. 작은 것을 소홀하게 여기지 않고 집념으로 연구한 파브르는 정말 위대하다.

# 미운 오리 새끼를 백조로 바꾼 천사

|김자연|
〈안데르센〉을 읽고

어려서부터 가장 많이 읽은 책은 동화이다. 그 중에서도 안데르센 동화를 가장 많이 읽었다. 나는 어려서 책읽기를 무척 좋아했다. 그래서 엄마한테 책 읽어 달라고 하느라 나가 놀지도 않았다.

"옛날에는 책을 그렇게 좋아하더니 요즘은 왜 그렇게 변했니?"

가끔 엄마는 그런 말씀을 하시며 나를 나무라신다. 지금은 컴퓨터에 빠져 거의 책을 안 보기 때문이다.

오늘은 독후감 숙제 때문에 할 수 없이 책장을 뒤져 읽을 책을 골랐다. 안데르센을 골랐다. 쉽고 재미있겠다는 생각이 먼저 들었기 때문이다.

같은 둥우리에서 깨어난 오리 새끼와는 다르게 못생긴 오리 한 마리. 그 오리는 다른 오리들한테 구박만 받고 자란다. 그러다 아름다운 백조였다는 것이 밝혀지고, 미운 오리 새끼는 행복하게 하늘로 날아오른다.

〈미운 오리 새끼〉의 줄거리이다. 나는 안데르센을 읽으면서 그 내용을 이해할 수 있었다. 덴마크에서 신기료 장수의 아들로 태어나 열다섯 살 때 고아가 되어 거리를 방황하고……. 그렇게 사는 동안 안데르센은 미운 오리 새끼와 조금도 다르지 않았다. 냉정한 세상 속에서 그가 겪은 것은 배고픔과 구박과 서러움뿐이었으니까.

그렇지만 그는 끝까지 불행한 것은 아니었다. 천대를 딛고 일어나 한 마리의 우아한 백조처럼 찬란하게 피어났던 것이다. 그는 동화 할아버지로 세상에 영원히 남을 백조가 된 것이다.

"나의 인생은 이야깃거리로 가득 찬 행복의 일생이었다. 그것은 마치 한 편의 동화였다. 가난한 소년으로 내가 이 세상에 태어났을 때 만약 사람을 움직이는 선녀가 나타나서 '너는 네가 가고 싶은 길을 찾아라. 그러면 네 마음에 들도록 내가 보살펴 주마!'라고 예언했다고 하더라도 나의 운명을 이만큼 행복하고 슬기롭게 이끌어 오지는 못했을 것이다."

안데르센이 자서전에 쓴 내용이었다.

그만큼 그는 인간으로 태어난 자기가 할 수 있는 일이 있다는 데 감사해 했다.

요즈음에는 너무도 많은 사고가 터진다. 모두 현실에 대한 불평 불만 때문에 일으키는 사고들이다. 그들이 안데르센처럼 주어진 현실에 만족하고 최선을 다한다면 이 세상은 정말 살기 좋아질 것이다.

우선 나부터 매사에 고마워하는 버릇을 키워야겠다.

좋은 책을 읽고 감동할 때의 기쁨을 다시 맛보았다. 정신병의 혈통을 지녔고 열다섯 살 때 외톨이로 방랑 생활을 하고 열아홉 살까지 제 나라 말도 제대로 못 배웠던 안데르센. 그런 악조건 속에서도 아름다운 동심을 버리지 않고 희망과 사랑으로 세상을 바라본 그가 너무도 위대해 보였다.

# 빛의 천사

| 황보혜 |
〈헬렌 켈러〉를 읽고

학교에서 독후감을 써 오라고 했습니다. 그것도 위인전을 읽고서 쓰라고 했습니다. 뭘 읽어야 될지 망설였습니다. 그러다 〈헬렌 켈러〉를 골랐습니다. 3학년 때 읽었기 때문에 대충 읽어도 될 거라고 생각해서입니다. 그렇지만 읽어 가면서 저 자신도 모르게 책 속으로 빠져들었습니다.

어려서는 몰랐는데 헬렌 켈러의 슬픔과 고통과 절망이 너무도 가슴 아팠기 때문입니다.

헬렌은 장님이고, 귀머거리이고, 벙어리입니다. 태어난 지 19개월 무렵에 원인 모를 발열이 생긴 뒤 복통을 앓았습니다. 그 병으로 눈과 귀의 감각을 잃어버렸습니다. 어린 몸으로 보지도 못하고 듣지도 못하고 말도 할 수 없는 고통을 겪어야 했습니다.

처음에 헬렌은 예의 범절도 모르고 나쁜 일과 착한

일도 구별 못하는 문제아였습니다. 설리번 선생을 만난 것은 일곱 살 때입니다. 설리번 선생은 헬렌에게 순종을 끈기 있게 가르쳤고 차츰 지화법 등도 지도하였습니다.

오늘날까지 헬렌이 존경을 받을 수 있었던 것은 설리번 선생의 영향이 큽니다. 헬렌은 설리번 선생이 켈러 가로 온 날을 '나의 진실한 생일날'이라고 말했을 정도입니다. 설리번 선생 없이 헬렌은 존재할 수 없었습니다.

설리번 선생도 불행한 환경을 극복한 인물이었습니다. 가정적으로 불행했던 고아 출신이었고, 소녀 시절에는 눈이 나빠 실명하기까지 했습니다. 다행히 학교의 도움으로 수술을 받아 시력을 되찾았던 것입니다. 설리번 선생은 그런 고통을 겪었기 때문에 헬렌을 끝까지 보살폈는지도 모릅니다.

나중에 헬렌은 설리번 선생의 도움을 받아 케임브리지 여학교를 거쳐 래드클리프 대학에 입학하여 우수한 성적으로 졸업을 했습니다.

집안이 어려워서 힘이 들었지만 헬렌은 자신의 성장 기록을 잡지에 발표하면서 생계를 유지했습니다.

대학을 졸업하고 설리번 선생과 함께 헬렌은 미국 본토에서 해외에 이르기까지 강연을 하고 책을 펴내

장애인에 대한 일반인들의 도움을 호소했습니다.

헬렌은 정말 하늘에서 내려온 천사였습니다. 그렇지만 헬렌을 천사의 길로 인도한 것은 설리번 선생입니다.

불행을 극복하면 더 행복한 일이 생긴다는 말이 맞나 봅니다. 그래서 비 온 뒤에 땅이 더 단단해진다고 했을 것이구요.

헬렌과 설리번 선생의 아름다운 마음씨와 행동이 예쁜 꽃 같다는 생각을 하며 책을 덮었습니다.

# 아름다운 천사

|박혜림|
〈나이팅게일〉을 읽고

　세상에는 아름다운 사람이 많다. 평생 고생해서 모은 돈을 학교나 고아원에 맡긴 바느질 할머니도 있고 어려운 사람을 찾아다니며 손과 발이 되어 주는 천사 같은 사람도 있다.
　위인전을 많이 읽었지만 나이팅게일만큼 아름다운 사람은 보지 못했다. 나이팅게일은 이 세상의 등불 같은 사람이었다. 표지 그림도 등불을 들고 있는 모습이었다.
　요즈음 병원에 가면 하얀 복장의 예쁜 간호사 언니들을 많이 본다. 언니들은 모두 친절하다. 그래서 우리들은 장래의 희망을 간호사라고 말하기도 한다.
　그렇지만 나이팅게일이 병원에서 일할 때만 해도 간호사는 절대 좋은 직업이 아니었다. 병원도 범죄의 소굴이라고 여겼다. 가난하고 힘없는 환자들이나 가는 곳이었고, 의료 시설도 형편없었다. 가정으로 의사를 불러 진찰을 받고 치료를 받을 때보다 사망률도 높았다.

간호사의 처지도 아주 나빴다. 나이 든 여자, 행실이 나쁜 여자, 전과자, 그런 여자들이 간호사였다.

나이팅게일은 상류층 가정에서 자랐다. 그런 사람이 간호사가 되겠다고 했을 때 가족들이 소스라치게 놀란 것은 당연하다. 그 당시의 여자들은 온실 속의 화초 같았다. 곱게 꾸미고 훌륭한 신랑감을 만나 현모양처로 살아야 행복하다고 여겼다. 여자들이 사회 활동을 할 수 있는 기회도 없었다.

요즈음 신문이나 방송을 보면 활발하게 활동하는 여자들이 많다. 여자들은 섬세하기 때문에 남자들이 일할 때보다 더 잘 해 낸다고도 한다.

지금은 여자들의 활동이 자유롭지만 그 시대에는 정말 큰 사건이었다. 나이팅게일은 그래서 더 위대하다. 누구나 할 수 있는 일을 한 것이 아니라 아무도 할 수 없다고 여긴 일을 행동으로 옮겼던 것이다.

크리미아 전쟁에서 나이팅게일은 당연히 천사였다. 아군이건 적군이건 가리지 않고 보살폈다.

간호 학교를 세워 백의의 천사를 배출했다. 병원은 범죄의 소굴이 아니라 천사 같은 간호사에게 간호를 받을 수 있는 곳이라는 인식이 서서히 자리잡아 갔다.
'나이팅게일 상'은 지금도 전세계에서 뛰어난 백의의 천사에게 준다.
나이팅게일은 자기 몸을 돌보지 않았다. 너무 무리를 해서 쓰러지기도 하고 발작을 일으키기도 했으며 나중에는 시력까지 잃었다.
만약 나이팅게일이 자기 몸을 돌보면서 환자들을 돌보았다면 더 좋았을 것 같다. 그러면 더 많은 환자를 돌봐 줄 수 있었을 텐데…….
크리미아 반도에서 지옥을 천당으로 뒤바꾼 뒤 돌아왔을 때 영국 정부와 국민들은 군함까지 보내 나이팅게일을 환영하려 했다. 그러나 나이팅게일은 슬그머니 고향으로 돌아갔다.
나이팅게일 정신, 그것이 무엇인지 다시 한 번 되새겨 보게 하는 책이었다.

# 충절과 성리학의 대학자

|용선영|
〈목은 이색〉을 읽고

　나는 〈삼국지〉를 좋아한다. 그래서 틈만 나면 〈삼국지〉를 펼친다.
　그걸 보면서 나는 유비와 조조를 많이 생각한다. 조조는 분명히 역적이고 간사한 인물이었다. 유비는 덕이 많고 늘 아랫사람을 챙기는 군주였다. 그러나 나는 조조야말로 위대하다는 생각을 한다. 어떤 어려움에도 굽히지 않고 통일만 생각하며 싸워 나갔기 때문이다.
　그것만이 아니다. 조조 주변에는 그를 따르는 인물도 꽤 있었다.
　반대로 유비는 제갈공명밖에 없었다. 그를 영웅으로 만든 것은 제갈공명이었을 뿐이고 그가 죽은 뒤에는 혼자 남은 제갈공명이 물건을 훔친 병사의 곤장 대수까지 챙겨야 될 정도로 인물을 키우지 않았다.
　〈목은 이색〉을 읽으면서 나는 계속 〈삼국지〉를 생각

하고 있었던 것이다. 그 분은, 충절과 학문은 마치 두 바퀴로 굴러가는 수레와 같다는 것을 몸소 실천했다. 충절과 학문만이 아니다. 재덕을 겸비한 인격자이기도 했다.

그 분은 태어날 때 몹시 못난이라는 놀림을 받았다. 눈도 작았고, 얼굴도 못생겼었다. 건강도 나빴다. 그러나 그 분은 일평생 성난 소리나 노한 얼굴빛을 한번도 보인 적이 없는 멋있는 거인이었다.

집안이 몹시 어려웠다. 그래서 학문만 하고 싶어했지만 국가에서 주는 녹으로 생활해야 했기 때문에 처음에는 관직에 충실했다.

그 분은 정말 머리가 좋았나 보다. 구재 도회에서 열리는 시회에 참가해 항상 일등을 차지했다. 첫해는 일등을 네 번, 다음 해에는 20여 회나 일등을 했다.

부인 권씨도 참 훌륭했다. 가난한 선비 집안으로 시집 와 남편이 오로지 충실한 관리로 살 수 있게 해 주었다. 가난해서 끼니를 걱정해야 했지만 부인은 투정 한번 부리지 않고 슬기롭게 행동했다.

위대한 인물들을 보면 그 뒤에는 항상 어머니, 아내, 선생님이 있다. 에디슨 뒤에는 어머니가 있었고, 헬렌 켈러 뒤에는 설리번 선생님이 있었고 이색 뒤에는 부인이 있었다.

"큰 사람이 되려면 큰 나라 사람들과 사귀어 보고, 큰 학자가 되려면 높은 학문을 가진 사람들과 교류해야 하는 법이다."

목은 이색은 아버지의 말씀을 따라 원나라로 유학을 떠났다. 원나라로 떠난 이색은 중국 고전을 찾아내어 완벽하게 깨우쳤다. 그래도 항상 부족하다고 여겼다.

"옛 우물 길으려니 두레박줄 짧구나."

이색은 항상 자신의 짧은 지식을 부끄러워했다. 벼는 익을수록 고개를 숙이고 깡통은 빌수록 소리가 요란하다는 말이 떠올랐다. 시험 점수 잘 나왔다고 친구들 앞에서 뻐겼던 일이 너무 부끄러웠다. 이색이 그런 나를 보았다면 종아리 백 대는 때렸을 것 같다.

공민왕이 이색을 존경한 것은 당연하다. 공민왕은 맹목에 가까운 신뢰감으로 이색의 재능과 정치적인 능력을 믿었다.

이성계가 고려를 뒤엎고 조선을 개국하면서 제일 부담스러워한 인물로 이색을 꼽은 것도 당연하다. 그래서 끝까지 이색을 자기 편으로 끌어들이려고 했지만 실패였다.

이방원의 지시로 정도전이 보낸 독주를 마시고 숨을 거두면서도 이색은 나라 걱정을 하였다.

"내게 만일 충성이 있다면 이 댓잎이 살 것이오."

이색은 죽기 전에 강가에 대나무 가지 하나를 내던지면서 그렇게 말했다.

그 말대로 대나무 가지에 새싹이 돋았다.

지금 우리는 혼란기에 빠져 있다고 어른들은 말씀하신다. IMF의 수렁 속에서 빠져 나오기는 했지만 남북 문제가 아직 남아 있기 때문이라고 했다.

이럴 때 목은 이색 선생 같은 분이 계시다면 이 어려움을 더 쉽게 헤쳐 나갈 수 있을 텐데…….

항상 나라를 위해 뭔가를 하는 사람이 되겠다는 결심을 다시 하였다.

# 삼국을 통일한 장군

|김영선|
〈김유신〉을 읽고

　저는 우리 엄마 뱃속에서 열 달 만에 태어났습니다. 우리 엄마는 저를 낳을 때 고생을 많이 했다고 합니다. 그래서 외할머니께서 저러다 우리 딸 죽는 것 아니냐고 막 울었다고 합니다.
　김유신은 신기하게 태어났습니다. 김유신의 아버지는 김서현입니다. 어머니는 신라 왕족인 숙흘종의 딸 만명입니다. 두 사람은 길거리에서 우연히 마주쳤는데 한눈에 반했다고 합니다. 우리 엄마, 아빠도 한눈에 반해서 결혼을 했다고 합니다. 텔레비전에 나오는 연속극 같지요?
　만명의 아버지는 딸을 별채에 가두었습니다. 김유신의 아버지와 못 만나게 하기 위해서였습니다. 그런데 갑자기 벼락이 떨어졌습니다. 그래서 만명은 서현에게로 도망쳤습니다.

두 사람은 결혼하여 아기를 갖게 되었습니다.

태몽이 재미있습니다. 김유신의 아버지가 꿈을 꾸었는데 두 개의 큰 별이 내려와 품에 안겼습니다.

그리고 어머니는 금빛 갑옷을 입은 동자가 구름을 타고 내려와 집으로 들어오는 꿈을 꾸었습니다.

그렇게 해서 김유신이 태어났습니다.

김유신은 용감하고 똑똑했습니다. 열네 살에 화랑이 되어 열심히 무술 공부를 하였습니다. 그래야 우리 나라를 침략하는 외적을 물리칠 수 있었거든요.

진덕 여왕이 왕자 없이 세상을 떠나자 김춘추가 왕의 자리에 올랐습니다. 그가 바로 태종무열왕입니다.

왕이 되어 김춘추는 열심히 싸웠습니다. 백제, 고구려와 싸워 이겨 삼국 통일을 이루었습니다. 만약에 태종무열왕이 삼국 통일을 이루지 못했다면 지금 우리 나라는 세 갈래로 나뉘어져 있을지도 모릅니다. 다 같은 민족이면서 세 나라로 갈라져 매일 싸움을 해야 하니까 태종무열왕도 많이 괴로웠을 것입니다. 그래서 통일을 하고 싶었을 것 같습니다.

삼국 통일을 이룰 수 있었던 것은 김유신의 도움이 컸습니다. 두 사람은 힘을 합쳐 백제와 고구려를 무릎 꿇게 했습니다. 두 사람은 정말 좋은 친구입니다. 저도 좋은 친구가 많습니다.

한 사람의 훌륭한 사람이 나타나면 좋은 일이 생깁니다. 가난한 나라도 부자가 되고 갈라졌던 나라도 통일이 된다고 하였습니다.

　저도 열심히 공부해서 나중에 위인전에 오르는 사람이 되고 싶습니다. 그래서 제 자식들이 저에 대한 글을 읽으면서 우리 어머니야, 하고 자랑했으면 좋겠습니다.

# 위대한 역사가

|김정화|
〈신채호〉를 읽고

　교과서에 신채호 선생에 대한 내용이 나온다. 역사상 가장 위대한 사상가의 한 분이고 일제로부터 나라를 되찾기 위해 싸운 독립 운동가, 민족 사학을 이룩한 뛰어난 역사 학자…….
　신채호 선생에 대한 설명은 우리를 절로 고개 숙이게 한다. 그러나 그런 업적만이 있는 것이 아니다.
　신채호 선생은 개인적인 욕심이 전혀 없는 분이셨다. 항상 이웃을 사랑하고 친구를 사랑하고 아내와 자식을 사랑하는 분이셨다.
　위인들 중에는 간혹 이해 못할 행동을 하는 사람들이 있다. 전쟁터로 나가기 전에 가족의 목부터 벤 사람도 있었고 가족은 무슨 고생을 하더라도 나라를 위해서라면서 내팽개친 사람도 있었다. 가족을 왜 그렇게 버리는지 이해할 수 없었다. 하지만 신채호 선생은 항상 자상한 남편, 아버지 역할을 하면서 나라를 돌보려 했다. 거짓말을 모르고, 남을 속일 줄도 몰랐다.

내 친구 중에는 얌체들이 있다. 자기가 하기 싫으면 다른 친구에게 부탁을 한다.

"너 편하면 다른 사람이 그만큼 불편한 거야."

선생님께서 타일러도 그 친구는 여전히 그 버릇을 못 고친다.

가족은 물론이고 친구나 동지와의 약속은 항상 중요하다고 여긴 신채호 선생. 그 분의 정신을 모두 이어 받는다면 그런 얌체 같은 사람은 세상에서 사라질 것이다.

주위의 작은 일에만 얽매이지 않고, 어느 순간에는 큰일을 위해 작은 일을 과감하게 버릴 줄도 알았다.

신채호 선생은 넓은 역사관을 지닌 분이셨다. 발해를 우리 역사에서 빼 버린 잘못을 저지른 김부식을 그 분은 몹시 원망했다.

"우리 나라의 역사는 우리 민족을 남이 아닌 '나'로 생각한 다음에 씌어져야 하며, 그 '나'의 성장 발달을 정확하게 쓴 다음에야 '나'의 상대자인 여러 '남'(이웃의 여러 민족)과의 관계를 써야 한다."

신채호 선생은 항상 그렇게 주장했다.

그 분은 정말 열심히 살았다. 그렇지만 나라도 불행

에 빠지고 말았고, 가정도 파탄에 이르고 말았다. 괴벽도 심했다. 또한 고집불통이기도 했다.

　신채호 선생은 항상 자주적인 힘을 강조했다. 그렇지 않으면 그 다음에 치러야 하는 대가가 너무 크다는 것을 알았기 때문이다. 그 생각대로 우리 나라는 삼팔선이 그어지고 말았다. 독립은 이뤘지만 또 하나의 민족적인 숙제를 안고 말았다. 우리의 힘으로 해방되지 못한 대가를 그렇게 치르는 것이다.

　역사 속에서 수없이 등장하는 위인들. 그 위인들은 그 시대에 맞게 태어난 사람들이었고, 몸을 아끼지 않고 어려운 고난과 싸워 나갔다는 특징이 있다.

　신채호 선생도 그런 인물이었다.

# 민족의 아버지

| 김재철 |
〈세종대왕〉을 읽고

우리 엄마는 가끔 이런 말씀을 하십니다.

"세종대왕 같은 분을 본받아야지. 네가 나중에 어른이 되면 나라와 민족을 위해서 뭔가를 해야 될 텐데. 지금부터 준비한다는 자세로 노력해라."

아마 동생과 제가 제일 많이 듣는 잔소리일 것입니다. 처음에는 고개를 끄덕였지만 이제는 듣기 싫어합니다. 그런데 위인전 중에서 〈세종대왕〉을 읽으면서 다시 고개를 끄덕였습니다. 그리고 게으름만 피우는 제 자신이 부끄러웠습니다.

우리 나라 역사 속에서 가장 위대한 인물은 세종대왕이라고 생각합니다. 그 분은 그만큼 백성과 나라를 위해 모든 것을 바쳤습니다.

형님인 양녕 대군도 훌륭한 분입니다. 동생의 영특함과 인자함을 미리 알아보았기 때문입니다. 양녕이나 효령이 임금 자리에 올랐다면 우리 나라 역사는 다른 모습으로 변했을 것입니다. 좋았을 수도 있겠지만 세종대왕만큼 좋은 결과는 얻지 못했을 것 같습니다.

세종대왕은 너무도 많은 업적을 남겼습니다. 자격루, 해시계, 물시계 등을 만들어 백성들이 농사와 일상 생활을 편하게 하도록 했습니다. 〈농사직설〉을 편찬해 우리 나라에 맞는 농사법을 널리 알리기도 했습니다.

그 책을 펴내기 위해 손수 궁궐 뒤뜰에 씨앗을 뿌려 농사를 짓기도 했습니다. 국방을 튼튼히 한 것도 업적으로 남습니다. 김종서로 하여금 두만강 유역에 6진을 개척하게 하였을 뿐 아니라 압록강 방면에 4군을 설치하게도 하였습니다.

외교 문제도 잘 처리해 나갔습니다. 하지만 세종대왕의 업적 중에서 가장 위대한 것은 훈민정음 창제 반포입니다. 그것은 우리 겨레의 영광이고 온 백성의 영광이었습니다. 까막눈이던 백성들이 글을 깨우칠 수 있었던 것입니다. 만약 한글이 창제되지 않았다면 우리 나라는 지금도 한자에서 벗어나지 못했을 것입니다.

세종대왕은 안과 밖으로 항상 사랑을 베풀었습니다. 형님인 양녕과 효령을 끝까지 보살폈습니다. 양녕 대군에게는 끝까지 인자하고 따뜻한 형제애로 대했고,

스님이 된 효령 대군은 원각사의 주지를 시켜 보살폈던 것이지요.

세종대왕이 있었기 때문에 우리 나라는 많은 발전을 할 수 있었습니다. 세계에서 가장 우수한 한글도 가질 수 있었습니다.

세종대왕처럼 남을 위해 뭔가를 하겠다는 마음 자세를 지녀야 하겠습니다.

# 위대한 지도자 막사이사이

|김정희|
〈막사이사이〉를 읽고

　막사이사이는 어떤 일을 한 사람이기에 위인으로 올라 있을까? 대통령일까? 아니면 의사였을까? 아니면 훌륭한 예술가였을까? 그런 궁금증을 안은 채 책을 읽기 시작하였다. 그만큼 낯선 이름이었다. 그 동안 나는 교과서에 나오는 위인들 이야기만 봤기 때문에 막사이사이가 새로울 수밖에 없었다.

　라몬 막사이사이는 1907년 필리핀의 잠발스 지방에서 태어났다. 라몬은 6형제의 둘째 아들이었는데, 사람들은 라몬이라는 이름보다는 몬칭이라는 애칭으로 부르고는 했다.

　라몬의 아버지 엑스큐엘 막사이사이는 학교의 기술 선생님이었다. 아버지는 100페소의 월급을 받았는데 그 적은 돈으로는 생계를 꾸려 나가기도 힘에 겨웠다.

　그러나 아버지는 신념이 강하고 고지식하며 불의를

참지 못하는 곧은 성격이었다. 또한 아이들을 심한 훈련으로 단련시켰으며, 집안은 엄격하게 다스렸다.

라몬은 얼마나 괴로웠을까? 조금이라도 마음대로 할 수 없는데 무척 답답했을 것이다. 로봇처럼 아버지가 시키는 일만 했어야 했으니 말이다. 하지만 그런 엄격함이 다 나쁜 것만은 아니다. 나쁜 생각을 했다가도 얼른 마음을 고쳐먹을 수 있게 해 준다. 오히려 쓸 데 없는 자유가 탈선을 부를 수도 있다고 어른들은 말씀하신다.

소년 시절 라몬은 다른 필리핀 소년들과 마찬가지로 개구쟁이였다. 하지만 어려서부터 집안 일을 도와야 했고, 도로 공사장의 막노동, 대장간의 일, 숯 굽는 일까지 닥치는 대로 했다.

그는 고된 일을 하면서도 학업을 게을리 하지 않았다. 위인들의 삶을 보면 공통점이 있다. 아무리 힘들어도 포기하지 않는 것이다. 그리고 모든 일에 최선을 다한다. '나는 할 수 있다.' 늘 그렇게 생각하며 자신을 믿는다. 그건 참 좋은 습관이다. 자기를 믿지 않는다면 아무 일도 해 낼 수 없을 것이다.

라몬은 정말 힘들었을 것이다. 약한 사람이라면 벌써 쓰러졌을 것이다. 그만큼 라몬은 정신적으로도 건강했을 뿐만 아니라 육체적으로도 건강했다.

나는 건강한 편이 못 된다. 운동을 하면서 건강해지려고 노력하는 중이다. 하지만 힘든 일과 만나면 겁부터 내는 버릇은 고쳐지지 않는다.

스스로 돈을 벌어 대학까지 마친 막사이사이는 1931년 버스 회사의 기술자로 들어간다. 그 사이 루즈 반 존을 만나 결혼을 하고 행복한 가정을 꾸렸다. 다른 위인들과 다른 점인 것 같았다.

나라를 위해 가족을 포기하는 위인들이 많다. 그런데 막사이사이는 다른 보통 사람과 조금도 다르지 않은 부분이 많았다. 주어진 환경에서 최선을 다한다는 점이 다른 위인들과 같을 뿐이었다.

1941년 태평양전쟁이 터지고, 일본이 필리핀을 점령하자 그는 산 속으로 들어가 유격대를 만들어 일본과 맞섰다.

정말 대단한 사람이었다. 그렇게 고된 생활을 하면서도 건강을 지키고, 그 건강한 육체와 정신으로 나라를 위해 싸웠으니 말이다.

그 후 전쟁이 끝나자, 그는 잠발스의 군정 장관, 국회의원, 국방 장관을 걸쳐 1953년 필리핀의 대통령이 되었다.

가난한 사람들을 위해, 위대한 필리핀 건설을 위해 애쓰다가 1957년 비행기 사고로 죽었다.

라몬 막사이사이!

자유 세계의 이상을 위해 살아온 위대한 지도자!

그를 잃은 애통함은 필리핀의 3월과 함께 깊어 갔다.

위인전은 나에게 많은 교훈을 준다. 착하게 살아야 복을 받는다고 가르치고 있다. 이 책도 그런 교훈을 담고 있다.

앞으로는 위인전을 많이 읽을 것이다. 왜냐하면 지나간 위인들의 발자취를 따라가다 보면 내 잘못이 무엇이고, 무엇이 문제인지 깨닫게 되기 때문이다.

과학

# 어린이들이 우주에 간다!

|류용진|
〈신기한 스쿨버스〉를 읽고

　정말로 그런 신기한 스쿨버스가 있다면 얼마나 좋을까요? 그래서 프리즈 선생님과 신나게 우주 여행을 할 수 있다면 저는 그 학교로 전학 갈 거예요. 우주에 다녀왔다고 말해도 우리 엄마, 아빠, 누나가 안 믿어 줄지 몰라요. 그래도 저는 프리즈 선생님하고 우주 여행을 떠나고 싶습니다.

　오늘도 프리즈 선생님 반 아이들이 또다시 견학을 가요. 그래서 스쿨버스를 타고 천문대로 향하지요. 그런데 천문대는 고장 수리 중이었어요. 할 수 없이 견학을 포기하고 돌아가야 했습니다.

　학교로 돌아가는 길이었어요. 그런데 갑자기 빨간 불이 켜지더니 굉장한 일이 벌어졌습니다. 갑자기 고물차가 우주선으로 변하면서 우주로 날아가는 것이었어요.

아이들은 놀라지 않았어요. 선생님도 놀라지 않습니다.

맨 먼저 달에 도착하였습니다. 달은 추웠어요. 공기도 없고 생명체가 사는 흔적도 찾아볼 수 없었습니다. 달에서는 몸이 굉장히 가벼워졌어요. 그건 달의 중력이 지구의 중력보다 약하기 때문이에요. 달은 스스로 빛을 못 낸다고 해요. 지구에서 보는 달빛은 햇빛이라고 합니다. 거울에 빛을 쏘면 그 빛이 반대쪽으로 반사되는 것처럼 달빛은 달에 비친 햇볕이 반사되는 것이지요.

버스는 다시 해를 향해 떠났습니다. 태양 표면에서는 아주 뜨거운 가스가 솟아오릅니다.

"해를 맨눈으로 보면 안 돼요. 시력을 잃을 수도 있어요. 그러니까 선글라스를 끼고 태양을 보세요."

선생님께서 그렇게 말씀하셨어요. 낮에 해를 보면 눈이 부셔요. 색깔 있는 책받침을 눈에 대고 보면 눈이 부시지 않아요.

수성은 태양열 때문에 바짝 말라 있습니다. 물도 없고 공기도 거의 없어서 아무 것도 살 수 없습니다.

금성은 구름이 노랗습니다. 대부분 황산이라는 노란색 독가스로 이루어져 있기 때문입니다.

그 다음에는 화성입니다. 생명체에게는 물이 필요합

니다. 하지만 화성에는 액체 상태의 물이 없습니다.

화성은 빨갛습니다. 화성 흙에 녹슨 철이 많이 들어 있기 때문입니다. 버스는 소행성으로 떠났습니다. 그런데 사고가 났어요. 창문이 깨졌습니다. 프리즈 선생님이 창문을 고치려고 밖으로 나갔어요. 그러다가 줄이 끊겼습니다.

이제는 선생님 없이 아이들만 우주 여행을 해야 됩니다. 그런데 선생님이 일부러 그렇게 하신 거래요. 아이들끼리만 우주 여행을 하면 더 좋은 경험을 얻게 되니까요.

우주의 별들은 수천만 개입니다. 친구들이 자동 조종 장치를 발견하고 조종 장치를 눌렀습니다.

아이들끼리 목성으로 갔습니다. 목성은 거대한 가스 행성입니다. 토성에도 가고, 천왕성도 지나쳤습니다. 해왕성도 지나쳤습니다. 아이들은 선생님 걱정 때문에 구경도 제대로 못합니다.

다행히 프리즈 선생님을 만났어요. 선생님과 아이들을 태우고 버스는 다시 학교로 돌아왔습니다. 우주선은 금방 고물 버스로 변하였어요. 아이들도 개구쟁이로 다시 변하였습니다.

정말 신기했습니다. 고물 스쿨버스가 우주선으로 변해 그 먼 우주를 여행했으니까요. 그런 버스가 정말로 있으면 좋겠습니다.

사람들은 우주에 갔다 온 것을 믿지 않습니다. 왜냐면 우주는 너무 멀기 때문이에요. 아이들은 고물 스쿨버스를 타고 태양계를 일주했다고 자랑했지만 아무도 안 믿습니다.

그렇지만 언젠가는 그런 날이 올 거예요. 미국이나 유럽으로 여행가는 것이 아니라 목성, 토성, 금성 같은 곳으로 여행을 떠날지도 몰라요.

그런 날이 빨리 왔으면 좋겠어요. 그러면 아빠, 엄마, 누나랑 우주로 여행을 갈 거예요. 생각만 해도 신이 나요.

# 신기한 화석

|김요섭|
〈화석의 비밀〉을 읽고

 화석은 어떻게 생긴 것일까요? 그리고 어떻게 해서 생기게 되었을까요?
 화석은 땅 위에 있는 생물, 식물이 세월이 흐르면서 점점 땅 속으로 파묻히면서 생기게 된다고 해요.
 산에 가면 화석을 쉽게 찾을 수 있다고 해요. 하지만 저는 화석을 찾은 적도 없고, 본 적도 없어서 화석에 대해 잘 몰라요. 이 책을 읽기 전에는 화석이 무엇인지도 잘 몰랐어요. 하지만 이제는 화석에 대해 관심을 갖게 되었습니다.
 이 책에 나오는 메리는 오빠와 둘이서 산에 다니면서 화석을 관찰했습니다. 비가 와도, 눈이 와도 빠짐없이 산에 다녔어요. 그런 탓에 메리네 집에는 마침내 화석이 가득 쌓이게 되었습니다.
 어떤 날에는 유명한 학자가 메리네 집에 와서 화석

을 구해 달라고 할 정도였어요. 메리는 화석 분야에서 이름이 널리 알려지게 된 거예요.

메리는 화석 때문에 곧 부자가 되었습니다. 자기가 하고 싶은 일도 하고, 부자도 된 메리는 얼마나 좋을까요? 저도 그랬으면 좋겠어요. 하고 싶은 일도 하고 돈도 벌고…….

메리는 결혼을 해서도 화석을 찾는 일에 열심이었어요. 그러고는 이름을 널리 알리고 세상을 떠났습니다.

공룡들의 유골이나 풀잎 등이 붙어 있는 다양한 화석들이 발견되었습니다. 그리고 그것들을 화석 박물관에 모아 두었다고 합니다. 우리 나라에도 그런 게 있었으면 좋겠어요.

화석의 대부분은 바위에 박혀 있어서 조심스럽게 망치로 떼어내야 된다고 합니다. 너무도 귀한 것이라서 그렇겠지요?

저도 직접 산으로 올라가서 화석을 발견해 냈으면 좋겠습니다. 그 누구도 발견해 내지 못한 아주아주 거대하고 근사한 화석을 찾으면 우리 엄마한테 선물할 거예요.

# 해마는 쉴 때 어떻게 하고 있을까?

|고용훈|
〈해마〉를 읽고

　엄마하고 서점에 갔어요. 뭘 고를까 한참 동안 돌아다니다가 과학 책을 사기로 했습니다. 과학은 재미있어요. 다른 친구들은 어렵다고 하는데 저는 안 그래요. 국어보다 더 쉽고 재미있습니다.

　오늘 고른 책은 동물 중에서 해마였어요. 저는 동물을 관찰하면 시간 가는 줄 몰라요. 사람보다 더 복잡하고 신기한 것이 많거든요.

　해마는 말처럼 생겼기 때문에 해마라고 한대요. 해마는 헤엄을 칠 때 등을 곧게 펴고, 지느러미도 섬세하게 움직여서 넘어지지 않고 헤엄을 칠 수 있다고 해요. 엄마와 함께 해마가 무엇인지 백과 사전을 찾아보았어요.

　'경골어류 실고기목 실고기과의 바닷물고기. 몸 길이 약 8센티미터. 수컷의 꼬리 배쪽에 육아낭이 있다.

몸 빛깔은 담갈색에 조금 짙은 갈색이 섞여 있으며 작은 반점 또는 무늬가 있다. 수컷이 육아낭에서 알을 부화시켜 기른다.'

우와, 정말 신기해요. 수컷이 새끼를 부화시키고 기른대요. 정말 특이한 물고기예요.

해마는 휴식을 취할 때 가늘고 긴 꼬리를 바닷말둥이에 감고 쉰다고 해요. 그 모습을 상상해 보니까 귀여울 것 같아요. 마치 강아지가 잠잘 때 턱을 납작 붙이고 자는 것처럼요.

해마는 이렇게 긴 꼬리를 바닷말둥이에 감고 쉬기 때문에 조류에 떠밀려 가지 않고 쉴 수 있다고 합니다. 잠잘 때도 그렇게 준비성이 좋은 해마가 대견했어

요. 험한 바다에서 살려면 그렇게 하지 않으면 안 될 거예요.

　해마는 무엇을 먹고 사는지 궁금했어요. 해마는 육식성으로 새우의 유생이나 어린 물고기를 먹고 산다고 합니다.

　제가 이 책을 보기 전에는 해마에 대해 아무 것도 모르고 있었어요. 또 친구 하나가 생긴 것 같아요. 과천 대공원에 해마가 있는지 모르겠어요. 다음에 가서는 꼭 찾아볼 거예요.

　앞으로도 계속 과학 공부를 많이 할 거예요. 그러면 훌륭한 과학자가 될 수도 있잖아요.

# 병아리는 어떻게 알에서 나와요?

|윤재영|
〈동물 세계〉를 읽고

에디슨 이야기가 참 재미있어요. 병아리가 어떻게 해서 태어나는지 보려고 계란을 품고 있었잖아요. 그런데 사람하고 닭의 온도가 다르기 때문에 계란을 품고 있어도 병아리는 태어날 수 없다고 해요.

병아리는 예뻐요. 봄이 되면 학교 앞에서 병아리를 팔아요. 삐약삐약 하면서 우는 병아리를 보면 불쌍하기도 하고 귀엽기도 해요.

어미 닭은 보통 10 내지 15개 정도의 알을 품어요.

"더 많이 품으면 열을 골고루 나눠 줄 수가 없거든."

엄마가 대신 대답해 주었어요. 알을 품을 때 어미 닭 체온은 굉장히 따뜻하다고 합니다. 우리 몸보다 더 뜨겁대요. 42도라고 했습니다. 하루 종일 어미 닭은 쉬지 않고 알을 품습니다. 모이를 먹을 때만 잠깐씩 자리를 비웁니다.

그리고 21일이 되면 병아리는 부리로 톡톡 껍질을 깨고 세상에 나옵니다. 병아리가 어느 정도 걸어 다닐 때까지 어미 닭은 병아리들을 데리고 다니면서 보호를 해 줍니다.

병아리는 자라서 어미 닭이 되고 그러면 알을 낳아서 다시 알을 품어 병아리가 태어나게 합니다.

엄마들은 참 다정합니다. 우리 엄마도 누나들하고 저한테 잘 해 주는데 어미 닭도 그러잖아요. 저도 자라서 아빠가 되면 제 딸이나 아들한테 어미 닭처럼 잘 할 거예요.

# 우연한 발견

|권혁우|
〈아이들의 놀이에서 생각해 낸 청진기〉를 읽고

저는 가끔 엄마한테 야단을 맞아요.
"무슨 애가 그렇게 건성이니?"
이렇게 말예요. 뭘 찾아오라고 하면 무조건 없다고 해요. 자세히 찾아보지 않았기 때문에 찾을 수가 없는 것이에요.

조금만 더 생각하면 뭔가 좋은 것을 찾아 낼 수 있을 텐데도 귀찮다는 생각으로 그냥 지나치고는 합니다. 하지만 라에네크는 그렇지 않았습니다.

옛날 프랑스에 라에네크라는 사람이 있었습니다. 그 사람은 의사였는데 평소에 사람의 뱃속이 어떤지 무척 궁금해 했습니다.

'어떻게 하면 사람의 뱃속을 볼 수 있을까?'
라에네크의 머릿속에는 온통 사람의 뱃속에 대한 것으로 가득 찼습니다.

그러던 어느 날, 어떤 사람이 어떤 통 안을 들여다보고 있는 것을 발견했습니다. 그 사람은 통 속에 무엇이 있는지 궁금해 하고 있는 것 같았습니다.

라에네크는 그 사람 곁으로 다가가 물었습니다.

"이봐요, 그 통에 무엇이 들어 있기에 그렇게 쳐다보시오?"

"아니, 이 통 안에 무엇이 있나 궁금해서요."

"아, 그거야 흔들어 보면 알 수 있잖소."

라에네크의 말에 그 사람은 좋은 생각이라며 통을 흔들어 보았습니다.

"아, 물 소리가 납니다. 물이나 술 같은데요."

그렇게 해서 두 사람은 통 속에 무엇이 있는지 알 수 있었습니다.

그리고 며칠 뒤, 라에네크는 길을 걷다 놀이터 근처를 지나가게 되었습니다. 거기에서 두 아이가 놀고 있는 것을 보았습니다. 한 아이는 시소에 귀를 대고 있고 또 다른 아이는 그 옆에 서서 돌로 시소를 두드렸습니다. 귀를 대고 있던 아이가 소리쳤습니다.

"와, 이렇게 귀를 대니까 더 잘 들린다."

그 모습을 본 라에네크는 바로 그거야! 하고 소리쳤습니다. 그리고 긴 나무통으로 나무통 청진기를 만들어 사람들의 뱃속이 어떤지를 알 수 있게 하였습니

다. 그 청진기의 모양은 차츰 변하였지만 지금까지 편리하게 쓰이고 있습니다.

　저는 많은 꿈을 갖고 있지만 그 중에 하나는 과학자입니다. 어른이 되어 우리 생활에 필요한 물건을 만들 수 있는 훌륭한 과학자가 되고 싶습니다. 그러려면 라에네크처럼 사소한 일에도 깊이 관찰할 수 있는 관찰력을 키워야겠습니다.

# 수영을 배운 새끼 오징어

|송영섭|
〈어머니, 위험해요〉를 읽고

　과학 독후감은 쓰기가 조금 재미있습니다. 과학은 어렵기도 하지만 쉬운 것도 많거든요. 저는 과학 동화를 읽으면 재미있습니다. 신기한 내용도 많거든요. 오늘은 〈어머니, 위험해요〉를 읽었습니다. 오징어 이야기예요.
　새끼 오징어가 헤엄치는 것을 배우자 엄마 오징어는 몹시 기뻐하였습니다. 어머니는 새끼 오징어에게 절대 멀리 가지 말라고 했습니다. 새끼 오징어는 어머니의 말을 안 듣습니다. 멀리 나가서 친구들과 놀았습니다. 어머니는 새끼 오징어를 뒤따라 다녔습니다.
　아무리 멀리 가지 말라고 해도 말을 안 들어서 어머니는 화를 냅니다.
　"그래, 네 마음대로 해라. 신경 안 쓸 테니까 가고 싶은 데로 가거라."

바다는 위험합니다. 언제 잡아먹힐지 모릅니다. 그런데 새끼 오징어는 겁이 없습니다. 바다에서는 큰 물고기가 작은 물고기를 잡아먹는데, 큰일났습니다.

그런데 갑자기 상어가 나타났습니다. 새끼 오징어를 숨기고 어머니는 상어가 쫓아오는 방향을 향해 먹물을 힘껏 내뿜습니다.

저는 힘없는 오징어가 어떻게 무서운 상어를 이길까 걱정하였습니다. 상어는 보기만 해도 무섭잖아요. 그런데 엄마 오징어는 용감하였습니다. 까만 먹물을 쏘아서 상어를 물리쳤으니까요.

아, 이제 알겠어요. 무서운 상어를 물리친 오징어의 무기는 바로 먹물이었습니다. 까만 먹물을 쏘아서 앞이 안 보이게 하는 것이죠. 오징어를 사면 먹물 주머니를 따 버립니다. 그렇지만 살아 있는 오징어에게는 소중한 무기입니다. 힘없는 오징어이지만 새끼 오징어를 위해서 힘껏 먹물을 뿜는 엄마 오징어가 용감해 보였습니다.

# 과학은 쉬워요

|장은영|
〈척척박사 과학 여행〉을 읽고

과학 독후감을 써야 했어요. 저는 무엇을 읽을까 생각했습니다. 과학은 어렵거든요. 그렇지만 이 책을 보니까 조금 쉬운 것 같았어요. 재미있는 상식 이야기였어요.

저는 〈척척박사 과학 여행〉을 읽었어요. 거기에는 과학에 대한 것이 많이 있었어요.

머리털은 하루에 몇 개씩 자랄까? 또 배에서 꼬르륵 소리는 왜 날까? 사람은 얼마만큼 물을 마실 수 있을까? 재미있는 내용이 많았습니다.

머리카락은 하루에 1밀리미터씩 자랍니다. 또 수염은 약 0.4밀리미터씩 자란다고 해요. 제 머리카락은 하루에 1밀리미터씩 자라고, 우리 아빠 수염은 0.4밀리미터씩 자라는 것이지요.

눈은 한 시간에 1,200번 깜박거립니다. 그러니까 3

초에 한 번씩 깜박거리게 되는 거래요.

개는 왜 전신주에다 오줌을 눌까요? 개는 전신주에 오줌을 누어 자기 땅이라는 표시를 해 놓는 것입니다.

또 개구리는 피부로 호흡을 해요. 그래서 언제나 젖어 있어야 합니다. 개구리가 풍당 물 속에 들어가는 것은 피부를 젖게 해서 호흡을 하려는 것입니다. 그러니까 개구리는 피부가 마르면 죽고 말지요. 또 습기가 많아지면 기분이 좋아 노래를 합니다. 개골개골 시끄럽게 우는 날은 습기 많은 날입니다.

닭은 모래나 유리를 먹어요. 모이를 먹은 뒤에 유리 조각 같은 것을 먹는다고 합니다. 그것은 닭이 이빨이 없기 때문입니다. 유리 조각 같은 것을 삼켜서 맷돌처럼 먹은 것을 갈아 소화를 시키려는 것이지요.

과학은 어려운 것이 아니에요. 우리가 매일 보고 듣는 것도 과학이래요. 그런 것들을 모아서 더 좋은 과학으로 발전시키는 거래요.

지금은 여름이에요. 머리카락은 가을과 겨울보다 봄과 여름에 잘 자란답니다. 재미있어요.

그러니까 머리카락도 풀이나 나무 같아요. 햇볕을 받으니까 쑥쑥 자라는 것 같잖아요. 겨울이 되면 풀이나 나무들은 꼼짝도 안 하잖아요. 햇볕이 적기 때문이에요.

# 신기한 과학 나라

| 박민지 |
〈열팽창과 분자 운동〉을 읽고

글짓기에서 독후감을 쓰게 되었다. 그래서 선생님께서 책 한 권을 골라 주셨다. 〈열팽창과 분자 운동〉이라는 제목이었다. 너무 어려웠다.
"읽어 보면 안 어려워."
선생님 말씀을 듣고 용기를 내어 천천히 읽어 나갔다. 읽어 보니 모두 우리가 알고 있는 과학 상식이었다.
한쪽 벽이 피스톤으로 되어 있는 용기에 기체를 넣고 가열하면 서서히 피스톤이 밀려난다.
나는 처음에는 피스톤이 무엇인지 몰랐다. 그런데 이 책을 통해 알게 되었다. 피스톤이란 스프링 같은 것을 말한다.
공이 쭈그러들었을 때에는 불에 쬐면 팽팽해진다. 하지만 물이 빠지면 금세 쭈그러든다. 이런 것이 '샤

　를의 법칙'이다.

　고체도 기체처럼 열을 받으면 팽창한다. 레일의 이음새도 날씨가 더워지면 레일이 팽창하므로 레일이 휘는 것을 막기 위해 틈을 만든다.

　참 신기하다. 무거운 레일이 줄었다 늘었다 하다니 놀라운 일이다. 그 많은 레일이…….

　세상에는 과학으로 이뤄지지 않은 것이 한 가지도 없는 것 같다. 기차의 레일까지 열의 팽창을 생각해서 조금씩 틈을 벌려 놓았다는 사실이 너무 신기하였다.

액체도 열을 받으면 부피가 팽창한다.

알고 보니 기체, 액체, 고체 모두가 팽창한다. 이것은 분자의 운동이 활발해져서 분자 사이의 간격이 커지기 때문에 일어나는 현상이다.

이 책을 읽고 나서 물질에 대해 관심이 많아졌다. 여자애들은 수학하고 과학이 어렵다고 말한다. 대신 국어하고 음악, 미술은 여자들이 강하다. 남자들은 우리가 잘 하는 과목에 약하고 대신 과학, 수학에 강하다. 앞으로는 과학을 어렵다고 생각하기보다는 호기심부터 가져야 되겠다는 생각을 다시 하였다.

며칠 후면 과학 창의력 대회에 나간다. 용기를 갖고 대회에 참석해서 좋은 성적을 낼 것이다.

# 우리는 어떻게 만들어졌을까요?

|유 리|
〈알고 싶어요, 우리 몸〉을 읽고

저는 우리 엄마 뱃속에서 태어났습니다. 저는 어려서 어떻게 해서 우리 엄마 뱃속에서 제 몸이 만들어졌는지 궁금했습니다. 손가락, 발가락, 몸, 이, 머리카락, 눈, 귀를 만들어 내는 기계가 엄마 뱃속에 있는 줄 알았습니다.

엄마와 아빠가 서로 도와야만 우리가 태어날 수 있다고 했습니다. 남자와 여자가 어른이 되면 몸 속에 아기를 만드는 작은 씨앗이 생기는데 남자의 몸에서 만들어지는 아기씨를 정자라고 하고 여자의 몸에서 만들어지는 아기씨를 난자라고 했습니다. 난자와 정자가 하나가 되어 여자의 몸 속에서 자라면 아기로 태어나는 것이라고 했습니다.

"꽃은 움직일 수가 없으니까 벌이나 나비가 대신 꽃술을 이동시켜 준단다."

엄마는 그렇게 설명해 주었습니다.
　저는 코로 숨을 쉽니다. 입으로 밥을 먹고 귀로 듣습니다. 엄마 뱃속에 있을 때는 엄마의 몸과 연결된 탯줄이라는 호스를 배꼽에 달고 숨쉬고 먹고 했다고 합니다.

세상에 태어나면 스스로 숨을 쉬고 먹어야 하니까 탯줄이 필요 없어집니다. 그래서 태어나면 제일 먼저 탯줄을 자른다고 합니다.

저는 제 배꼽이 밉습니다. 그래서 수영장에 가서 다른 애들 배꼽을 쳐다보며 부러워하기도 했습니다. 제 배꼽이 엄마 뱃속에 있을 때는 입도 되고 코도 되었다는 것을 알고 미워하지 않기로 했습니다.

제 친구는 배꼽을 손톱으로 후볐다가 병원에 간 적이 있습니다. 배꼽은 살갗이 얇아서 상처를 내면 뱃속으로 병균이 들어간다고 합니다. 그래서 배가 아프다고 합니다. 그러니까 배꼽을 항상 깨끗하게 하고 만지면 안 된다는 것을 알았습니다.

저는 인간의 몸이 너무 신기했습니다. 제가 어른이 되어 엄마가 되면 제 뱃속에서 엄마처럼 예쁜 아기를 만들어 낼 수 있으니까요.

엄마는 저를 갖고서 좋은 생각만 했다고 합니다. 착한 생각만 하고 예쁜 사람만 쳐다보았다고 합니다. 엄마는 뱃속으로만 아기를 만드는 것이 아니라 머릿속으로도 만드는가 봅니다.

# 식물도 몸이 있다구요?

|김나진|
〈식물의 세계〉를 읽고

선생님이 독후감을 써 오라는 숙제를 내주었어요. 저는 과학이 어려워요. 그런데 과학 독후감을 써 오라고 했어요. 엄마한테 하기 싫다고 했다가 혼났어요. 엄마가 쉽고 간단한 책을 읽으면 된다고 해서 〈식물의 세계〉를 읽었어요.

처음에는 읽기 싫었는데 읽어 보니까 정말 신기했어요.

식물도 숨을 쉰대요. 그런데 낮에 쉬는 숨하고 밤에 쉬는 숨이 다르대요.

식물들은 낮에는 이산화탄소를 마시고 산소를 내뿜는다고 해요. 그래서 우리들한테 좋은 친구가 된다고 했어요. 그런데 밤이면 산소를 마시고 이산화탄소를 내뿜는다고 해요. 밤에 숲 속에서 잠을 자면 안 된대요. 왜냐하면 나무들이 밤이면 이산화탄소만 뿜어내니까요.

저번에 시골에 갔어요. 나무가 많으니까 아주 기분이 좋았어요. 그것은 식물이 산소를 많이 내뿜기 때문이래요. 시골이 맑은 것도 나무 덕분이래요. 식물이 산소를 많이 내뿜거든요. 대신 나쁜 이산화탄소를 다 마셔 버려요.

그런데 밤에는 방에다 꽃을 들여놓고 자는 것도 나쁘대요. 밤이면 식물도 산소를 많이 쓰기 때문에 우리가 마실 산소를 빼앗아 가 버린대요.

나뭇잎은 나무한테 참 중요한 역할을 합니다. 우리 입 같은가 봐요. 식물의 영양을 공급하는 곳이고 식물에 필요한 영양분을 만들기도 한대요.

저번에 제 친구가 봉숭아 이파리를 몽땅 따 버렸어요. 엄마한테 봉숭아물 들여 달라고 한다면서요. 그런데 그 봉숭아는 그만 죽고 말았어요.

저는 이 책을 읽고서 그 봉숭아가 왜 죽었는지 알았어요. 잎이 있어야 숨을 쉬고 영양분을 만들어 내는데 잎이 없으니까 굶어 죽은 것이지요. 그러니까 우리 입을 붕대로 칭칭 감아 버리면 먹을 수가 없어서 굶어 죽을 수밖에 없는 것과 똑같아요.

우리가 보면 이파리는 얇아요. 그런데 우리 몸에 다리가 있고, 팔이 있고, 입이 있고, 귀와 코, 눈, 머리가 있는 것처럼 여러 부분이 있다는 것도 알았어요. 겉껍질, 울타리 조직, 해면 조직, 잎맥, 숨구멍이 있다는 것을 알고 다시 화단에 심어진 꽃들을 살펴보았어요.

저는 꽃이 좋아요. 나무도 좋아요. 하지만 예쁜 꽃이 있으면 함부로 꺾었어요. 앞으로는 안 그럴 거예요. 나무도 아프다고 비명을 지를지도 모르잖아요.

# 버들가지의 생명

|정현경|
〈버들가지〉를 읽고

제가 이 책을 읽게 된 이유는 꺾인 버들가지가 어떻게 다시 살아날 수 있을까 궁금했기 때문입니다.

꺾어서 심을 수 있는 것이 몇 가지 있습니다. 개나리, 아카시아 등이 그렇지요. 그런데 버들가지도 그럴 수 있다는 것을 오늘 알았습니다.

옥희는 아버지와 같이 들판으로 나갔습니다. 봄 기운이 듬뿍 밴 들판은 푸른 비단옷으로 곱게 단장해서 아름다웠습니다.

역시 봄 세상은 멋지고 아름답지요. 강남 갔던 제비도 다시 돌아오고, 꽃도 다시 피고, 벌과 나비도 다시 찾아오고.

저는 봄이 되면 마음이 깨끗이 씻기는 것 같아요.

푸르른 들판에는 울긋불긋 꽃들이 피어나고 돌돌 흐르는 냇물 위에 축 드리운 버들가지들은 기다랗게 땋은 머리채와도 같았습니다.

 정말 생각만 해도 모두가 꽃처럼 보여요. 저는 사계절 중에서 봄이 제일 좋아요. 봄이 제일 따스하고 편안한 계절이니까요. 봄이 되면 제 마음과 몸도 훌쩍 자라는 것 같습니다.

 뭇 새들이 그 가지 끝에 앉아 재잘거리고 있었습니다. 그들도 이 봄맞이 기쁨을 한껏 나누고 있었습니다.

 자연이 얼마나 아름다운 것인지 알 것 같아요. 우리나라처럼 사계절이 또렷한 곳일수록 자연의 아름다움을 더 많이 느낄 수 있지요.

 옥희 아버지가 버들가지 하나를 꺾었습니다. 옥희는 얼른 아버지를 말렸습니다.

 왜 옥희 아버지는 버들가지를 꺾었을까요?

 "아버지, 버들가지를 꺾으면 들판이 파랗게 치장하는 데 방해되잖아요."

 아버지는 옥희의 말에 잠깐 어리둥절해 하다가 "허허허" 하고 웃습니다.

 "나도 들판에 푸른 물을 들이려고 그러는 거다."

 아버지는 버들가지를 두 가지 더 꺾어서는 손칼로 윗부분을 자른 후, 중간 부분을 두 토막으로 끊은 뒤에 길가의 양지쪽에 꽂아 놓았습니다.

 "네가 다음에 와서 보면 알 수 있을 거다. 음, 그렇지, 요다음 주일에 와 보면 이 버들가지들이 살아나 있을 거다. 몇 년 후면 이 곳에 또 세 그루의 버드나무가 불어날 것이고."

그 말씀을 듣고 옥희만 고개를 끄덕인 것은 아니에요. 저도 아하, 하고 크게 고개를 끄덕였으니까요.

저번에 개나리 한 가지가 길가에 떨어져 있는 것을 보았어요. 그걸 화단에 심으면 다시 개나리꽃이 피겠지, 하고 생각했어요. 버드나무도 그렇게 해서 뿌리를 내린다는 사실을 알고 저는 자연의 신비에 감탄을 했습니다.

그 때부터 며칠이 지난 후 옥희는 아버지와 함께 냇가로 갔습니다.

그리고 세 그루의 애송이 버드나무를 보았습니다. 파아란 나뭇잎들이 한창 위로 뻗어 가고 있었습니다.

정말 옥희 아버지 말대로 잘 자라고 있었어요. 저는 얼마나 걱정을 했는지 몰라요. 혹시 그냥 죽었으면 어쩌나 하구요.

"아버지, 정말 신기해요. 어떻게 했어요?"

"내가 이렇게 만든 것이 아니라 버드나무의 능력이란다. 너도 그렇게 해 봐라. 어디에 꽂아도 저것들은 거기에서 뿌리를 박고 자라날 거다. 너도 크거들랑 꼭 이 버드나무들처럼 주어진 환경에서 최선을 다하고 나라를 위해 훌륭한 일을 해야 한다."

옥희 아버지가 말씀하셨습니다.

옥희 아버지는 옥희에게 좋은 말만 해 주시나 봐요. 저희 아빠도 그렇지만요.

옥희 아버지는 식물학자이신가 봐요. 식물에 대해서 잘 알고 계시잖아요.

옥희는 제법 어른스럽게 고개를 끄덕였습니다. 아주 중요한 일을 알았다는 듯이 말입니다.

저도 고개를 크게 끄덕였습니다.

이 세상 모든 사람들이 옥희와 옥희 아버지처럼 식물을 사랑한다면 세상은 정말 싱싱하고 맑을 거예요. 그 안에서 자라나는 우리들도 맑고 씩씩할 것이구요.

# 신기한 전기

|김능원|
〈전기, 신기해요〉를 읽고

저는 과학을 좋아합니다. 그래서 에이플러스 과학 나라에 가는 날이 제일 즐겁습니다. 저번에는 공기 로켓을 만들어 쏘아 보기도 했습니다. 다른 친구들도 과학이 재미있다고 합니다. 그런데 공부는 재미없습니다. 실험하는 것이 재미있다는 얘기입니다.

저는 오늘 전기에 대한 책을 보았습니다. 전기는 여러 가지로 신기합니다. 우리한테 전기가 없다면 지금도 우리는 촛불을 켜고 살고 있을 것입니다.

전기는 여러 가지 일을 합니다. 밝은 빛을 주기도 하고 우리에게 텔레비전이나 라디오, 전화를 통해 즐거움을 주기도 합니다. 그것만이 아닙니다. 선풍기나 에어컨을 돌리기도 하고 전동차를 움직여 우리를 편리하게 해 주기도 합니다.

그런데 전기는 아주 위험할 수도 있습니다. 감전 사

고가 나면 목숨을 잃습니다.

저번에 어떤 아저씨가 낚싯대를 들고 가다 전깃줄에 감겨 감전이 되어 죽었다고 합니다.

그런데요, 참 신기한 것이 있습니다. 어떻게 까치나 참새들은 전깃줄에 앉아도 무사할까요?

전기 때문에 불이 나기도 합니다. 겨울이 되면 불이 많이 납니다. 모두 전기를 잘못 써서 생긴 사고입니다. 전기 콘센트를 쇠붙이로 찌르거나 장난을 하면 큰일입니다. 전봇대에 올라가면 절대 안 됩니다.

저번에 연을 날리며 놀았습니다. 연은 날아가다가 전봇대에 걸렸습니다. 내리고 싶어서 긴 막대기로 꺼내려고 하다가 어른들한테 혼났습니다.

"죽으면 어떻게 해!"

그래서 저도 얼른 내려왔습니다. 제 친구 엄마는 물 묻은 손으로 전기 기구를 만졌다가 혼난 적이 있다고 합니다. 물과 전기는 서로 너무 좋아하기 때문에 한 번 만나면 떨어지려고 하지 않는다고 합니다.

저는 이 책을 읽다가 우리 집 콘센트를 살펴보았습니다. 한 개의 콘센트에 다섯 개나 되는 선이 연결되어 있었습니다. 텔레비전, 냉장고, 다리미, 모기향 매트, 선풍기, 이렇게 다섯 개였습니다. 얼른 두 개만 남겨 놓고 빼 버렸습니다. 그렇게 한 개의 콘센트에 여러 가지 전기 기구를 사용해도 큰일입니다.

아빠가 장난감을 사다 주신 적이 있습니다. 변신 로봇이었습니다.

"전기의 힘으로 로봇이 움직이는 거란다."

아빠가 설명을 해 주셨습니다. 전기는 정말 좋은 것이구나, 하고 생각했습니다.

우리는 전기와 조금도 떨어져서 살 수 없다고 합니다. 전동차도 전기 때문에 움직이고, 전화도 마찬가지이고, 텔레비전, 컴퓨터도 마찬가지입니다.

그런데 싫을 때도 있습니다. 겨울에 옷에서 타다닥, 하고 전기가 나는 것도 싫고, 친구랑 손을 잡으려고 하면 파바박, 하고 전기가 일어나는 것도 싫습니다. 그건 마찰 전기라고 하는데 정전기라고 한다는 것을 오늘 알았습니다. 그러니까 에디슨은 우리가 눈으로 볼 수 있었던 정전기나 머리카락에서 나는 빛, 천둥 번개 같은 것을 보면서 전구를 발명하였을 것입니다.

번개 칠 때의 에너지를 한 곳에 모아 저장할 수 있다면 큰 발전소와 같은 힘을 가질 수 있다고 합니다.

구름은 바람에 의해 이동하는 공기 덩어리라고 합니다. 구름 속에는 얼음 알갱이와 작은 물방울이 섞여 있습니다. 공기 덩어리는 바람에 의해 위로 올라가면서 서로 부딪치고 섞이면 마찰을 합니다.

땅 가까운 곳에는 -전기를 띠고 구름 위쪽에는 +전기를 띠는데, -전기는 +전기에 이끌려 공기를 통해 이동하면서 번개와 벼락을 만듭니다. 그래서 천둥소리가 터지는 것이지요.

전기의 힘이 얼마나 큰 것인지 알았습니다. 벼락 때문에 사람이 죽기도 합니다. 그래서 피뢰침을 설치합니다. 집에 도둑이 못 들어오게 개를 키우는 것처럼 말이에요.

전기에 대한 책을 읽으니까 정말 재미있었어요. 다음에는 로켓에 대한 책을 읽어 볼 겁니다.

# 지구의 생물은 어떻게 생겨났을까?

| 김지민 |
〈살아 있는 지구〉를 읽고

지구에 대해서 알고 싶었어요. 그래서 〈살아 있는 지구〉라는 책을 읽어 보았습니다. 학교에서 지구의 대기 속에는 산소, 수소, 질소, 오존 같은 것들이 들어 있다는 것을 배웠기 때문입니다.

처음 지구가 생겨났을 때는 지금의 지구와 많이 달랐다고 합니다. 원시 지구에는 암모니아, 메탄 등의 가스와 물, 수소 들이 있었다고 합니다.

1953년 밀러라는 학자는 원시 지구를 이루고 있었다고 생각되는 암모니아, 메탄 가스 등과 물, 수소를 섞어 그릇에 담았습니다. 그것들에 강한 전기 충격을 주고서 햇볕에 쬐어 보았더니 생명체를 이루는 아미노산이라는 물질이 생겨난다는 것을 발견했습니다.

아미노산이 없었더라면 이 지구 위에 생명을 가진 것이 탄생할 수가 없었다고 합니다. 저는 그 대목이

　재미있었습니다. 그 아미노산이 바다로 들어가서 생명체로 자라나기 시작했다고 했습니다.

　저는 교회에 다닙니다. 교회에서는 하나님이 일주일 동안 여러 가지를 만들었고, 새, 동물, 인간도 만들었다고 했습니다. 그런데 이 책에서는 아미노산이 생명체를 만들었다고 했습니다.

　바다가 강한 자외선을 막아 주고 온도도 항상 똑같기 때문에 아미노산들이 쉽게 뭉쳐서 자라날 수 있었다는 것입니다. 그러니까 그 물질들이 차츰 복잡한 구조의 물질로 발달하여 생명체를 이루었다는 것이지요. 저는 처음으로 코아세르베이트라는 이상한 이름도 알았습니다. 복잡한 구조의 물질의 이름을 그렇게 부른다고 합니다.

 지금도 바다 깊은 곳에서는 코아세르베이트가 자라고 있다고 했습니다. 그러면 우리 인간들도 아미노산이 바다로 들어가 사람의 모양을 만들어 육지로 나와 살게 되었다는 것이 됩니다.

 저는 지구의 생물이 어떻게 생겨났는지 나중에 더 공부해 볼 거예요. 그래서 우리 반 친구들한테 이야기해 줄 생각입니다. 그러면 우리는 모두 바다에서 태어난 형제가 되나요?

# 나쁜 무당벌레들

|김보라|
〈흰토끼가 속았네〉를 읽고

　독후감을 쓸 때마다 고민에 빠집니다. 뭘 쓸지 정말 고민이거든요. 오늘은 과학 상식에 대한 글을 읽기로 했습니다. 짧고 쉬웠기 때문입니다. 흰토끼가 무당벌레들에게 당하는 이야기입니다.
　흰토끼는 황무지 두 뙈기를 일구어 한 뙈기에는 목화와 밀을 심고, 한 뙈기에는 토마토와 가지를 심었습니다. 요즘은 줄기에 토마토가 열리고, 뿌리에 감자가 열리게 할 수도 있습니다. 그만큼 과학이 발달한 것이지요. 토끼가 그런 사실을 알았다면 분명히 좋아했을 것입니다.
　어느 봄날입니다. 흰토끼는 밀과 목화에 진딧물이 낀 것을 발견하게 됩니다.
　엊그제 엄마가 김치를 담근다며 배추를 사오셨습니다. 배추를 쳐다보던 저는 깜짝 놀라고 말았습니다.

커다란 배추벌레가 기어가고 있었습니다. 이파리도 숭숭 구멍이 뚫려 있었습니다.

"농약을 안 써서 그래. 오히려 벌레 한 마리도 없는 배추가 안 좋단다. 농약을 많이 써서 그렇거든."

엄마가 말씀하셨습니다. 이상하게도 기분이 좋지 않았습니다. 벌레를 먹든 농약을 먹든 둘 중 한 가지는 먹어야 하는 것인가요?

흰토끼는 참개구리에게 가서 진딧물을 없애는 방법을 알려 달라고 했습니다. 참개구리는 칠성무당벌레에게 도움을 요청하면 된다고 하였습니다.

"칠성무당벌레는 벌레 잡는 귀신이야."

개구리가 설명했습니다. 칠성무당벌레를 사전에서 찾아보았습니다. 무당벌레과의 벌레. 길이 8밀리미터, 배면은 반구상, 시초는 등황색에 7개의 흑문이 있음. 흔한 벌레는 진딧물을 포식하는 익충. 그렇게 쓰여 있었습니다. 그렇게 작은 벌레 세계에서도 익충과 해충으로 나뉘어진다니, 신기했습니다. 좋은 사람과 나쁜 사람으로 나뉘는 것처럼요.

흰토끼는 칠성무당벌레를 찾아갔습니다. 역시 칠성무당벌레는 솜씨가 좋았습니다. 며칠만에 진딧물을 다 먹어치웠습니다.

무더운 여름 토마토 줄기에는 굵은 열매가 주렁주렁 매달렸습니다.

자연은 참으로 신비스럽습니다. 벌레 때문에 애써 지은 농사가 모두 실패할 수도 있고 익충 때문에 풍년이 되기도 합니다. 만약 익충만 있다면 풍년을 이룰 수 있을까요? 아마 어려울지 모릅니다. 해충이 있어야 익충도 살 수 있으니까요.

이 때 이십팔점무당벌레가 찾아왔습니다. 흰토끼가 왜 찾아왔냐고 하자 그들은 진딧물을 먹으러 왔다고 하였습니다.

흰토끼는 기뻐서 승낙했습니다.

며칠이 지나자 토마토 밭은 빈 가지만 남은 밭이 되었습니다. 놀란 흰토끼는 참개구리에게 가서 왜 밭에 빈 가지만 있냐고 물었습니다.

"이십팔점무당벌레는 해충이라서 몹쓸 놈들이야."

참개구리의 말을 듣고 토끼는 그 자리에 털썩 주저앉았습니다.

과학의 세계는 넓습니다. 작은 곤충의 세계까지 자세히 관찰하면 무엇이 이롭고 해로운지 다 알 수 있습니다.

흰토끼는 앞으로 어떤 벌레가 해충이고 어떤 벌레가 익충인지 잘 알고 농사를 짓겠지요? 그리고 이십팔점무당벌레가 두 번 다시 찾아올 수 없게 단단히 준비를 할 것입니다.

# 잘난 척쟁이들

|이현진|
〈오만한 시계〉를 읽고

"꼬끼오……."

아침이 되자 수탉이 울어 댔다. 어린이들은 학교로, 어른들은 일을 하러 밭으로 나갔다. 사람들은 모두 수탉에게 신통하게 시간을 잘 가르쳐 준다고 칭찬을 했다. 이 말을 들은 수탉은 몹시 좋아했다.

수탉은 기분이 좋아서 뜨락을 왔다갔다하며 잘난 척을 하였다. 이 말을 들은 박쥐도 자기가 더 시간을 잘 알린다며 잘난 척을 했다.

박쥐는 자기가 밤에 날아다니면 사람들은 몇 시라는 것을 안다며 으스댄다. 나는 박쥐가 아무리 밤에 돌아다닌다고 해도 박쥐를 보고 시간을 알아맞힐 사람은 없을 것 같았다.

또 이 말을 들은 나팔꽃이 끼여들었다. 나팔꽃도 자기를 보고 시간을 알 수 있는 방법을 가르쳐 주었다.

나팔꽃은 자기가 피어나면 아침 네시라는 것을 알 수 있다고 말했다. 나팔꽃은 흥이 나서 노래까지 불렀다.

나팔꽃은 꼭 네시 정각에 피는 것도 아닌데…….

또다시 민들레가 웃으며 말했다. 민들레는 나팔꽃에게 나팔꽃은 시간을 한 번밖에 알리지 못하지만 자기는 오전 일곱시에 꽃을 피웠다가 오후 다섯시에 거두어들인다고 잘난 척을 하였다.

또 다른 꽃 해바라기가 끼여들었다. 해바라기는 한낮에는 남쪽, 저녁 무렵에는 서쪽, 밤에는 하늘 꼭대기, 날이 밝으면 동쪽을 향한다고 잘난 척을 했다.

그들이 다투고 있을 때 자명종이 방 안에서 얼굴을 내밀었다. 자명종은 자기는 하루에 24시간을 다 알린다고 잘난 척을 하였다.

자명종의 말이 끝나자 방 안의 벽시계가 또 잘난 척을 하였다.

그 때 태양 할아버지가 웃으며 조용히 하라고 말하였다.

"나만큼 정확한 시계는 없지."

그 말에 박쥐, 수탉, 나팔꽃, 민들레, 해바라기, 자명종, 벽시계는 입을 다물었다.

이 책은 과학 상식을 다루고 있다. 우리는 우리 주변의 과학에 대해 별로 관심을 안 쏟는다. 꽃이 왜 피고, 수탉이 왜 우는지도 모른다.

이 책을 읽고 그런 것들이 모두 시간과 관련이 있다는 것을 알았다. 우리 인간보다 더 위대한 자연 과학을 모르고 있었던 것이다. 인간이 만들어 낸 과학보다 자연의 과학이 더 흥미롭고 재미있다는 것도 깨달았다.

# 신기한 자연과 인간

|윤수정|
〈산, 염기와 우리의 몸〉을 읽고

어떤 생물도 살아가기 위해서는 몸 속의 산과 염기의 균형을 잡아야 한다고 하였다.

우리는 나무를 많이 심을수록 좋다고 말하는데, 이산화탄소를 빨아들이고 내뿜는 큰 나무 밑에서 자면 매우 위험하다. 그렇다면 시골에서 사는 사람과 산에 사는 사람들이 더욱더 위험할 거라는 생각이 들었다. 왜냐하면 큰 나무 밑에 천막이나 오두막집을 짓게 되면 이산화탄소를 마시면서 살아야 되기 때문이다.

이 책에서는 좋든 싫든 가리지 않고 음식을 골고루 먹는 것은 몸 속의 산과 염기의 균형을 잡는 데 반드시 필요하다고 하였다. 보통 사람들은 제각기 고기를 좋아하는 사람, 채소를 좋아하는 사람 등으로 나누어지는데 그러면 산성 체질이 된다고 하였다. 나는 골고루 먹는 편이다.

텔레비전을 보게 되면 북한이 몹시 어렵다고 한다. 많이 어려우면 우선 식량이 걱정일 텐데 어린이들이 뭘 먹고 사는지 걱정스럽다.

만약 아무 것도 먹지 않고 물만 먹게 되면 영양실조에 걸리게 되는 경우가 있다. 뭐든지 골고루 먹지 않으면 안 된다. 어려서의 영양 상태는 평생을 간다고 하였다. 어려서 비만인 사람은 나중에 어른이 되어서도 몸이 뚱뚱하다고 하였다.

우리 식구 중에는 2학년인 쌍둥이 동생들이 있는데 나의 뼈 같다는 생각을 한다.

나는 아빠를 닮아서 체격이 좋은 편인데 동생들은 엄마를 닮았다. 그래도 건강을 위해서 운동을 한다.

역시 우리 몸은 우리가 지켜야겠고 뭐든지 골고루 먹어야겠다. 그리고 운동을 열심히 하는 것이 무엇보다도 중요하다.

# 수영을 할때 조심해야 될 점들

|박설원|
〈수영을 하기 전에〉를 읽고

　여름에는 해수욕장에 가서 수영을 해요. 모래밭이나 바다에서 헤엄치는 사람들은 동화 나라에 온 것처럼 편안하지요. 갈매기 소리, 파도 소리, 바람 소리를 들으면 꼭 동화 나라에 온 손님 같습니다. 그렇지만 바다가 모두 안전하고 행복한 이야기만 있는 곳은 아닙니다.

　일요일 날 은미는 일어나자마자 어머니께 해수욕장에 가자고 졸랐어요.

　저도 해수욕장에 가고 싶어서 어머니께 졸라 댄 적이 있습니다. 여름만 되면 제일 먼저 해수욕장 풍경부터 떠오릅니다. 해수욕장에 가면 재미있거든요. 집안에 갇혀 학원을 다니고, 놀이터에 나가고, 그렇게 여름 방학을 보내면 정말 재미없습니다. 시원한 바다에 나가 파도 소리 들으며 자연 공부 하는 것이 더 즐겁습니다.

그런데 은미는 일어나기 전에 꿈을 꾸었습니다. 상어가 뒤쫓아오는 무서운 꿈입니다. 상어는 촉각이 특별히 예민합니다. 그래서 비린내만 맡아도 쫓아옵니다. 상처에서 피가 나는 사람이 바닷물로 들어갈 경우 상어를 부르는 것이 됩니다.

저는 오늘 처음 그 사실을 알았습니다. 상처가 있는데도 바다로 들어간 적이 있었는데, 으스스 떨렸습니다.

다행히 상어가 멀리 있었기 때문에 무사했던 것 같습니다. '조스'라는 영화에서 상어를 보았습니다. 정말 무시무시했습니다. 몸에서 피가 날 때 바다로 들어가면 무서운 상어를 부른다는 사실을 생각하니까 바다에 가고 싶은 마음이 싹 가셨습니다.

어머니와 은미는 해수욕장에 갔어요. 탈의실에서 옷을 갈아입고 은미는 곧바로 바다로 들어가려고 했어요. 그런데 어머니께서 붙잡으셨어요.

"땀을 닦고 가야지. 그리고 준비 운동도 하고."

"땀을 흘려도 상어가 물어요?"

"날씨가 이렇게 덥지만 바닷물은 차가워. 땀투성이가 돼 가지고 갑자기 바닷물에 뛰어들면 피부 근육과 신경이 자극을 받아 쉽게 바람을 맞는 거야."

"바람을 맞으면 병에 걸리나요?"

"그래."

"수영을 하기 전에 준비 운동을 하지 않으면 근육이 상할 수 있고 다리에 쥐가 나면 위험해."

갑자기 물에 들어가면 다리에 쥐가 난다는 것은 저도 알고 있었습니다.

그렇지만 바다에 가거나 수영장에 가면 급하게 풍덩 뛰어들고 봅니다. 앞으로는 물 속에 들어갈 때의 기본 상식이 무엇인지 잊지 않고 행동에 옮기겠습니다. 우리가 알아두어야 할 상식이 많다는 것을 다시 느꼈습니다.

# 난 물고기가 아냐

|윤하늘|
〈오징어는 물고기가 아니다〉를 읽고

　바다 속에 큰 잔치가 열렸다. 상어의 생일이기 때문이다. 상어는 물고기들에게 선물을 갖고 축하하러 오라고 했다. 물고기들은 상어가 무서워 어쩔 수 없이 생일 잔치에 갔다.
　바다 속에는 수많은 고기들이 산다. 그 많은 고기들을 다 초대했다면 상어의 집은 정신이 하나도 없었을 것이다. 바다에서 상어는 왕자다. 왕자가 초대하니까 모두들 참석할 수밖에 없을 것이다.
　상어는 누가 안 왔나 살펴보았다. 오징어 한 마리가 오지 않았다. 상어는 화가 나 오징어를 끌고 오라고 하였다.
　오징어가 끌려와 왜 오라고 했느냐며 아무 일 없다는 듯이 말했다.
　"초대장에 물고기만 오라고 씌어 있어서 저는 오지

않았습니다."

상어가 말했다.

"너도 물고기잖아."

오징어가 말했다.

"그렇지 않아요. 저는 물고기가 아니에요. 저의 친척은 바다에 사는 굴, 강에서 사는 바지락, 육지에 사는 달팽이랍니다."

나는 깜짝 놀랐다. 오징어에게는 아가미가 없는데 어떻게 굴과 달팽이, 바지락이랑 친척이지? 너무 궁금했다.

상어가 말했다.

"달팽이, 바지락, 굴은 아가미가 있는데 너는 없잖아."

"원래 우리 선조에게는 아가미가 있었는데 그것이 점점 외투막으로 변해서 그렇지요."

상어는 점점 화를 내더니 용서하지 않겠다고 했다. 그러자 오징어는 '쏴아' 하며 먹물을 뿜고 도망갔다.

이 책을 읽고 나서 오징어가 물고기가 아니라는 신기한 사실을 알게 되었다. 별로 대단한 것은 아니다. 그렇지만 앞으로 시험에서 '물고기가 아닌 것은?' 이라는 문제가 나오면 당연히 오징어를 고를 것이다.

우리는 과학을 무조건 어려운 것이라고 여긴다.

과학을 동화로 재미있게 꾸민 이 책을 보면서 많은 것을 생각했다. 주변의 작은 과학을 챙겨야 나중에 훌륭한 사람이 될 거라는 생각도 했다. 에디슨이 알을 품어 보면서 알에서 병아리가 어떻게 나오는지를 깨달았던 것처럼.

# 재미있는 과학

|전병구|
〈석유란 무엇일까요〉를 읽고

우리 집 앞에는 주유소가 있습니다. 옛날에는 한 개 밖에 없었는데 한일 타운이 생기고 나서 세 개나 생겨났습니다. 우리 아빠는 LG정유라고 쓰여진 주유소에서 자동차 기름을 넣습니다. 자동차에 기름을 넣고 나면 아빠는 꼭 이렇게 말씀하십니다.

"이제 부산이라도 갈 수 있겠어. 든든하게 채웠거든."

아빠는 아빠 배를 두드립니다. 꼭 자동차가 배를 두드리는 것 같습니다.

석유는 참 여러 가지로 우리에게 도움을 줍니다. 비행기, 배, 기차, 자동차, 모두 기름으로 움직이는 것들입니다.

우리 나라는 석유가 한 방울도 나지 않습니다. 그래서 많은 돈을 주고 남의 나라에서 사 옵니다. 전기도 석유로 만들어집니다.

　우리 나라에는 왜 석유가 나오지 않을까요? 만약에 석유가 나오면 우리 나라는 굉장한 부자 나라가 된다고 합니다. 남의 나라에서 기름을 사 오지 않아도 되니까요.

　석유는 아주 깊은 땅 속에 있습니다. 수천 미터나 되는 아주 깊은 곳에서 나올 때도 있다고 합니다.

　그런데 그렇게 깊은 땅 속에 있는 석유를 어떻게 찾아내는지 궁금했습니다. 석유가 있는 곳을 알기 위해서는 우선 석유가 나올 만한 곳인지 땅의 성질을 조사하게 된다고 했습니다. 진동을 일으켜 땅 속의 상태를 조사하는 것이지요.

　석유는 퇴적암 층에 있다고 합니다. 퇴적암이란 작은 돌멩이나 생물의 시체들이 쌓이고 쌓여서 이루어진 바위입니다. 작은 돌이나 생물의 시체들이 물이나 바람에 실려 와 쌓인 것이지요.

　자석을 이용해서 기름이 나올 수 있을지 조사하기도 하고 배를 이용해 바다 밑 땅 속 상태를 조사하기도 한답니다.

　그런데 기름이 있나 없나 알아보려면 굉장히 많은 돈이 든다고 합니다. 그리고 굉장히 많은 사람들이 고생을 해야 된답니다. 백 번을 뚫어도 기름 한 방울 안 나올 때도 많다고 합니다. 그런데 석유가 많은 곳을 발견하면 몇 년간 여러 나라가 기름 걱정 없이 살 수 있다고 합니다.

깊은 땅 속에서 파낸 석유는 원유라고 합니다. 원유는 엿처럼 끈적끈적하다고 합니다. 그리고 원유가 발견된 곳을 유전이라고 합니다.

유전은 여러 곳에서 발견된다고 합니다. 사막 한가운데나 정글 속, 바다 속에서 주로 발견된다고 합니다.

유전에서 운반된 원유는 정유 공장으로 보내집니다. 그래서 검은색의 끈끈한 원유를 여러 가지 필요한 성질들로 나누지요. 원유를 불로 데워서 증발하게 하여 여러 종류의 기름을 만든답니다. 원유 속에 들어 있는 여러 가지 성분들은 각각 증발하는 온도가 다르기 때문에 열을 가하면 같은 성질들끼리 나눠질 수 있습니다.

가스 난로, 레인지, 라이터에 쓰는 것을 LPG라고 하고, 나프타는 페인트, 타이어, 비누 제품, 풍선, 양말, 옷, 비닐 따위를 만들 수 있습니다. 휘발유는 자동차 연료로 쓰입니다. 등유는 난방 연료로 쓰입니다. 제트 연료는 비행기 종류에 쓰입니다. 경유는 대형 버스, 대형 트럭, 불도저 같은 곳에 쓰입니다.

이렇게 쓰이는 곳이 많은 고마운 석유를 우리는 함

부로 낭비하고 있습니다. 한 방울의 석유가 만들어지려면 아주 오랜 세월이 필요하다는 것을 알았습니다. 아주 오랜 옛날 플랑크톤 등 수많은 바다 생물의 시체가 바다 밑에 쌓이게 됩니다. 그 위에 흙이나 자갈이 쌓입니다. 그리고 다시 오랜 세월이 지나는 동안 위에서 누르는 압력과 땅 속의 열로 중간에 쌓였던 생물의 시체가 분해됩니다. 그래서 석유가 됩니다.

 저는 오늘 석유에 대해 많이 알았습니다. 아직 모르는 것도 많지만 한 방울의 석유를 쓰는 것이 얼마나 고마운 일인지 알았습니다. 우리는 아주 먼 옛날에 살았던 생물을 기름으로 쓰고 있는 것이니까요.

# 편리한 세상

|박영찬|
〈홈 컴퓨터가 하는 일〉을 읽고

홈 컴퓨터란 집에 있는 여러 가지 기구들의 스위치를 켰다 껐다 하면서 사람 대신 집안 일을 하는 컴퓨터입니다.

홈 컴퓨터가 하는 일은 아주 많습니다. 외출 중 휴대용 컴퓨터 단추를 누르고 집에 있는 컴퓨터를 불러 내어 지시를 합니다.

저도 홈 컴퓨터가 있었으면 좋겠습니다. 지시만 하면 숙제도 해 주고, 맛있는 간식도 먹을 수 있을 테니까요.

홈 컴퓨터는 혼자서도 일을 잘 합니다.

온도 조절도 하고 전화가 오면 받고, 내용을 녹음해 두었다가 전해 주고, 손님을 반겨 주기도 합니다. 그리고 도둑이 들어오거나 불이 나면 신고를 합니다.

홈 컴퓨터는 또 우리 몸에 영양분이 골고루 퍼질 수

있게 음식도 알맞게 나누어 주어요

　홈 컴퓨터가 있으면 음식 투정과 편식을 못할 것 같아요. 우리 몸에 맞게 음식이 나와서 아무리 맛이 없다고 하여도 꼭 먹어야 하기 때문입니다. 그리고 또 홈 컴퓨터가 짜 준 식단으로 식사를 계속 하다 보면 편식도 안 하고 몸도 튼튼해질 것입니다.

　이 책을 읽고 과학 수준을 알 수 있었고 과학에 관한 흥미도 생겼습니다.

　"십 분 뒤에 도착할 테니 먹을 걸 준비해라."

　"네, 명령대로 하겠습니다."

　"앗, 불이다. 얼른 신고해야지."

　"도둑이 들었군. 112로 신고하면 되겠지."

　"가스와 전기를 너무 낭비합니다. 아껴 쓰세요."

　"음, 이제 가계부를 정리할 시간이군."

　홈 컴퓨터는 인간의 말에 복종하기도 하지만 잘못된 부분은 직접 수정하기도 합니다.

　1981년 일본에서 개발된 홈 컴퓨터 사진을 보았습니다. 마치 인터폰처럼 벽에 매달려 있어 단추로 조종을 하게끔 되어 있다고 합니다.

# 하늘을 나는 것들

|김재철|
〈재미있는 비행기와 로켓〉을 읽고

사람들은 불을 발견한 뒤로 여러 가지 꿈을 꾸기 시작하였습니다. 그 중에서 가장 큰 것은 하늘을 날고 싶어하는 것이었습니다. 그래서 그 꿈이 하나 하나 모이기 시작하여 결국은 우주도 갈 수 있고 먼 나라도 갈 수 있는 것들을 발명해 냈습니다.

비행기와 로켓은 마음대로 하늘을 날 수 있는 편리한 기계입니다.

저는 먼저 비행기에 대해 알아보기 위해 비행기를 타보기로 했습니다. 상상 속에서 타보는 것이지만 정말 재미있을 것 같았습니다.

비행기를 타려면 먼저 탑승 예약을 합니다. 다음 항공권을 사고 공항으로 가서 탑승 절차를 밟습니다.

비행기 안에서는 영화나 음악을 감상할 수 있고 음식을 먹을 수도 있습니다. 화장실도 있습니다. 객실

안 엔
또 조종
실, 1등 객
실, 화물실, 라운
지, 조리실, 2등 객실
등이 있습니다.

　비행기를 탈 때에는 지켜야 할 점도 있습니다. 바로 안전 벨트를 매는 일과 창문을 열지 않는 일입니다.

　비행기는 최대 시속 1,022킬로미터로 날기 때문에 문을 열면 압력 때문에 밖으로 빨려 나가기 때문입니다.

　저를 실은 비행기는 순식간에 지구의 반대편까지 날아갔습니다.

　저는 이번에는 로켓을 타 보기로 했습니다.

　로켓은 엔진으로 나는데 엔진에는 연료와 산소와 가스를 필요로 합니다.

　로켓은 초속 5.5킬로미터의 속도로 날아간다고 해요. 로켓은 3단으로 분리해서 날아가는데 이렇게 하면 더 오래 날고 멀리 날 수 있기 때문입니다. 로켓도 방향을 바꿀 수 있습니다. 연소 가스를 반대 방향으로 분사시키면 됩니다. 로켓은 방향을 바꾸지 못하는 줄만 알았는데 방향도 바꿀 수 있다니 정말 놀랍습니다.

착륙선을 착륙시킬 때는 로켓을 역분사시켜 속도를 조절하면 됩니다.

암스트롱이 달나라에 처음 도착했을 때 우리 부모님은 제일 먼저 토끼와 계수나무를 찾았다고 합니다.

'계수나무 한 나무 토끼 한 마리.'

동요 속의 달나라에는 분명히 토끼와 계수나무가 있었습니다. 하지만 텔레비전에서 보여 준 달나라에는 아무 것도 없었습니다. 그 다음부터 달은 사람들한테서 버림을 받았을지도 모른다는 생각을 했습니다. 아무 것도 없는데 누가 좋아하겠습니까?

비행기와 로켓을 쉽게 알 수는 없습니다. 하지만 계속 관심을 갖는다면 언젠가는 저도 멋진 로켓 하나를 우주로 쏠 수 있을지도 모릅니다. 자꾸 상상을 하다 보면 그 꿈이 이뤄질 수도 있으니까요.

# 물고기에 대해

|황보혜|
〈물고기와 조개〉를 읽고

　이 책을 읽게 된 이유는 글짓기 학원 선생님께서 읽어 보라고 했기 때문이다. 또 요즘에는 물고기들을 잘 볼 수 없기 때문에 관심을 갖게 되었다.
　지금 지구상에는 약 120만 종의 동물이 살고 있다. 물고기는 등뼈를 가지고 있어 등뼈 동물에 포함된다.
　물고기의 특징은 물의 온도에 따라 체온이 변하여 변온 동물이라고도 한다. 또 물고기는 아가미로 숨을 쉬고 지느러미로 운동하고 물고기 몸의 겉면은 대부분 비늘로 덮여 있다.
　나는 물고기를 잘 알지 못한다. 하지만 이 책은 물고기의 특징부터 자세히 적어 놓아 물고기에 대한 상식을 많이 알게 해 주었다.
　물고기는 각각 강·호수에 사는 물고기, 바다에 사는 물고기로 나눌 수 있다. 또 심해에 사는 물고기도

있다. 물고기들은 사는 곳에 따라 특징, 종류가 다양하다.

지구상에 사는 수많은 인종만큼이나 고기의 종류도 많다는 것을 알았다.

물고기의 몸 빛깔이나 몸의 무늬는 물고기가 사는 장소나 물고기의 생활 방식과 밀접한 관계가 있다.

물고기의 아름다운 색깔과 무늬는 적으로부터 자기 몸을 보호하려는 것이다.

내 눈에는 아름답게만 보이던 색깔과 무늬가 물고기에게는 중요한 무기라는 것을 알았다. 우리도 적이 오면 어떤 방법으로든 몸을 보호하듯이 물고기도 몸을 보호하는 것이다. 죽은 듯이 꼼짝하지 않는 것도 보호하는 한 방법이다.

독이 들어 있는 물고기도 있다. 독이 든 물고기를 먹으면 구토, 설사, 호흡마비, 복통, 관절통, 피부가 허는 증세가 나타나기도 한다. 그렇기 때문에 물고기도 조심해야 한다.

저번 뉴스에 독이 든 물고기를 먹은 사람이 식중독에 걸렸다는 보도가 나왔다. 그 사람들이 병원에 실려가는 이유를 잘 알지 못했는데 지금은 확실히 알 수 있다. 독이 든 생선은 사람의 생명까지 빼앗아 가는 것이다.

많은 물고기들에게는 색다른 성장 방식과 생활 방식이 있었다. 모두 신기했다.
　이 책을 읽고 지금은 잘 볼 수 없는 물고기들도 많이 있다는 것을 알 수 있었다.
　가끔 텔레비전에서 바다 속 풍경을 보여 준다. 정말 아름다웠다. 수초들이 하늘하늘 춤을 추고, 물고기들은 그 사이로 헤엄쳐 다니고, 세상에 그렇게 아름다운 곳이 있다는 사실이 믿어지지 않았다. 물고기는 바로 바다의 왕자들이다. 그 왕자들의 모습이 각기 다르다는 사실을 다시 깨닫게 되어 기분이 좋았다.

# 우리 몸에 대해

|김자연|
〈우리 몸의 과학〉을 읽고

　이 책을 읽게 된 동기는 우리 몸에 대하여 좀더 알고 싶고 우리 몸이 어떻게 생겼을까, 호기심이 생겼기 때문입니다. 남자애들은 잘 모르겠지만 우리 여자애들은 학년이 높아지면 가슴이 나옵니다. 처음에는 부끄러웠지만 몸의 구조에 대해 알고 난 후부터는 오히려 자랑스러웠습니다.
　먼저 우리 몸은 206개의 뼈로 구성되어 있습니다. 이 뼈들은 서로 연결되어 우리 몸을 지탱해 줍니다. 그렇기 때문에 운동도 하고 자유롭게 다닐 수 있는 것입니다. 또 힘살이 뼈에 달라붙어서 신경의 명령을 받아 관절을 움직이게 합니다.
　저는 뼈가 움직여 사람이 자유롭게 다닐 수 있다고 생각했는데 뼈 말고도 힘살 등 많은 것이 우리 몸에 도움을 준다는 것을 알았습니다.

소화에 관계되는 기관인 소화 기관은 사람뿐만 아니라 동물에게도 있다고 합니다. 소화가 되는 과정은 간단합니다. 먼저 이는 음식물을 자르고 으깨고 찧는 역할을 합니다. 그리고 식도로 넘어갑니다. 식도의 길이는 약 23센티미터가 된다고 합니다.

그 다음에는 위로 넘어갑니다. 그 다음 창자로 보내져 작은창자, 큰창자로 넘어갑니다. 그래서 음식물은 소화가 됩니다. 소화가 되는 시간은 약 16시간 내지 25시간이 걸린다고 합니다.

이렇게 많은 곳으로 옮겨 가며 소화가 된다는 것이 믿어지지 않았습니다. 우리 몸은 정말 신비합니다. 어느 것 하나도 불필요한 것이 없습니다.

원래 인간들에게는 꼬리가 있었다고 합니다. 그러나 사용할 데가 없으니까 점점 퇴화되었다고 합니다. 그러니까 지금 우리 몸에 있는 여러 가지들은 꼭 필요하기 때문에 남아 있는 것이지요.

머리 뼈는 정말 소중합니다. 중요한 골을 보호하고 있습니다. 그래서 굉장히 단단합니다. 또한 우리의 몸뼈는 에스(S)자 형으로 되어 있어 어떤 충격이든 줄여 주는 역할을 합니다.

또 우리에게 가장 필요한 것은 호흡 기관입니다.

호흡기는 코부터 허파까지를 말합니다. 호흡의 수는

나이마다 다릅니다. 또 맥박 수도 사람마다 다르다고 합니다.

우리 몸에서 가장 많은 것은 30조 개나 되는 핏줄입니다. 피가 흐르고 있는 길입니다.

피가 하는 일도 여러 가지입니다. 피로 혈액형도 알 수 있습니다. 피가 하는 일은 별로 없을 줄 알았는데 피가 우리 몸에 아주 중요한 역할을 담당하고 있다는 걸 알 수 있었습니다.

우리 몸의 감각기도 중요한 일부분입니다. 눈은 세상을 볼 수 있게 해 주고, 귀는 소리를 듣게 해 주고, 코는 냄새를 맡게 해 줍니다.

사람에게 가장 중요한 것은 건강입니다. 건강해야 공부를 할 수 있고 친구들과 놀 수도 있으며 학교도 다닐 수 있습니다. 우리 몸의 구조가 어떻게 되어 있으며 또 우리 몸의 각 기관이 어떤 일을 하고 있는지를 확실히 알 때 우리는 우리 몸의 건강을 지킬 수 있을 것입니다.

음식을 골고루 먹고 규칙적인 생활을 하며 잠도 충분히 자고 운동도 알맞게 매일 해야 됩니다. 정기적으로 건강 진단을 받으며 예방 접종도 잊지 않아야 합니다. 몸도 깨끗이 하고 정신도 건강하게 유지해야 됩니다.

우리는 몸을 소중히 여겨야겠다고 다시 느꼈습니다.

환경동화

# 오징어가 불쌍해요

|김지현|
〈괴물보다 더 무서운 괴물〉을 읽고

오징어가 불쌍해요. 바다에서 살 수 없게 되었으니까요.

바다 속 마을에 오징어 가족이 살았어요. 그 오징어 가족들이 병에 걸렸어요. 사람들이 바다를 병들게 했거든요. 공장의 나쁜 폐수가 바다로 흘러와서 오징어 가족은 살 수가 없었습니다.

"저 인간들은 손 하나 까딱 않고서 우리를 죽일 거야."

"상어 떼는 피하면 되지만 저 인간들이 보낸 폐수는 도저히 피할 수가 없어."

오징어 식구들은 걱정이 태산이었습니다.

"숨을 못 쉬겠어."

"아가, 조금만 기운을 내라, 응?"

"엄마, 무서워요."

죽어 가는 오징어 가족들의 울음소리가 큰 바다를 울렸습니다.

더러운 물 때문에 오징어 가족이 먹을 음식도 없었습니다.

바다 밑에는 죽은 조개와 새우들의 시체가 즐비하고 공장에서 버린 기계더미와 쓰레기, 또 물 위에는 뿌리가 뽑힌 미역과 다시마가 떠다니고 있습니다.

조개를 잡아먹은 사람이 식중독에 걸려 생명이 위험하다는 말도 들렸습니다.

사람들은 바다 속 식구들을 미워하기 시작하였습니다. 누가 잘못했는지도 모르고 말이에요.

사람들은 정말 나쁩니다. 쓰레기를 함부로 버리니까요. 저는 샴푸도 조금만 쓰고 쓰레기를 함부로 버리지 않겠다고 오징어 가족들과 약속하였습니다.

# 다시 태어난 초인종

|홍승표|
〈초인종의 기쁨〉을 읽고

〈초인종의 기쁨〉은 재미가 없어요. 그래도 끝까지 읽었어요. 독후감을 써야 했거든요. 독후감은 쓰기 어려워요.

이 책의 주인공은 초인종입니다. 자기는 세상에서 제일 아름다운 소리를 낸다고 생각하는데 사람들의 가슴을 울리진 못합니다.

가끔 아이들이 남의 집 벨을 누르고 도망가는 장난을 합니다. 가슴이 콩닥콩닥 뛰어도 재미있습니다. 벨 소리는 다 다릅니다. 우리 집 벨 소리도 다릅니다. 그런데 이 책의 초인종은 '띵동' 하고 소리를 냅니다. 그 소리밖에 못 냅니다. 그래서 쓰레기통에 버려질 뻔 했습니다.

그런데 향아가 구해 주었습니다. 예쁘게 색종이 옷도 해 입히고, 꼬마 전구를 새로 갈아 끼워 주었습니다. 그래서 초인종은 다시 벽에 걸리게 되었습니다.

초인종은 너무 좋아서 꿈을 꾸었습니다. 관악산 목소리 뽐내기 대회에 나가서 큰 박수를 받았습니다. 초인종은 세상에서 제일 멋진 친구가 되었습니다.

초인종이 다시 태어나서 좋았습니다. 저도 우리 집 벨이 고장나면 향아처럼 고쳐 쓰겠습니다. 그러면 제가 고쳐 준 벨도 노래 대회에 나가 일등 하는 꿈을 꿀지 몰라요.

# 노래를 잃어버린 또이

| 김수원 |
〈음치가 되어 버린 되새〉를 읽고

　음치가 되어 버린 되새를 읽으면서 마음이 아팠어요. 되새는 참새보다 작은 새예요. 원래 노래도 잘 하고 날기도 잘 하는 새였지요. 그렇지만 지금은 바보 새예요. 노래도 못하고 날 줄도 몰라요.
　또이는 동구가 꽁꽁 찧어 넣어 준 흰쌀을 먹고 물그릇에 담아 준 물을 마시며 새장 안에서 살지요. 또이는 자기가 제일 행복하다고 생각했어요. 지리산에서 온 낯선 되새를 보기 전에는요.
　그 낯선 새는 노래도 잘 하고 날기도 잘 했어요. 또 북쪽 나라로 많은 친구들과 함께 떠난대요.
　또이도 같이 가고 싶었어요. 북쪽 나라로 가면 엄마도 만나고 아빠도 만날지 모른다고 생각했지요. 또이는 어려서 팔려 왔기 때문에 부모님 얼굴도 모릅니다.
　낯선 새가 또이한테 노래를 가르쳐 주지만 또이는

음치라서 못합니다. 그런 것은 아주 아기 때 배워야 잘 할 수 있거든요.

　사람이 말을 못하면 얼마나 답답할까요? 새도 노래를 못한다면 정말 슬플 거예요. 멋진 노래를 부르기 위해서는 갓난아기 때부터 엄마, 아빠, 형제들에게서 배우고, 또 연습을 많이 해야 되는데 또이는 새장에 갇혀 혼자 살았습니다.

　왜 사람들은 엄마 아빠와 함께 살아야 할 아기 새들을 새장 속에 가둬 놓을까요?

　북쪽 나라로 가기 위해 새장을 도망쳐 나오지만 또이는 날 줄 몰라요. 그냥 날개만 퍼덕이지요.

　또이가 너무 가엾어요.

# 가엾은 아기 코끼리 푸푸

|김요섭|
〈여보세요, 거기가 코끼리 고아원인가요?〉를 읽고

푸푸는 귀여운 아기 코끼리예요. 엄마는 한 살밖에 안 된 푸푸를 사랑으로 보호했어요. 저도 우리 엄마가 보호해 주어요. 이제는 학교에 혼자 가지만 옛날에는 엄마가 학교 앞까지 데려다 주었어요. 요즘에도 병원에 가려면 엄마 손을 잡고 가요. 저는 아직도 아기 코끼리 푸푸예요.

그렇게 귀여운 푸푸에게 슬픈 일이 생겼어요. 어느 날 엄마가 사라진 거예요. 다른 아줌마 코끼리들은 푸푸를 가엾어하면서도 돌봐 주지 않았습니다.

"우리는 젖이 조금밖에 나오지 않아서 나눠 줄 수가 없단다."

그렇게 말합니다. 푸푸도 남의 젖을 먹고 싶지 않았습니다. 엄마의 냄새를 맡으면서 엄마의 젖만 먹고 싶었습니다.

며칠이 지나도 엄마는 돌아오지 않았습니다. 귀엽던 두 볼은 밉게 말라 버렸고 이제는 걸을 기운도 없습니다. 자식을 못 낳는 아줌마 코끼리가 푸푸를 돌봐 주고 싶어했지만 불가능했어요. 아직 푸푸는 젖을 먹어야 하는 어린 코끼리였거든요.

다른 코끼리들은 먹이를 찾아 길을 떠나야 했습니다. 푸푸도 할 수 없이 아줌마 코끼리들의 보호를 받으면서 길을 떠납니다.

그런데 너무 슬픈 일이 벌어졌어요. 엄마 코끼리가 죽어 있는 것을 본 거예요. 흑흑흑, 푸푸야 어떻게 해. 저는 눈물이 나왔어요. 푸푸는 죽어 있는 엄마를 붙들고 엄마, 엄마, 하면서 울었어요. 나쁜 사람들이 푸푸 엄마의 상아를 잘라 가려고 죽인 것이에요.

다른 코끼리들은 푸푸를 두고 떠날 수밖에 없었습니다. 어린 푸푸가 엄마 곁을 떠나려 하지 않았거든요.

너무 배가 고픈 푸푸는 정신이 가물가물해지면서도 엄마를 안고 울부짖습니다. 그러다가 코끼리 고아원의 사람들을 만납니다.

푸푸가 동물원으로 가지 않고 코끼리 고아원으로 갈 수 있어서 안심을 했습니다. 이제 푸푸는 우유를 먹으면서 살 수 있게 되었거든요. 그렇지만 그 곳은 푸푸처럼 엄마가 죽은 아기 코끼리들만 모인 곳입니다. 엄마를 잃은 아기 코끼리들은 굶어 죽기 때문에 그 곳에 데려다 키우는 것이지요.

이제 푸푸는 엄마를 그리면서 살 거예요. 그리고 자유로운 초원에서 다른 친구들과 어울려 재미있게 놀았던 일을 그리워하면서 살 거예요.

푸푸야, 용기를 내. 그러면 하늘 나라에 가신 너희 엄마도 기뻐할 거야. 보고 싶다고 울고 그러면 엄마도 많이 슬퍼할 거야. 알았지, 푸푸야?

# 강의 슬픔

|안지현|
〈강의 울부짖음〉을 읽고

학교 방학 숙제가 있었다. 위인전이나 환경 동화 등 여러 종류의 책 중에서 나는 환경에 관한 책을 읽고 독후감을 쓰기로 했다.

〈강의 울부짖음〉이라는 책을 골랐다.

아주 아름다운 강에 잡초가 있었다. 다른 잡초에 비해 자리를 잘 잡은 편이다. 나는 꽃, 풀 등을 매우 좋아한다. 그래서 이 잡초가 자리를 잘 잡은 것은 정말 다행이라고 생각하였다. 어느 자리에서 자라느냐에 따라서 잘 자랄 수도 있고, 못 자랄 수도 있기 때문이다.

원래 이 강은 아침에는 이슬이 아름답게 꾸며 주고, 저녁에는 주황색 물감으로 하늘을 색칠한 듯 노을 빛이 아름다운 곳이다. 그렇게 아름다운 것들 속에서 자라는 잡초의 모습은 아름답고 건강했을 것이다.

뭐든지 더러운 곳에 있으면 더러워 보이고, 깨끗한

곳에 있으면 깨끗하게 보인다. 그래서 집안을 깨끗하게 청소하고 옷도 단정하게 입는 것이다.

내가 만약 이런 곳에 산다면 강 근처에 집을 짓고 싶다. 정말 아름다울 것 같다. 만약 이사를 간다면 강 근처로 이사를 가야겠다. 아름다운 곳으로……. 물론 희망 사항이기는 하다. 그렇게 아름다운 곳이라도 사람의 발길이 닿으면 금방 더럽혀지고 말 것이다.

하지만 이 아름다운 강의 모습은 다 예전의 일이다. 일 년쯤 전만 해도 이 강은 아주 아름다운 모습이었는데, 지금은 완전히 달라져 버렸다.

한 차례 소동이 일어난 후 강은 쓰레기장이 되어 버렸다. 이 강에 댐이 세워지게 되었던 것이다. 댐이 세워지면 그 주변의 환경은 망가지고 말 것이다. 자유롭게 살던 물고기와 식물들도 새로운 환경에 적응하지 못하고 죽어갈 것이다.

잡초가 너무 불쌍했다. 물고기들도 불쌍했다. 내가 그 주변에 살았다면 쓰레기도 강에서 건져내고 물고기들한테도 먹이를 주었을 텐데……. 안타까운 마음에 그런 생각이 들었다.

내가 그렇게 한다고 해서 달라질 것은 없을 것이다. 환경은 한 사람의 힘으로 지켜지는 것이 아니기 때문이다. 우리 모두의 책임과 노력이 필요한 것이다.

강에 댐이 만들어진다는 소식을 듣자 가장 분노한 것은 잡초가 아니라 환경 단체에 속한 사람들이었다.
"강을 지키자!"
"강은 우리의 젖줄이다."
"강을 죽이면 우리 인간도 살 수 없다."
그런 구호들이 하루 종일 큰 소리로 울려댔다.
"어떻게 이토록 아름다운 강을 없앤단 말입니까? 이건 우리의 유산 하나를 없애 버리는 꼴입니다."
이렇게 환경 단체에 있는 사람들이 노력한 끝에 하루아침에 강은 세상에 알려지게 되었다. 나도 기뻤다. 꼭 우리 마을이 세상에 알려진 것처럼 말이다.
텔레비전에서 예쁘게 자란 소나무들이 나오고 예쁜 꽃, 푸른 물 등이 나왔다.
내가 그렇게 위대한 일을 하기라도 한 것처럼 즐거웠다. 하지만 내 상상이 무참하게 깨져 버렸다.
사람들이 경치가 좋다며 하나둘씩 몰려 왔다. 텔레비전과 신문을 통해 아름다운 그 곳이 사람들 눈에 들켰다. 사람들은 너도나도 그 곳으로 몰려들었다.
"정말 아름다워."
"이렇게 아름다운 곳이 숨어 있었다니!"
"이 곳을 관광 단지로 꾸며야 해."
모두 한 마디씩 했다. 그 한 마디 한 마디가 잡초에

게는 큰 슬픔이 되었다.

나도 너무 슬펐다.

그리고 며칠 사이에 강은 쓰레기장이 되어 버렸다. 쓰레기는 물론이고 자동차를 강가에 바싹 대어 놓고 고기를 구워 먹는 바람에 강은 몹시 더러워졌다.

낚시꾼들 때문에 물고기들도 살 수가 없었다.

이슬처럼 반짝이는 강물은 찾아볼 수 없고 그야말로 쓰레기 천국이 되었다.

강도 물고기도 잡초도 모두모두 불쌍했다.

누가 이 울부짖음을 해결해 줄까요?

가슴이 몹시 답답했다. 강을 보호하자고 외친 사람들 때문에 오히려 강은 더 병이 들고 만 것이다.

# 수돗물을 먹고 죽은 얼룩이

|황준두|
〈하늘로 간 얼룩이〉를 읽고

우리는 매일 수돗물을 먹고 삽니다. 밥을 지을 때도 수돗물로 짓고, 야채를 씻을 때도 수돗물로 씻고 보리차도 수돗물로 끓입니다.

이 책을 보면서 저는 수돗물을 다시는 안 먹겠다고 다짐하였습니다. 왜냐면 불쌍한 얼룩이가 수돗물을 먹고서 죽었거든요.

수연이는 학교 앞에서 병아리 한 마리를 샀습니다. 그리고 이름을 얼룩이라고 지어 주었습니다. 얼룩무늬가 있는 병아리였거든요.

수연이의 사랑을 받으면서 얼룩이는 무럭무럭 자랐습니다.

그런데 어느 날이었습니다. 얼룩이가 영영 깨어나지 않았습니다. 수연이는 누가 얼룩이 죽였느냐며 울고불고 야단을 피웠습니다. 나중에는 얼룩이를 죽인 범인은 바로 자기라는 것을 알았습니다. 왜냐하면 생수가 없어서 수돗물을 먹였기 때문입니다.

"아직 병아리는 약하기 때문에 소독약이 섞인 수돗물을 먹으면 안 좋은데……."

엄마는 그렇게 말씀하셨습니다.

"약이오?"

"응, 더러운 물을 맑게 해 주는 약 말이야."

수연이는 왜 수돗물이 더러워지고 약을 뿌려야 했는지 알게 되었습니다.

"수연이가 먹지 않고 남긴 된장국도 물을 더럽히는 거야. 물을 맑게 하려면 약을 넣어야지. 그것 말고도 수연이가 함부로 쓰는 샴푸도 다 물을 더럽힌단다."

그 때에야 수연이는 결심을 합니다.

"이제부터는 국도 남기지 않고 샴푸는 조금만 쓰고,

비누도 조금만 쓸래요."

저는 부끄러운 생각이 들었습니다. 저도 얼룩이를 죽인 범인이에요. 물을 함부로 더럽힌 적이 많기 때문입니다. 앞으로는 물을 아끼고 깨끗하게 쓸래요. 그래야 우리가 깨끗한 물을 쓸 수 있으니까요.

# 불쌍한 악어 이구이구

|정태형|
〈백화점에 간 악어〉를 읽고

　등이 오돌토돌하게 생긴 이구이구는 열 살입니다. 이구이구는 강가 악어 농장에서 태어났어요. 이구이구는 농장 밖으로 나간 적이 없어요. 엄마가 누구인지도 모르고 진짜 형제도 몰라요.
　여기 악어 농장은 아주 편한 곳이에요. 언제나 먹이가 그득하고 잠도 실컷 잘 수 있어요. 하루 종일 연못가에서 빈둥빈둥 햇볕도 쬘 수 있어요. 사람들은 이구이구를 가리키며 "오! 멋진 무늬야! 근사한 가방이 되겠는걸." 하고 감탄하지요. 멍청한 이구이구는 그 말을 듣고 우쭐거립니다.
　자기가 태어난 늪이 얼마나 좋은 곳인지 이구이구는 정말 모르나 봐요. 부모님과 친구들과 함께 자유롭게 살 수 있는 늪이 더 행복한 곳이라는 걸 모르나 봐요. 할 수 없어요. 이구이구는 아주 어려서 이 곳으로 끌려왔으니까요.

이구이구는 남 모르는 소원이 하나 있어요. 어서 자라서 악어 가죽 손가방이 되는 거예요.

어느 날 이구이구는 악어 형에게 소원을 살짝 이야기했어요.

"난 어서 자라 사람들이 가지고 다니는 손가방이 되고 싶어."

그러자 형들은 이빨 사이로 웃었어요.

"난 손가방도 싫고 여기도 싫어. 너는 바깥에 사는 악어와 우리가 다르게 생긴 걸 알아?"

이구이구는 그 말을 듣고 고개를 갸우뚱했어요. 같은 악어인데 뭐가 다르담?

악어 형들은 말했어요.

"악어는 원래 주둥이를 가졌고 비늘이 뽀족하대."

원래 악어는 무섭게 생겼다고 말해 줘도 이구이구는 신경 쓰지 않습니다. 원래 멋진 주둥이를 갖고 있었지만 비좁은 데서 부대끼며 살다 보니까 머리까지 펑퍼짐하고 등 비늘도 맨들맨들해진 것을 전혀 모르거든요.

"악어 형들은 겁쟁이야."

그러던 어느 날 기회가 왔어요. 드디어 그 날이 되었지요. 이구이구의 소원을 풀 수 있는 그런 날이지요.

바보 이구이구! 뭐가 불행인지 모르는 바보! 이구이구는 커다란 주사를 맞았어요.

얼마나 지났을까? 이구이구는 시끄러운 소리에 눈을 떴어요. 이구이구는 유리 위에 놓여 있었어요. 이구이구는 깜짝 놀랐어요. 꼬리도 이빨도 기다란 주둥이도 다리도 없는 조그만 손가방이 되어 있었습니다.

이구이구는 어떤 아주머니한테 팔려 갔어요. 그 아주머니 장롱 속에는 여러 개의 손가방이 있었습니다. 모두 버림을 받은 가방들입니다.

이구이구는 아직도 자기가 왜 불행한지 모릅니다.

아주머니가 자기를 들고 외출을 하니까 그것만 좋아하지요.

이구이구는 나중에 알았어요. 악어 농장 안에서는 악어를 잘 자라게 하려고 약을 먹이고 야생 악어를 잡아다 가방으로 만든다는 것을요.

이제 이구이구는 행복하지 않아요. 나쁜 사람들이 늪에서 행복하게 사는 악어 형제들을 데려와 악어 가방을 만들어 판다는 것을 알았거든요.

이구이구가 모든 걸 깨달아서 다행이에요. 그렇지만 불행을 깨달은 이구이구는 어떻게 살아가지요?

# 지렁이는 왜 공포에 떨까?

|김선주|
〈공포에 떠는 지렁이〉를 읽고

제목이 재미있어서 읽은 책이다. 왜 지렁이가 공포에 떨까? 나는 단순히 공포물인가 하고 생각하며 책을 읽었다.

지렁이 가족이 사는 땅 속 마을은 원래 편안하고 아늑했다.

지렁이 아빠는 땅을 기름지게 하느라 바쁘고 엄마도 아기 지렁이들이 햇볕 뜨거운 곳으로 못 나가게 하느라 바쁘다.

지렁이는 인간에게 많은 도움을 준다. 땅을 기름지게 해서 꽃과 야채를 잘 자라게 해 준다. 우리는 지렁이를 보면 징그럽다고 밟아 버린다. 앞과 뒤도 없고 뱀처럼 기어가는 모습이 무섭기도 하기 때문이다. 그만큼 지렁이의 고마움을 모르기 때문이다.

지렁이 가족은 꽃들의 사랑을 듬뿍 받는다. 모두들

땅을 기름지게 해 줘서 고맙다고 말한다.
"사람들은 너희들을 징그럽게 여기지만 우리에게 너희들은 정말 생명의 은인이야."
꽃들은 지렁이 가족에게 항상 고마워했다.
그런데 어느 날부터 지렁이는 힘을 쓸 수가 없었다. 화단에는 고약한 냄새가 진동했다.
"지독한 것을 태우는 것 같아."
"아니야, 무서운 약을 뿌렸어."
꽃들은 숨을 쉴 수 없어 헉헉거린다. 벌과 나비는 일찌감치 도망쳐 버렸다.
제일 힘든 것은 지렁이 가족이었다.
자꾸만 몸이 뒤틀리고 축 늘어졌다.
"엄마 살려 줘!"
새끼 지렁이들이 비명을 질렀지만 아빠와 엄마는 아무 힘도 쓸 수가 없었다.
무슨 물인지 끈적거리고 탁한 액체가 서서히 흐르면서 새끼 지렁이 몸을 덮치고 있었다.
아, 폐수였구나, 하고 나는 깨달았다. 공장에서 흘러들어온 폐수가 평화로운 지렁이 마을을 죽음으로 몰아넣은 것이다.
"아빠! 죽기 싫어."
"여보, 우리 어떻게 해요?"

지렁이 엄마는 새끼 지렁이의 죽어 가는 모습을 보며 울부짖었다.

"꽃이 피고 식물이 자랄 수 있는 게 누구 덕인데, 우리가 땅을 기름지게 해 주지 않으면 인간들은 살 수 없는데."

지렁이 아빠의 마지막 말이 너무도 가슴 아팠다.

우리가 무심코 버린 쓰레기 하나도 환경을 오염시킨다. 지렁이 한 마리, 꽃 한 송이도 우리 인간과 똑같은 것인데, 하는 안타까운 마음으로 책을 덮었다.

# 불쌍한 숲 속의 동물들

|김은비|
〈네가 방귀 뀌었지?〉를 읽고

숲 속 나라를 누가 가 보았을까요? 새, 구름, 해, 바람은 가 보았을 거예요. 저는 엄마 따라 약수터밖에 가 보지 못했습니다.

우리 뒷산에 있는 약수에도 냄새가 납니다. 옛날에는 공장이 없었는데 공장이 생겼거든요.

"장롱을 만드는 공장 같네."

엄마도 그렇게 말하면서 냄새가 난다고 했습니다. 페인트 냄새 같았습니다. 아마 숲 속에 사는 동물들도 그런 냄새를 맡고서 서로 누가 방귀 뀌었냐고 물었을 것 같습니다.

제목이 재미있어서 읽기 시작하였습니다. 그런데 처음에는 웃겼는데 나중에는 슬펐습니다.

누가 지독한 방귀를 뀐다는 진정서가 동물 마을에 접수되었습니다. 그래서 모두 모여 누가 범인인지 가려내기로 했습니다. 그렇게 모여 있는 동안에도 냄새는 지독하게 풍깁니다.

　코끼리는 풀밖에 먹지 않기 때문에 그런 지독한 방귀는 뀌지 않는다고 했습니다. 거북은 음식을 아주 조금 먹기 때문에 방귀를 잘 뀌지 않습니다. 토끼는 몸집이 작아 그렇게 지독한 방귀를 뀔 수가 없습니다. 멧돼지는 많이 먹기는 해도 소화를 아주 잘 시키기 때문에 그런 방귀 냄새는 나지 않습니다.

　그래서 동물 가족들은 진짜 범인이 누구인가 가려내기 위해서 숲을 뒤집니다. 하지만 아무리 찾아도 범인을 찾을 수가 없습니다.

저번에 약수터에 갔다가 바위 뒤에서 몰래 오줌을 싼 적이 있어요. 너무 급했거든요. 엄마는 나무들한테 거름을 준 거라고 했지만 저는 부끄러웠어요. 나무들이 위에서 쳐다보고 있잖아요. 그래도 어쩔 수 없었어요. 아마 숲 속 동물들이 맡은 냄새는 제가 싼 오줌보다 더 지독한 냄새였을 거예요. 제가 가구 공장 앞을 지나면서 맡았던 페인트 냄새보다 더 고약했을 거예요.

동물 친구들은 범인을 찾아냈을까요? 산 아래까지 내려온 친구들은 산 아래에 커다란 몸집으로 버티고 선 범인을 발견하였습니다. 긴 연기를 내뿜으면서 요란한 소리를 내고 있었습니다. 생긴 것도 괴상해서 큰 칼로 반듯하게 몸통과 꼬리를 잘라 놓은 것 같았습니다.

그 괴물은 엉덩이가 위에 달렸는지 끊임없이 검은 연기를 위로 내뿜으며 덜커덩, 덜커덩, 요란한 소리를 냈습니다.

"어, 똥도 싸네."

동물들은 시커먼 괴물이 커다란 구멍을 통해 시커먼 물을 흘려보내고 있는 것을 보았던 것입니다. 공장 폐수인데 똥을 싼다고 생각한 것이지요.

"어이쿠 냄새야. 우리를 괴롭혔던 그 방귀 냄새가 바로 이 냄새였어."

동물들은 코를 움켜쥐고 뒤로 물러섭니다.

그 괴물을 물리치려면 많은 의논을 해야 될 것 같았습니다. 하지만 동물들이 서둘러 숲으로 돌아간 것은 다른 이유 때문이었습니다. 저 지독하게 더러운 똥을 싸며 방귀를 뀌는 놈에게 발각되기라도 하면 숨이 막혀 죽을 것만 같았기 때문입니다.

저는 앞으로 약수터에 가도 오줌을 싸지 않을 거예요. 그리고 과자 봉지도 아무 데나 버리지 않겠습니다. 그래야 숲 속의 동물 친구들이 편하게 살 수 있으니까요.

# 기운 내, 대장아!

|정현경|
〈별이 된 연어〉를 읽고

이 책을 읽으면서 마음이 많이 아팠습니다. 말 못하고 힘 없는 연어들이 새끼를 낳기 위해 고향으로 돌아가지만 그 연어들을 기다리고 있는 것은 죽음이었습니다.

인간이 얼마나 무서운지 새삼스럽게 느꼈어요. 인간만 편하면 된다는 생각이 자연을 파괴시키고 있는 것이지요. 많은 물고기와 동물과 식물이 죽어 가고 있는데 그 죽음을 아무도 책임지지 않습니다.

이 책에 나오는 대장과 신부가 될 예쁜 연이는 끝까지 연어의 책임을 다했습니다. 대장은 연어 가족들을 이끌고 알을 낳으러 가는 길이 얼마나 험할지 알고 있었어요.

굶주린 범고래, 바다사자, 해달, 물개, 물수리, 독수리, 흰색곰, 검은곰, 연어를 먹어 치우기 위해 입을 벌리고 있는 것들이 너무도 많습니다.

대장은 그런 것쯤 조금도 무섭지 않습니다. 그 정도는 얼마든지 따돌릴 자신이 있습니다. 그렇지만 대장은 모르는 것이 있었습니다. 바로 인간들입니다.

처음에 맞닥뜨린 것이 그물입니다. 수많은 연어들이 그물에 갇혀 아우성을 쳤습니다. 대장은 당혹스러움 때문에 많이 힘들었을 것입니다. 알을 낳을 수 있는 강까지 가려면 아직도 멀기만 한데…….

민물로 올라온 연어들은 곱게 단장을 합니다. 몸은 붉게, 꼬리는 초록으로, 입술은 푸른 연지를 바릅니다. 단장한 연어 떼로 강물의 빛깔은 황금색입니다. 상상해 보면 그 모습이 퍽 아름다울 것 같습니다. 하지만 이 책이 처음부터 주는 느낌은 반대였습니다. 마치 죽음을 맞기 전의 마지막 모습 같았습니다.

고향의 둥지로 갈수록 대장과 연이는 이상하다는 생각을 합니다. 물수리, 회색곰이 보이지 않습니다. 숲은 사라지고 강물도 마르고…….

과자 봉지와 깨진 유리병, 쓰레기를 담은 비닐 봉지들이 뒹굴고 있습니다. 대장이 알고 있는 고향의 모습과 너무도 다릅니다.

댐을 만나서도 대장은 포기하지 않습니다.

"어딘가 조그만 물길이라도 있을 거야. 용감한 대장 가문의 후예답게 굴어야 해. 할 수 있어. 해 내고 말 거야."

대장의 절규가 제 귀를 울리는 것 같았습니다. 하지만 그 많은 꼭대기까지 오염된 강물은 결국 지친 연어들의 꿈을 삼켜 버립니다. 지금도 제 눈앞에는 더러운 강물 속 돌부리 틈에 연어들이 지느러미를 늘어뜨리며 이리저리 떠다니는 모습이 보이는 것 같습니다. 까마득하게 따라오던 친구들의 모습이 하나 둘 사라질 때마다 대장과 연이의 심정이 어땠을지 정말 가슴이 아팠습니다.

고향을 잃어버린 연어들을 구해 줄 수 있는 방법이 무엇일까요? 아무리 질문을 해 봐도 가슴만 답답합니다.

# 환경이 오염되고 있어요

|김나진|
〈하느님, 지구에 119를 보내 주세요〉를 읽고

 학교 방학 숙제로 환경 책을 읽고 독후감을 썼어요
 엄마께서는 제가 책을 안 읽는다고 만화책이라도 보라고 하시면서 매일 잔소리를 하지요. 그러면서 서점으로 데려가셨습니다.
 저는 읽기도 싫고 사기도 싫었기 때문에 입을 내밀고 얼굴만 찌푸리고 있었어요. "엄마, 안 산다니까." 하고 짜증을 냈어요. 그러면서 다른 책만 뒤적였어요. 제가 다른 책을 고르는 사이에 엄마는 결국 〈하느님, 지구에 119를 보내 주세요〉라는 책을 사 버렸어요. 그러니까 제가 사고 싶은 책은 아니었지요.
 할 수 없이 저는 그 환경 책을 읽을 수밖에 없었어요. 그러나 책을 펴니 생각이 바뀌었어요. 〈환경이 오염되고 있네!〉라는 제목의 이 책을 읽는 동안 왜 환경 문제가 심각한지 느꼈거든요. 나중에는 저 혼자서라도 꼭 환경을 지키고 싶다는 생각을 했어요. 저처럼 우리 모두가 환경을 지키겠다고 결심하면 병든 지구가 조금이라도 살아나겠죠.

책 한 쪽 한 쪽을 펼 때마다 저는 지구가 더더욱 불쌍하다는 생각이 들었어요. 성한 곳이 없을 정도로 지구는 망가져 있었거든요. 내용은 이랬어요.

하늘 나라에 사는 하느님은 곳곳마다 환경을 지키는 지킴이를 놔 두었어요. 그 지킴이들은 새들이지요. 하느님은 그 지킴이들에게 전화를 걸기도 했어요. 지킴이들은 열심히 하느님에게 전화를 걸어 환경 보고를 하였지요. 새들은 높이 날 수 있고 때로는 땅에 내려앉을 수도 있기 때문에 뭐든지 자세히 관찰할 수 있었을 겁니다.

그런데 어느 날부터 환경 지킴이들의 전화가 없는 거예요. 왜 전화가 없을까. 무슨 일이 생겼을까. 하느님은 걱정이 많았겠지요. 그래서 새들에게로 전화를 걸었습니다.

환경 지킴이 '1'이 하느님의 전화를 받았어요.

환경 지킴이 '1'의 목소리는 맥이 빠져 있었어요.

"여보세요. 환경 지킴이 '1'이지?"

"네. 하느님이세요?"

"어, 나야 하느님. 그런데 왜 이렇게 맥 빠진 목소리야?"

"말도 못할 정도예요. 사람들이 바닷가에 놀러 왔다가 어찌나 바다에 쓰레기를 버리는지…… 냄새가 나서 환경을 지키기 어려울 정도예요."

"쯧쯧……."

하느님은 이야기를 듣고 혀를 끌끌 찼습니다. 혹시 그 바닷가 쓰레기 중에 제가 버린 쓰레기는 없었을까 생각해 보았어요. 우리 집 앞에 쓰레기를 버렸다고 해도 그 쓰레기는 얼마든지 그 멀리까지 갈 수 있으니까요.

"이만, 끊겠네. 언젠가는 환경도 다시 돌아오겠지. 수고하게."

하느님은 안타까운 표정으로 구름 위에 앉으셨어요. 아마 그 구름도 온전하지 못한 것 같았습니다. 하늘도 무사하지 못하니까요. 자동차 매연, 공장 매연 등등 하늘을 오염시킨 물질이 너무 많잖아요.

저는 환경 지킴이 '1'이 끝까지 환경을 지키기를 바라며 다음 페이지를 폈습니다.

조금 뒤 하느님은 또 전화기를 들고 숫자 버튼을 꾹꾹 누르셨어요.

"따르르릉."

전화 신호는 곧 환경 지킴이 '2'에게 울렸습니다.

"여보세요? 환경 지킴이 '2'지?"

"네, 그런데 누구세요? 아하 하느님, 안녕하셨어요?"

"자네가 맡은 지역 환경은 어떤가?"

"말로 설명할 수가 없어요. 사람들이 산에다가 종이, 신문지, 잡지 등을 모두 모아 불에 태워 버렸어요. 그래서 지금도 산에 불이 나 있어요. 그리고 한 가지 더 있어요. 사람들이 산에 음식 찌꺼기와 쓰레기를 버리고 가서 제가 이렇게 코를 잡고 이야기하잖아요."

"자네도 환경 지킴이 '1'처럼 맡은 지역이 말이 아니네. 어쨌든 수고해, 자연이 다시 회복되겠지 뭐."

하느님께서는 이 말을 남기고 전화를 끊습니다. 다른 환경 지킴이들의 전화도 마찬가지이겠지요. 바다, 산, 도시, 농촌 모두 병이 들어 있으니까요. 하다못해 하늘까지 병이 들어 있는데 어디인들 건강하겠습니까?

환경 지킴이들은 그래도 지구를 포기하지 않습니다. 하느님의 지시를 받으며 열심히 환경을 지킵니다.

만약 그 지킴이들이 환경을 포기한다면 이 세상의 모든 생물은 죽을 수밖에 없습니다. 그러니까 지독한 냄새도 견디면서 쓰레기, 매연과 싸우지요. 그 다음은 어떻게 됐냐구요? 당연히 지킴이들의 피나는 노력으로 환경은 어느 정도 지켜집니다.

그 지킴이는 누구일까요? 새들은 힘이 없습니다. 오

히려 이로운 일을 해 놓고서도 인간들이 저질러 놓은 오염에 피해를 입고 죽어 가지요. 그 지킴이는 바로 우리 자신들이 되어야 할 것입니다. 그래서 이 지구를 지키는 것이지요.

저는 그 환경 지킴이들이 환경을 지키는 모습을 보고 감탄했어요. 이제부터는 저부터라도 환경 지킴이가 되어 환경을 지킬 거예요. 쓰레기 하나라도 함부로 안 버리고 비누, 샴푸 같은 것도 줄여 쓰다 보면 병든 지구가 조금이라도 숨을 쉬겠지요.

# 오염된 물

|김정아|
〈토돌이네 가족〉을 읽고

　누구나 아주 쉽게 쓰레기를 버립니다. 누가 보면 안 버리는 척하지만 안 볼 때는 얼른 버립니다. 사람들은 산이나 강으로 소풍을 갈 때, 약수를 뜨러 갈 때도 쓰레기를 잘 버리지요. 그래서 토돌이가 사는 마을도 병이 들고 말았습니다.
　토돌이네 집은 깊은 산골짜기에 있지요. 깊은 산골짜기라 조용하기만 합니다. 맑은 물이 졸졸 흐르며 노래를 하는 곳입니다.
　야, 정말 좋겠어요. 맑은 물이 졸졸 흐르며 노래하는 곳이면 얼마나 아름답겠어요?
　그렇지만 그 곳도 많이 오염이 되었습니다. 간혹 지독한 냄새도 풍겨오고 사람들이 찾아와 하루 종일 떠들며 놀기도 했습니다
　언제부턴가 하늘이 조금씩 흐려지더니 물도 점점 흐

려져 갔습니다.

그래도 다른 곳에 비하면 깨끗한 편이지요. 그래서 토돌이 가족은 이사도 안 가고 이 곳을 지키며 살고 있었던 것입니다.

그 날도 토돌이와 토순이는 오동나무 옆에서 칡넝쿨로 그네를 타며 놀았어요. 그림자 찍기도 하면서 즐겁게 놀았지요.

"야, 내가 재미있고 신나는 곳을 알고 있는데 같이 가자."

"어딘데?"

"가 보면 알아."

둘은 빠르게 언덕을 뛰어내려갔습니다.

"야, 어디 가니?"

다른 친구들이 둘을 불렀습니다.

"응, 아주 좋은 곳에 가. 너희들도 따라 와."

토돌이 말에 친구들이 모두 몰려 왔습니다. 여러 친구들이 도착한 곳은 작은 연못 수영장이었습니다.

"어때, 괜찮지?"

"정말 멋있다! 이렇게 멋진 곳이 여기 있는지 정말 몰랐어. 우리 매일 여기 와서 놀자."

"그래, 누가 이기나 시합하자."

그 말이 끝나기 무섭게 모두 풍덩 물 속으로 들어갔

습니다.

"야, 이 정도로 놀라면 안 되지. 더 멋진 놀이를 하자."

토순이와 친구들은 다시 벼랑 쪽으로 달려갔습니다. 그 곳에는 정말 커다란 물 미끄럼틀이 있었습니다.

"멋있지? 우리 아빠가 만드신 거야."

친구들은 그 놀이터에서 해지는 줄 모르고 놀았습니다. 배고픈 줄도 몰랐습니다.

어느새 시간이 지나 하늘이 검게 물들었습니다.

친구들은 내일 다시 만나 놀자고 약속하고 헤어졌습니다.

그런데 이상한 일이 벌어졌습니다. 밤이 되자 토돌이 몸에 이상한 두드러기가 생기기 시작하는 것이었어요. 그리고 굉장히 가려웠습니다.

너무 가려워 긁다 보니 피가 났습니다. 토돌이는 무서워서 으앙! 하고 울어 버렸습니다. 그 소리에 엄마가 놀라 깨어났습니다.

"너 저 아래 물가에서 놀았구나?"

엄마는 놀라서 날이 밝자 토돌이를 데리고 여우 할아버지 병원을 찾아갔습니다.

"이런, 피부병이 생겼구나. 어쩌다 이렇게 됐냐?"

"아래 물에서 놀았나 봅니다."

"그 물은 썩어서 새들도 가까이 가지 않는단다."
"물이 왜 썩었어요?"
"사람들이 함부로 쓰레기를 버리고 음식 찌꺼기를 버린 물이 흘러 내려와서 그래."
여우 선생님은 토돌이를 치료하며 다시는 그 곳에 가지 말라고 당부하셨습니다. 다행히 약을 바르고 주사를 맞고 나니까 가려움증이 사라졌습니다.

그런데 밖에서 요란한 울음소리가 들려왔습니다. 밖을 내다보니 글쎄 이게 웬일입니까? 어제 같이 놀았던 친구들이 병원 문을 들어서는 것이 아니겠어요?

토순이는 너무 부어서 얼굴을 알아볼 수가 없을 지경이었습니다.

"큰일났구나. 썩은 물이 점점 산 위로 올라오니, 우리도 다른 곳으로 이사를 가야 할지도 모르겠다."

병원을 나오면서 엄마는 그렇게 말씀하셨습니다.

사람들이 쓰레기만 안 버렸으면 이런 일은 없었을 텐데. 다음부터 저는 쓰레기를 줍는 착한 어린이가 되어야겠다는 생각이 저절로 들었습니다. 지구를 더럽히고 병들게 하는 것은 사람들입니다. 그리고 가장 큰 피해를 입는 것은 새, 동물 가족입니다. 하지만 더 큰 피해는 바로 사람들이 보는 것이지요. 땅이 오염되면 먹을 수 있는 것이 한 가지도 없게 되니까요.

# 건전지를 버리지 말자

|김은주|
〈건전지 때문이야〉를 읽고

　학교에서 환경을 보호하자는 내용을 많이 공부합니다. 그렇지만 어떻게 환경을 보호할 수 있는지 잘 모르겠습니다. 고작 공원이나 길거리를 다니면서 휴지를 줍는 것이 환경을 보호하는 일은 아닐 것입니다. 그리고 길거리에 쓰레기를 버리지 말자, 물을 더럽히지 말자, 하는 것들이 정말 환경과 관련이 있는 것인지 그것도 잘 모르겠습니다. 그만큼 배우는 것과 행동으로 옮기는 것이 많은 차이를 갖고 있기 때문입니다.

　이 책은 건전지 때문에 화단의 꽃이며 곤충들이 죽어 간다는 간단한 환경 동화였습니다. 하지만 우리 주변에서 얼마든지 있을 수 있는 이야기여서 쉽게 이해할 수 있었습니다.

　저도 건전지를 많이 쓰는 편입니다. 게임기, 로봇, 라디오 모두 건전지를 사용합니다. 그렇지만 다 쓴 건전지는 항상 쓰레기통이나 마당에 쉽게 버려집니다. 그 건전지가 환경을 얼마나 오염시키는지 전혀 몰랐기 때문입니다.

　숲 속 깊은 곳에 토끼 나라가 있었습니다. 아기 토끼들은 들판에 나가 노는 것이 너무도 즐겁습니다. 그 날도 토끼는 밖에 나가서 놀았습니다. 그런데 배가 고파서 풀을 뜯어먹었습니다.

　다음날 토끼는 끙끙 소리를 내며 앓아야 했습니다.

그래서 의사 선생님이 찾아왔습니다. 의사 선생님은 어제 무엇을 먹었느냐고 물어 보셨습니다. 그래서 토끼는 사실대로 풀을 뜯어먹었다고 대답하였습니다.

의사 선생님은 토끼가 풀을 먹었다는 곳을 찾아가 땅을 파헤쳐 보았습니다. 심하게 악취가 풍기고 여기저기 건전지가 버려져 있었습니다.

건전지 속에는 화학 물질이 들어 있어서 그 물질이 흙 속으로 스며들었다가 비와 함께 섞이면 그 성분이 뿌리를 타고 풀잎까지 번지게 된다는 것입니다. 그리고 그 풀은 우리의 몸 속으로 들어오게 되어 있다고 했습니다. 그러니까 토끼가 먹었던 풀을 우리 인간도 얼마든지 먹을 수 있는 것입니다.

아기 토끼는 죽을 지경으로 끙끙 앓았습니다. 엄마, 아빠 토끼는 더 이상 이 곳에 살 수 없다는 것을 깨달았습니다.

그래서 이사를 가기로 하였습니다. 이사를 가던 날 아빠 토끼는 알림판 하나를 써서 꽂아 놓았습니다.

"이 들판의 풀은 먹지 못합니다. 중금속과 화학 약품으로 오염되어 먹을 경우 심한 두통과 구토를 일으키게 됩니다."

얼마나 슬펐을까요? 정들어 살던 곳을 떠나면서 또 누군가 그 곳에서 병을 얻을까봐 염려되어 그런 알림

판을 꽂아 놓을 때의 토끼 가족의 마음은 너무도 아팠을 것입니다.

하지만 더 자세히 생각해 보면 그 알림판은 바로 우리 인간들에게 하는 말이었습니다. 환경이 얼마나 소중한지 전혀 모르고 사는 인간들에게 말이에요.

# 거북의 알을 돌려주세요

|김지민|
〈거북이 줄고 있어요〉를 읽고

　환경에 대한 걱정을 많이 합니다. 기온이 점점 올라가고 폭설이 쏟아지고 폭우가 쏟아지고 바닷물의 온도가 올라가고……
　모두 환경에 대한 염려들입니다. 그렇지만 염려를 하고 있을 뿐 어떤 대책을 마련하는 경우는 드문 편입니다.
　저번에 이런 글을 읽었습니다.
　"인도의 전 국민이 문맹에서 깨어난다면 인도의 모든 산림은 사라지고 말 것이다."
　그 말의 뜻을 다 이해할 수는 없지만 입으로만 환경을 외치면 지식이 많아도 소용없다는 뜻인 것 같았습니다.
　〈거북이 줄고 있어요〉
　이 동화는 〈고질라 형제가 피난을 가요〉의 한 부분입

니다.

 외딴 섬 바닷가에서 하늘 높이 물새들이 날고 바다 기슭에 다다른 거인 파도는 제비갈매기를 놀리기라도 하듯 새하얀 거품을 일으키며 모래 속으로 숨는 곳, 참으로 평화로운 곳입니다.

 그렇지만 모두 평화로운 것만은 아니었습니다. 거북이 보트에 다리를 다쳐 절뚝거렸습니다.

 거북은 알을 낳기 위해 먼 바다에서 여기까지 헤엄쳐 왔습니다.

 거북은 따뜻한 모래 언덕에서 정성껏 구덩이를 팠습니다. 알을 낳기 위해서입니다. 하나, 둘, 셋, …… 스물…….

 바다거북은 수도 없이 많은 알을 낳고는 푹 주저앉습니다. 그러나 다시 용기를 내어 둥지를 덮습니다. 어디선가 굶주린 제비갈매기들이 알을 노리고 있을지도 모르니까요.

 거북은 알이 무사히 깨어나길 기도하며 다시 바다로 나갑니다. 엄마도, 엄마의 할머니도 그랬으니까요.

 엄마 거북의 소원대로 아기 거북들은 건강하게 알에서 깨어났습니다. 막둥이 아기 거북도 깨어났습니다.

 세상에 태어난 막둥이는 온갖 신기한 물고기가 사는 바다 속 구경을 즐겼습니다. 바다와 육지를 오고 가면서 수없이 많은 것들을 구경하기도 했습니다.

그러던 어느 날 막둥이와 거북들은 바닷가를 더듬어 고향으로 떠날 준비를 했습니다. 자기가 태어난 바닷가로 돌아가 예쁜 둥지를 만들기 위해서이지요.

"사람들이 바다거북을 보이는 대로 잡아 간대. 알도 훔쳐 가고."

그 말을 들으면서도 막둥이는 믿지 않았습니다. 사람들은 왜 거북의 알이 필요한 걸까, 이해할 수가 없었습니다.

그물에 갇혔다가 간신히 빠져 나오기도 했습니다. 심한 비를 만나기도 했습니다. 하지만 막둥이의 고생은 끝이 없었습니다.

막둥이가 그물에 다시 갇히고 만 것입니다. 그물을 던진 사람들은 신이 났을 겁니다. 큰 푸른 거북 한 마리를 잡았으니까요. 그러나 막둥이는 발버둥을 치며 울부짖었습니다.

"살려 주세요. 알을 낳으러 가야 돼요. 제발 살려 주세요."

"내 알을 지켜 주세요."

막둥이는 하늘에 대고 빌었지만 소용이 없었습니다. 사람들은 쓱쓱 막둥이의 배를 갈랐습니다. 그리고 뱃속에서 알을 꺼내고 막둥이를 바다 속으로 풍덩 던져

버렸습니다.

바다에는 찢겨 버린 막둥이의 몸뚱이만 작은 점처럼 이리저리 떠밀립니다.

끝까지 읽는 동안 저는 가슴이 너무 아팠습니다. 제발 알을 돌려 달라고 애원하는 막둥이의 간절한 음성이 들리는 것만 같았습니다.

환경은 곧 인간의 울타리라고 합니다. 내 울타리를 조금씩 망가뜨리면 결국 피해를 보는 것은 우리 인간입니다.

# 불쌍한 코주부 선생

|윤하늘|
〈코주부 선생과 거짓말쟁이〉를 읽고

저는 동화책을 읽을 때 제목을 보고 골라서 읽습니다. 엄마가 아무리 재미있다고 읽어 보라고 해도 제목이 재미가 없어 보이면 읽기가 싫어집니다. 그래서 그런지 우리 집 책꽂이에는 재미있는 제목의 책들이 많이 있습니다. 그 중에 〈코주부 선생과 거짓말쟁이〉가 제일 재미있는 책입니다.

어느 날이었습니다. 마음씨 착한 코주부 선생의 집에 불쌍한 나그네 한 명이 찾아왔습니다. 코주부 선생은 이 불쌍한 나그네를 따뜻한 집으로 들어오게 해 주었습니다.

그런데 문제가 생겼습니다. 잠시 후, 나그네는 자기 가족을 데려오고 가족들의 가족까지 데려오는 것이었습니다. 그러고는 연못에 있는 물고기까지 잡아먹었습니다. 하지만 코주부 선생은 마음씨가 착해서 아무 말도 하지 못했습니다.

  나그네는 정말 나쁜 사람입니다. 어떻게 코주부 선생의 은혜도 모르고 그렇게 함부로 할 수 있는지 이해할 수가 없습니다. 코주부 선생이 착하다고 해서 그런 성격을 이용하면 안 되는 것인데 말입니다.

  나그네의 행동은 갈수록 심해졌습니다. 자기 마음대로 나무를 베고 꽃을 꺾었습니다. 코주부 선생은 마음이 아팠습니다. 하지만 거기까지는 잘 참았습니다. 그러나 코주부 선생은 더 이상 참을 수가 없었습니다. 나그네가 코주부 선생이 가장 아끼는 유칼리나무까지 베어 버린 것입니다.

  코주부 선생은 너무 화가 났지만, 그래도 침착한 목소리로 나그네에게 제발 그러지 말라고 말했습니다. 그러나 나그네는 그런 코주부 선생을 잡아먹었습니다.

  저는 정말 나쁜 나그네에게 화가 납니다. 그렇게 잘해 준 코주부 선생을 죽이고는 이제 '이 기름진 땅을 우리가 차지했다'며 소리를 지르다니……. 어떻게 며칠만 있겠다고 한 사람들이 한 달이 넘게 있으면서 농사를 짓겠다고 코주부 선생에게 화까지 냈는지, 그러고는 결국 죽이고 말았는지, 너무 나쁜 사람입니다. 코주부 선생이 마음씨가 착해서 참았을 텐데 그것도 모르고 자기가 세상의 주인이라도 된 것처럼 큰소리를 치다니……. 나중에 나그네는 자기보다 더 나쁜 사람한테 혼이 좀 나 봐야 합니다.

전에 이것과 비슷한 내용을 읽은 적이 있습니다. 비 오는 날 뱀이 고슴도치를 집 안에 들어오게 해 주었더니 고슴도치가 뱀에게 나가라고 한 그런 이야기였습니다. 저는 이해할 수 없는 일이지만 그런 일들이 있기는 있나 봅니다.

이 세상에는 은혜를 원수로 갚는 사람이 많습니다. 코주부 선생은 코알라였습니다. 그래서 유칼리나무가 없으면 죽고 맙니다. 만약에 나그네가 고맙다면서 다른 것은 몰라도 유칼리나무만이라도 제 자리에 놔두었더라면 코주부 선생이 죽는 일은 없었을 것입니다. 코주부 선생이 나그네한테 바란 것은 그것 하나밖에 없었으니까요.

제가 나그네라면 아마 코주부 선생의 땅에 더욱더 많은 유칼리나무를 심었을 것입니다. 그것이 갈 데 없는 자기와 가족들을 머물게 해 준 고마운 코주부 선생에게 은혜를 갚는 일이 될 테니까요.

# 우리 토종 개구리의 위험

| 윤수정 |
〈개구리 마을에 무슨 일이 생겼대?〉를 읽고

   방학 숙제로 독후감 쓰기가 5편이나 되었다. 뭘 쓸까, 정말 고민이 되었다. 선생님께서 환경 독후감을 써보는 것이 어떻겠느냐고 하셔서 쉽게 결정할 수 있었다. 〈개구리 마을에 무슨 일이 생겼대?〉라는 제목의 책을 골랐다.
   우리들은 환경에 대해서 생각해 본 적이 별로 없다. 텔레비전이나 신문에서 환경에 대한 중요성을 주장하는 내용을 봐도 내 일이 아닌 것처럼 생각한다. 나는 이 책을 읽고 나서 지금 우리 토종 개구리들이 얼마나 심각한 상황에 빠져 있는지를 비로소 깨닫게 되었다.
   지금 개구리 마을은 위험에 빠져 있다. 서양에서 온 황소개구리들이 개구리, 참개구리들을 한 마리씩 한 마리씩 잡아먹고 있기 때문이다.
   그 이유는 사람들이 황소개구리가 몸에 좋다고 마구

잡이로 사들여 왔는데 잘 팔리지 않자 참개구리들이 사는 늪이나 연못에 풀어 놨기 때문이다. 모두 일본, 미국에서 수입해 온 개구리들이었다. 그래서 황소개구리들이 우리 나라 토종 개구리들을 다 잡아먹고 늪의 생태계를 어지럽히고 있는 것이다.

나는 이렇게까지 환경이 파괴되었다는 사실에 충격을 받았다. 황소개구리는 뭐든지 닥치는 대로 먹어치운다. 잠자리, 달팽이, 새우, 거미, 지네, 물고기, 두꺼비, 물뱀, 살모사까지 한 입에 꿀꺽 삼킨다. 더 무서운 것은 자기네 황소개구리 알까지 먹어치운다는 것이다. 생각만 해도 끔찍스러운 황소개구리였다.

하지만 이 책의 황소개구리들은 할 말이 많다. 산 넘고 물 건너 자기들을 데리고 온 것은 사람들이고, 자기들을 팔아 돈 벌려고 한 것도 사람들이다. 그러다가 잘 안 팔리니까 강과 호수에 아무렇게나 내다 버린 사람들이 나쁘지 자기들은 힘 센 죄밖에 없다고 항변하였다. 듣고 보니 황소개구리들 잘못이 아니었다. 사람들 잘못이 컸다.

이제 황소개구리를 잡아먹을 천적은 사라지고 없다. 사람들이 늪을 메워 논을 만든다고 공사를 시작하고부터 때까치, 족제비도 사라졌기 때문이다.

이 책에 나오는 개구리 대장은 죽고 말았다. 황소개

구리와 맞서 열심히 싸웠지만 힘이 약해서 죽고 만 것이다.

그 뒤 개구리 마을은 어떻게 됐을까? 늪은 황소개구리들이 다 차지하고, 풀이나 꽃은 다 사라지고, 철새들도 오지 않았다.

모두 환경을 사랑하는 마음을 가졌으면 좋겠다는 생각을 간절하게 하였다. 황소개구리를 없앨 수 있는 방법도 빨리 찾았으면 좋겠다. 그래야 우리의 토종 개구리들이 개구리 마을로 돌아올 수 있을 것이다.

# 갯벌 친구들의 고통

|장은애|
〈꽃게 아줌마의 한숨〉을 읽고

간척 사업으로 자연이 파괴되는 동화를 읽었다. 〈꽃게 아줌마의 한숨〉이었다.

나라 일을 하는 높으신 어르신네가 바닷가로 이사를 와서 갯벌을 메운다는 소문이 나돌았다. 이 소문은 갯벌에서 일하는 아줌마들의 입을 통해 세발낙지에게로 전해져 곧 갯벌의 가족들도 모두 알게 되었다.

이 소문 때문에 바지락네와 세발낙지 가족, 소라 부부 모두 걱정이 태산이었다. 갯벌이 사라지면 모두들 갈 곳을 잃게 된다. 그것은 마치 우리 사람들의 살 집이 사라지는 것과 같다. 물도 못 먹고, 숨도 쉴 수 없게 되면 더 이상 살 수 없으니까 떠날 수밖에 없다.

갯벌의 가족들은 아주 막막하고 슬픈 여름을 맞이해야 했다. 갯벌 친구들이 너무도 불쌍하였다. 아무도 도와 줄 수 없기 때문이다.

누군가가 어르신네에게 가서 갯벌을 망치지 말아 달라고 부탁해야만 했다. 하지만 돈에 눈이 어두운 인간들이 바다 가족들의 불행을 알아주기나 할까?

어느 날 새벽, 꽃게 아줌마는 발가락 끝에 힘을 주고 갯벌 위로 얼굴을 내밀었다. 아가들의 미래를 위해서 꽃게 아줌마는 용기를 냈던 것이다. 인간도 못하는 일을 꽃게 아줌마가 하겠다고 나선 것이다. 어쩌면 인간이 안 하니까 꽃게 아줌마가 나섰는지도 모른다.

갯벌을 빠져 나오자 참새 한 마리가 길가에 앉아 있었다.

"아니, 꽃게 아줌마 아니세요? 무슨 일로 이 곳까지 나오셨어요?"

"높으신 어르신네를 찾아가는 길이야. 혹시 집을 아냐?"

꽃게 아줌마가 물었다. 정말 용감한 아줌마다. 참새는 그 집을 잘 안다며 데려다 주었다.

참 부끄럽다는 생각이 들었다. 인간은 자연을 파괴할 줄만 알았지 어떻게 보살펴야 되는지는 모른다. 결국 그 피해는 인간에게 돌아오는데도 말이다.

꽃게 아줌마는 어르신네에게 사정을 말하고 간척 사업을 하지 말아 달라고 부탁했다. 하지만 어림없는 일이었다. 화가 난 꽃게 아줌마는 어르신네의 발을 꽉 물었다. 그러자 화가 난 어르신네는 꽃게를 발로 힘껏 걷어차고 말았다.

꽃게 아줌마는 최선을 다했지만 뜻은 이룰 수 없었다. 마치 나라 걱정하는 애국자 같았다.

한 달 후, 바닷가 마을에는 덤프 트럭이 나타나고 수많은 사람들이 몰려들었다.

그것 때문에 갯벌에 살던 식구들은 깔려 죽고, 흙더미에 묻혀 죽고 말았다. 더러는 갯벌을 떠나 바다로 들어가기도 하였다. 꽃게 아줌마도 아기들을 데리고 바다로 사라졌다.

간척 사업은 끊임없이 계속되었다. 일곱 번째 여름이 다시 찾아왔다. 대 간척 사업은 끝을 맺었다. 얼마나 환경이 파괴되었을까, 눈앞이 깜깜했다.

그런 어느 날, 어르신네의 식탁에 새우 요리가 올라왔다. 어르신은 그 새우 요리를 맛있게 먹었다.

그리고 몇 시간 후, 대머리 어르신은 병원으로 실려 갔다. 병든 새우를 먹고 탈이 난 것이다.

그 대머리 어르신은 바로 우리 인간들이다. 갯벌을 없앤 사람들을 향한 갯벌 가족의 소리 없는 복수가 시작된 것인지도 모른다.

# 무사히 살아난 수달들

|김보라|
〈나산강의 물귀신 소동〉을 읽고

처음에는 귀신 이야기인 줄 알았습니다. 저는 귀신 이야기가 재미있거든요. 제 친구들은 귀신이 나오는 영화는 무서워서 못 본다고 하지만 저는 안 그래요. 그런 영화가 나오면 이불을 뒤집어쓰고서라도 꼭 봅니다.

여기에 나오는 나산강 물귀신은 할아버지였어요. 할아버지는 나산강에 사는 수달들을 살리기 위해 생물 선생님이 몰래 쳐 놓은 그물을 잘라 버렸던 것이지요.

그리고 물귀신이 또 있어요. 엄마가 말한 그 물귀신은 바로 수달이었던 것이지요.

"물족제비라고 부르기도 하는데 그 놈은 물 위에 떠 있다가 사람이 나타나면 얼른 물 속으로 숨어 버린단다. 도망칠 때는 코만 내놓고 물살을 가르지. 털도 머리카락처럼 까만 색에 가까우니까 사람들이 물귀신이라고 착각할 수도 있단다."

할아버지가 모든 궁금증을 해결해 주었습니다.

사람들은 정말 나빠요. 몸에 좋다고 하면 무엇이든 잡아먹으니까요. 생물 선생님, 경찰 아저씨까지 수달을 잡기 위해 나쁜 짓을 다 했습니다. 그물을 쳐 놓고서는 고기를 잡기 위해서라고 거짓말을 했습니다.

잡힌 수달의 꼬리를 잡고 자랑스럽게 떠벌리던 생물 선생님의 모습은 평생 동안 못 잊을 겁니다. 그렇게 잡힌 수달은 송아지 한 마리 값에 팔렸습니다.

수달을 잡으면 법에 걸리니까 고기를 잡기 위해 그물을 쳐 두었는데 수달이 잡혔다고 거짓말을 하기도 했습니다.

그래서 누군가 그물을 찢기 시작했던 것입니다. 할아버지는 이렇게 말씀하십니다.

"동물의 자유를 알아야 사람도 자유로워지는 법이다. 자기가 가지려고 하면 안 돼. 욕심을 버려야지. 꽃도 그렇단다. 욕심을 버리면 들이나 산에 핀 꽃들이 더 보기 좋아. 하지만 욕심을 가지면 꼭 집 안에 두고 보아야 예뻐 보이거든. 그게 사람의 마음이야."

저는 부끄러운 생각이 들었습니다. 지난봄에 우리 학교 울타리에 개나리가 예쁘게 피었습니다. 너무 예뻐서 그 꽃을 꺾어다 화분에 꽂았습니다. 그 울타리에서 사는 개나리는 오랫동안 꽃을 피웠는데 우리 집 화병에 꽂힌 꽃은 두 밤도 못 자고 져 버렸습니다.

할아버지는 수달 가족이 무사한 것을 몹시 기뻐하셨습니다. 그렇지만 그 수달이 살던 강은 사라지고 말았습니다. 제방 공사로 조개들도 사라지고 강물도 더러워졌습니다. 이제는 물귀신 소동도 일어나지 않습니다. 왜냐하면 수달이 사라지고 없으니까요.

사라진 수달들에게 몹시 미안했습니다. 자식을 보호하기 위해서 어미 수달은 그물에 잡힐 때 상처를 입고서도 다시 건강해지려고 노력했는데.

저는 환경을 왜 지켜야 되는지 잘 모릅니다. 그렇지만 가엾은 동물들이 자유롭게 살 수 있는 나라가 되었으면 좋겠습니다.

# 원숭이는 어디로 가죠?

|박영찬|
〈달나라로 떠난 원숭이들〉을 읽고

　원숭이들이 불쌍해졌습니다. 사람들이 자꾸 산에 불을 질러서 갈 곳이 없어졌거든요. 사람들은 집을 짓고 논밭을 만들기 위해 산을 불지르고 강을 없앱니다.
　"이제 갈 데가 없어. 우리는 아주 깊은 산 속까지 도망쳐 왔는걸. 이제는 더 나가면 절벽이야."
　원숭이 나라의 원숭이 친구들이 이렇게 말했을 때 정말 미안했습니다. 저는 산에 불지른 적은 없지만 산에 올라가 나무도 꺾고 꽃도 꺾고 곤충도 죽인 일이 있거든요. 그런 작은 방해도 산 속에 사는 친구들에게는 큰 피해가 될 수 있다는 걸 생각 못했거든요.
　"우리 조상들이 살았던 곳으로 다시 돌아가는 거야. 할아버지들이 이 곳에 왔을 때처럼 우리도 나뭇가지를 타고 바다를 건너가면 되잖아."
　둥근꼬리원숭이의 말에도 모두 시무룩해 할 뿐입니다.

"그 곳엔 사자나 호랑이들이 우글거린다고 했어. 그 곳에 갔다가는 우린 꼼짝없이 잡아먹히고 말 거야."

새앙쥐원숭이가 말하자 모두들 더 슬픈 표정이 됩니다.

이제 원숭이들은 갈 데가 없습니다. 이 곳에 있다가 사람들이 불을 지르며 다가와도 꼼짝없이 죽어야 합니다.

회의를 하는 동안에도 사람들의 목소리가 점점 다가오고 있습니다.

저는 나이 많은 황금남부원숭이가 한 말이 너무 가슴 아팠습니다.

"오래 전 큰 홍수가 났을 때였어. 엄마를 잃은 아기 밤부원숭이가 절벽 위에 올라갔지. 그 곳에서 아기 원숭이는 먹지도 자지도 않고 밤마다 울었단다. 아기 원숭이는 두 번 다시 내려오지 않았어. 하지만 달님이 내려와 가엾은 아기 원숭이를 데려갔단다."

그 말을 들으면서 원숭이들이 무슨 생각을 했을까요? 이제 더 이상은 지구에서 살 수 없다는 슬픔 때문에 눈물을 흘렸을 것 같아요.

"달님이 우리도 데려가 줄까?"

이렇게 묻는 새앙쥐원숭이의 말이 지금도 귀에 남아 있습니다. 원숭이 나라를 침략한 것은 호랑이나 사자가 아니었습니다. 인간들이었습니다.

갑자기 무서운 생각이 들었습니다. 만약에 화가 난 동물들이 힘을 합쳐 인간 세상을 쳐들어온다면 어떻게 될까요? 이제는 더 참을 수 없다고 쳐들어오면 아마도 많은 사람들이 죽을지도 몰라요.

# 제비야 미안하다

| 김재철 |
〈내가 원하는 한국〉을 읽고

이 책을 읽으면서 많은 생각을 하게 되었습니다. 그리고 우리 나라가 물이 부족한 나라라는 것도 알게 되었습니다. 우리는 수도꼭지만 틀면 물이 펑펑 쏟아진다고 믿고 있는데 사실은 그게 아니었습니다. 나만 편하면 되니까 남은 물이 부족한 줄도 몰랐던 것입니다.

제비는 철새입니다. 이 책은 우리 나라를 떠났다가 봄이 되어 다시 찾아온 제비들의 슬픈 이야기입니다. 처음에 우리 나라에 도착한 제비들은 깜짝 놀랍니다.

"아니, 우리가 잘못 찾아온 거 아냐?"

왜 그런 생각을 했을까요? 우리 나라가 너무 발달해서 몰라본 것이라구요? 아니었어요. 제비들은 눈을 믿을 수가 없었습니다.

더러운 폐수가 강물을 뒤덮고, 물고기들은 죽어서 둥둥 물 위에 떠다니고 있었습니다. 더러운 악취 때문에 숨을 쉴 수도 없었습니다. 제비들은 깨끗했던 한국을 기억하고 있었기 때문에 그렇게 더러운 곳이 한국이라고 믿을 수가 없었던 것이지요.

우리 학교 뒤에는 공원이 하나 있습니다. 그 공원은 원래 논이었고, 그 가운데로 큰 호수가 있었습니다.

지금은 깨끗하게 단장했지만 얼마 전까지만 해도 우리들은 여름만 되면 심한 두통에 시달리면서 공부를 해야 했습니다. 너무 냄새가 났기 때문입니다. 그 쪽으로 놀러 갈 생각은 하지도 못했습니다.

어쩌다 아이들이 그 쪽으로 놀러 갔다 오면 옷에서도 냄새가 날 정도였습니다. 다행히 풀밭에서는 개구리와 메뚜기가 뛰어다녀서 우리들은 어른들 몰래 그 곳에 가서 놀기도 했습니다.

호수에는 우리 발보다 더 큰 붕어들이 하얗게 죽어가고 있었고 물 속으로 오르락내리락하며 살려고 발버둥치는 물고기들도 많았습니다.

어른들 말씀으로는 얼마 전까지만 해도 그 곳은 정말 깨끗하고 좋은 곳이었다고 합니다. 조개도 잡을 수 있었고 소금쟁이도 많았다고 합니다.

그런데 주변에 공장이 들어서고 집들이 많이 들어서면서 그 곳은 세상에서 제일 더러운 곳이 되고 말았던 것이지요.

지금은 그 곳도 깨끗하게 단장되었습니다. 논은 멋있는 운동장으로 바뀌고 주변에는 키 큰 소나무가 우뚝우뚝 서 있습니다.

우리들은 토요일이면 그 곳으로 소풍을 가기도 하고 그림을 그리러 가기도 합니다. 가끔은 가수들이 와서 공연을 할 정도로 멋있는 공원이 되었습니다.

그렇지만 개구리, 메뚜기는 사라지고 말았습니다. 호수의 물은 여전히 더럽지만 그래도 죽어서 둥둥 떠 있는 물고기는 보이지 않습니다.

아마 이 책에 나오는 제비들이 본 더러운 모습도 우리가 얼마 전까지 보았던 학교 앞 공원의 모습이었을 것입니다.

제비들은 모여서 불만을 털어놓았습니다.

"우리가 작년에 왔을 때만 해도 이렇지 않았는데."

"맞아. 이제 모든 음식들이 썩어서 먹을 것도 없어."

"농약을 너무 쳐서 벌레도 없고."

"이제 우리는 굶어 죽게 될지도 몰라."

제비들에게 희망은 정말 사라진 것일까요?

제비들이 너무 불쌍했습니다. 그리고 너무 미안했습니다. 나무 열매나 벌레를 먹고 사는데 폐수와 공해로 나무 열매가 썩고, 벌레도 농약 때문에 먹을 수 없다면 제비들도 굶어 죽을 수밖에 없겠지요.

제비들은 하늘만 보며 깨끗한 환경을 다시 되찾기를 간절히 바랍니다. 그래서 깨끗한 나라 한국으로 많은 제비들이 다시 찾아오기를 바라는 것이지요.

얼마나 폐수와 공해가 심했으면 제비가 먹을 것이 없어 굶어 죽을까요?

제비들아 정말 미안해. 이제부터라도 환경을 깨끗하게 해서 너희들이 마음놓고 놀러 올 수 있는 한국을 만들게. 약속할게, 제비들아.

# 염소는 누가 죽였을까요?

|정은선|
〈염소의 어이없는 죽음〉을 읽고

　동생과 신나게 놀고 있는데 아빠께서 우리를 부르셨습니다.
　"왜요, 아빠?"
　"어서 들어와 봐라."
　우리는 손을 씻고 얼른 방으로 들어갔습니다. 텔레비전에서는 환경 살리기 프로그램을 보여 주고 있었습니다.
　"은선이 오늘 환경 독후감 쓰기를 해야 된다면서?"
　아빠는 제 말을 기억했다가 텔레비전에서 환경 살리기 프로그램을 보여 주니까 참고를 하라고 부르셨던 것이지요. 텔레비전에서는 환경이 우리에게 주는 영향이 얼마나 큰지를 보여 주고 있었습니다. 물이 더러워지고 공기가 더러워지면 병균이 강해지고 그러면 병에 걸려도 잘 나을 수가 없다는 그런 내용이었습니다. 엄마 뱃속에서 담배 연기를 많이 맡고 자란 아기가 불구로 태어나는 모습도 보여 주었습니다.

제 방으로 들어와 한참 동안 생각에 잠겼습니다. 그리고 독후감을 쓰기 위해 읽어 두었던 책을 다시 꺼내 놓았습니다. 〈염소의 어이없는 죽음〉이라는 책이었습니다.

혜숙이는 바닷가의 조그마한 어촌에서 살고 있는 초등 학교 3학년 학생입니다. 마을에 있는 집이래야 고작 열한 집입니다. 최근에 이 곳에 작은 공장이 하나 세워지기 전에는 정말 한적하고 깨끗한 마을이었습니다. 공장이 생긴 뒤로 동네는 하루가 다르게 변해 갔습니다. 악취가 심하게 풍기고 가축들이 이유 없이 죽어 가기도 했습니다.

가끔 아빠 차를 타고 시골에 갈 때가 있습니다. 예전에 와 봤을 때는 정말 한적하고 깨끗했습니다. 맑은 물이 줄줄 흐르고 새 소리는 우리의 귀를 정말 즐겁게 해 주었습니다. 하지만 요즘은 그렇지 않습니다. 물도 너무 더럽고 악취까지 나고는 했습니다.

"가축 오물을 함부로 버리고 농약을 뿌린 물이 흘러 내려오기 때문에 그렇단다."

아빠의 말씀을 들으면서 저는 마음이 몹시 아팠습니다. 시골이 중병에 걸려 끙끙 앓고 있는 것만 같았기 때문입니다.

　살기 좋은 마을에 공장이 생기면 동물들이 폐수나 오염된 물을 먹고 죽을 수 있습니다. 그렇다면 사람도 무사할 수가 없습니다.

　지구의 물 총량은 13억 8천 5백만 평방킬로미터라고 합니다. 엄청나게 많은 양인 것 같았습니다.

　하지만 우리가 이용할 수 있는 물은 그 중의 0.0072퍼센트라고 합니다. 그리고 우리 나라의 1인당 강수량은 세계 평균의 12.5퍼센트에 지나지 않는다고도 했습니다.

　혜숙이는 염소 한 마리를 키우고 있습니다. 혜숙이에게 그 염소는 동생이나 다를 바가 없습니다. 저는 동생이 있기 때문에 혜숙이가 염소를 어떻게 동생처럼 귀여워했는지 모릅니다. 그렇지만 이 책을 읽는 동안 혜숙이가 그렇게 아끼고 귀여워한 염소가 죽을 수밖에 없었다니, 하고 마음이 아팠습니다.

　어느 날 염소가 없어졌습니다.

　"엄마, 염소 어딨어요?"

　학교에서 돌아온 혜숙이는 허겁지겁 염소를 찾았습니다.

　"언덕에 묶어 두었단다. 맛있는 풀을 먹으라고."

　점심을 먹고 난 뒤 혜숙이는 염소하고 놀기 위해 언

덕으로 올라갔습니다. 아기 염소는 혜숙이를 보자 기쁜 듯이 매애, 하고 울어 줍니다.

혜숙이는 염소 고삐를 풀어 이리저리 데리고 다니면서 풀을 뜯어먹게 했습니다. 염소는 식식거리면서 보드라운 풀을 잘도 뜯어먹습니다. 가끔 짧은 꼬리를 흔들어 맛있는 풀을 먹게 해 준 혜숙이에게 고맙다고 인사하기도 했습니다.

염소가 풀을 뜯는 동안 앞을 보니 친구들이 놀고 있었습니다. 혜숙이도 놀고 싶었습니다. 그래서 염소를 끌어다 풀이 많은 곳에 매어 놓았습니다. 혜숙이가 그 순간에 친구들하고 놀겠다는 생각만 하지 않았어도 그 날 염소는 죽지 않았을 것입니다.

혜숙이는 노는 것이 너무 즐거워 염소에 대한 생각은 까맣게 잊어버렸습니다.

한참 시간이 흘렀습니다. 그제야 염소 생각이 났습니다.

"어, 염소. 얘들아 나 먼저 갈게."

혜숙이는 친구들과 헤어져 염소가 있는 곳으로 뛰어갔습니다.

그런데 염소가 보이지 않았습니다. 정신없이 찾아보았지만 염소는 어디에도 없었습니다. 도랑 옆까지 와 보니 글쎄, 염소가 죽어 있질 않겠어요?

저는 눈물이 나올 것 같았습니다. 제가 아끼는 동물이 죽으면 저는 슬퍼서 어쩔 줄을 모릅니다. 이 책의 혜숙이도 슬퍼서 엉엉 울겠다는 생각을 하니까 저절로 눈물이 맺혔습니다.

"엄마, 염소가 죽었어요."

혜숙이는 울면서 엄마한테 뛰어갔습니다. 도랑물이 아주 연탄물 같았습니다. 염소가 그 물을 먹었으니 무사할 수가 없었던 것이지요.

"엄마, 제 잘못이에요. 제가 아이들하고 놀지만 않았어도……."

혜숙이는 염소의 죽음을 자기 탓으로 돌렸습니다. 그리고 염소의 무덤도 만들어 주었습니다.

"네 잘못이 아니란다. 우리 모두의 잘못이야. 도랑물이 저렇게 더러워졌으니 염소가 무사할 수가 없었겠지. 물을 더럽힌 어른들의 잘못이 크단다."

엄마는 후회하는 혜숙이를 달래 주었습니다.

우리는 환경이 얼마나 중요한지를 그다지 깨닫지 못합니다. 요즘 원인을 알 수 없는 병들이 참 많다고 합니다. 그건 모두 더러워진 환경 탓이라고 합니다.

나만 무사하면 된다는 이기심이 죄 없는 염소를 죽음으로 몰아넣은 것이지요.

이제부터는 우리 모두 나부터 환경을 살리기 위해 앞장선다는 자세로 살아야 될 것 같습니다. 그래야 아기 염소처럼 더러운 물 때문에 죽는 일이 없겠지요.

〈끝〉